中国建设会计学会系列丛书

价值重塑

工程建设行业投融资文集

中国建设会计学会投融资专业委员会 编著

中国财经出版传媒集团

经济科学出版社
Economic Science Press

编委会名单

推 荐 语

《价值重塑——工程建设行业投融资文集》一书，是中国建设会计学会投融资专业委员会携手行业、金融、投资、政府和学界等各领域专家共同探讨和研究工程建设行业投融资问题。作为战斗在行业一线的践行者，我们对此成果倍感欣慰、深受鼓舞。这是一个非常好的产融互动开端，为我们行业拓展了价值空间。

工程建设行业是国民经济的支柱产业。传统建筑企业价值的创造体现在订单获取、客户满意、追求盈利和社会责任等多方面。随着行业整体规模的不断增长，行业供应链的资金循环效应，投融资带动订单的商业模式转变和新老基建的市场趋势变化，行业投融资能力显得尤为重要。行业价值增长与投融资密切相关，行业持续发展需要做好产融对接，平衡好企业的战略融资、经营融资和财务融资。

依托中国建设会计学会搭建的产融互动平台，促使行业理解金融规律，推动行业与金融供需效率提升。让我们共同祝愿行业未来与投融资专业支撑同步发展。

联合推荐人：

高　峰　中国航天建设集团有限公司董事长

罗世威　中建一局（集团）有限公司董事长

张义光　陕西建工集团有限公司董事长

序　一

2019 年 12 月 20 日中国建设会计学会（以下简称学会）第八届会员代表大会召开，选举产生了新一届学会领导集体。2020 年学会继续坚持服务国家、服务社会、服务群众、服务行业，组织全国住房和城乡建设会计工作者，开展会计学术研究和会计实务交流，提高会计工作者水平和素质，促进会计事业的繁荣和发展。紧紧依靠广大会员单位和各位理事，依托专家团队，充分发挥学会各专业学术委员会的优势，不断创新发展。

2019 年 10 月 24 日，学会投融资专业委员会创立，学会借此新契机，深入开展学术交流，决定出版《中国建设会计学会系列丛书》，此次学会投融资专业委员会策划编著的《价值重塑——工程建设行业投融资文集》是系列丛书之一，今后还将不断推出系列丛书。

工程建设行业是国民经济的重要支柱产业，2019 年，我国建筑业实现增加值 70904 亿元①，比上年增长了 5.6%，占国内生产总值的 7.16%，有力支撑了国民经济持续健康发展。2020 年 7 月 3 日，住房和城乡建设部等 13 个部门联合印发《关于推动智能建造与建筑工业化协同发展的指导意见》明确提出：到 2025 年，形成一批智能

---

① 中华人民共和国 2019 年国民经济和社会发展统计公报 ［EB/OL］. 国家统计局，http：//www. stats. gov. cn/tjsj/zxfb/202002/t20200228_ 1728913. html.

建造龙头企业，引领并带动广大中小企业向智能建造转型升级，打造"中国建造"升级版。行业的转型升级不仅需要国家政策支持，外部金融和投资资源的支撑也非常重要。为此，学会研究行业投融资问题及时而迫切，希望以此获得更广泛的外部金融资源支持。

很高兴看到本书的及时出版发行，也非常感谢住房和城乡建设部综合计划财务司原司长、学会原会长秦玉文先生为本书写序，提出了企业投融资是管理会计重要的研究方向。希望本书能够引起行业各级领导的关注，影响行业 CFO 和财务工作者进一步探讨投融资创新发展之路，激发更多金融和投资机构协同参与打造行业"中国建造"升级版。

陈现忠

中国建设会计学会会长

序 二

本文集编者邀我以"财务金融化与管理会计"为题作序，题合我意，欣然命笔。

通俗地说，财务泛指财务活动和财务关系。对于企业来说，前者是指其生长、生存、发展过程中的资金活动，表明财务的形式特征；后者是指其与各方面的经济关系，揭示财务的内容本质。而企业财务管理则是企业组织开展财务活动、处理财务关系的实务活动之总称。其外化实体是财产和债务，即资产负债；核心是对筹资、投资、运营资金和利润分配的管理。

所谓金融，是指银行、证券、保险和信托业者向市场主体募集资金并再借贷给市场主体的经济行为。它涵盖了与货币流通和银行信用有关的一切活动，诸如货币发行、流通、回笼，信用活动的存取款、放贷和收回贷款，以及国内外汇兑往来等。其核心与实质是跨时间、空间的价值交换。

历史地看，传统金融时代下企业财务主要以生产经营资金管理为主，而现代金融时代下企业财务则更多提升到了跨越时间和空间的资本运营。对此，我们称其为财务金融化。

当今时代，企业财务金融化已经成为不可阻挡的大趋势。一是企业跨界参与金融创新。即企业在继续使用好金融市场上信贷资金的同时，推动、支持、参与金融和非金融机构创新发展的金融产品。

比如供应链金融和资产证券化。二是大型集团企业借用金融运作模式。比如，除了通过引进商业银行的信贷与结算职能设立内部银行或结算中心外，更加亮眼的是组建持有银保监会审批牌照的集团财务公司。三是企业根据自身条件大力运用金融市场上的各种投融资方式方法和来源渠道。诸如发行股票、债券、配股、增发新股、转让股权、派送红股、转增股本、股权回购；剥离、置换、出售、转让、资产重组；企业合并、托管、收购、兼并、分立以及风险投资等。四是企业积极有序推进产融结合。即通过参股、控股金融业，以及创建互联网金融平台等方式实现产业与金融业的结合。时至今日，在控制金融风险、引导企业脱虚向实的大环境下，财务金融化依然在矫正中持续前行。

管理会计是会计的重要分支，管理会计工作是会计工作的重要组成部分。在我国企业中，它是在以往主要从事记账、算账、报账和反映监督、被动参与决策和控制的传统财务会计基础上，根据国内实际并借鉴国外成果而发展起来的现代财务会计。其最大特点是适应我国社会主义市场经济和企业转型发展需要，激发管理活力，综合运用现代管理学、金融学、数学等新的理论知识，使用大数据、云计算、计算机等先进技术手段和方法，在企业规划、决策、控制和评价等方面，主动加大服务力度、深度和广度，助力提升企业治理能力和内部管理水平，增强企业资本运营能力和价值创造力。因而也凸显了其对传统财务会计的继承、发展和创新。

2014年10月27日，财政部正式制定了关于"全面推进管理会计体系建设的指导意见"；此后陆续制发了管理会计《基本指引》和若干《应用指引》；并借助推行中国计量认证（China Inspection Body and Laboratory Mandatory Approval，CMA）来努力激发财会工作者对管理会计的重视和热情。管理会计在企业中已经起色不小，研究和实践成果很是喜人。我们应该欢呼并为之继续尽力！

财务金融化既影响和推动着管理会计的发展，同时也是管理会计的一个重要方面，其中特别是企业投融资等资本运营，既是当前财务金融化的热点，也是管理会计的重点，需要研究的问题很多。

中国建设会计学会遵循学会宗旨，聚焦管理会计学术与实务研究的结合，成立学会投融资专业委员会，开展工程建设行业投融资辅助决策系统课题研究，编撰工程建设行业投融资文集等等，立意可赞，其行可嘉。

　　我能以序抒见，不亦乐乎！

秦玉文

住房和城乡建设部综合计划财务司原司长

中国建设会计学会原会长

前　言

　　2020 年注定是不平凡的一年，新冠肺炎疫情让每个人在面对极为艰难的时刻思考如何抉择和收获。中国建设会计学会投融资专业委员会（以下简称专委会）自 2019 年 10 月 24 日创办以来，本着"聚焦资源、解决痛点"的理念，牢记着创立大会宣传片的结束语："从有意愿的充满期待，到非常情愿的需要你，离不开你，想到投融资首先想到你……"我们怀揣着这个梦想，不辜负大家的鼎力相助，希望借传媒之力将这份推动力转化成传播力，让其在更大范围拓展和凝聚共识。

　　2020 年 5 月 19 日，我约请资深财经媒体人黄前柏先生、张芮女士在北京香格里拉酒店大堂的咖啡厅交流了我的思考。三人行必有我师！一个下午的畅谈，大家产生了火花碰撞！既然疫情不方便面对面交流，但不妨碍大家用文字表达，出版一本行业投融资专业文集的大胆想法油然而生，通过专委会的发起、邀请各支持单位、首席专家等相关专业人士，以"经验分享"为主题撰写投融资专业文章。

　　想到即刻行动。5 月 26 日，我们拿着策划方案与经济科学出版社对接形成一致共识后，正式发出了邀请。邀请期间大家的回复集中表达了"支持""一定支持""我们积极参与"等意愿，以此增强了我们的信心。从发出邀请、选题确认、形成初稿、讨论沟通到修改定稿，短短两个多月的时间共收录到文集34篇文章，其中首席专家3篇、九家发起单位12篇、支持单位18篇、特别约请撰稿人1篇，共计20万字呈现给大家。

《价值重塑——工程建设行业投融资文集》一书，共分六篇，分享专家经验，汲取知识养分。

首席专家篇：领悟大咖趋势研判；

财资管理篇：引领行业增长加速度；

社会化融资篇：融合多重资本力量；

供应链金融篇：助推金融创新升级；

资本运作篇：分享企业价值重塑；

金融科技篇：赋能数字化产融巨变。

最后，我们还要感谢为本文集写序言的领导，感谢行业专家和领导对本文集的高度肯定和精彩推荐，感谢自己的创意团队，感谢所有为本文集辛勤付出的各位……谢谢大家！

马燕明

中国建设会计学会投融资专业委员会主任委员

目　　录

首席专家篇

建筑业增值税税负问题研究报告 …………………………… 秦玉文（**3**）

资产配置的若干思考 …………………………………………… 李振明（**15**）

股权投资与商誉计量 …………………………………………… 曲晓辉（**19**）

财资管理篇

工程建设行业投融资痛点与创新 …………………………… 马燕明（**31**）

以金融科技视角看资金管理 ………………………………… 刘　东（**38**）

业财融合，开辟施工企业价值创造新路径 ………………… 姜瑞枫（**43**）

财资创新，跑出陕建"加速度" ……………………………… 莫　勇（**53**）

"一带一路"倡议对我国建筑企业财务绩效的影响研究：基于 PSM – DID

………………………………… 秦　颖　孙丽梅　冯晓阳（**58**）

社会化融资篇

社会化融资，航天设计院引战增资案例分享 …………… 胡　靖（**71**）

地方政府投融资活动存在的问题和改进建议 …………… 丁伯康（**79**）

利用社会化融资推动商业航天蓬勃发展 ………………… 丁一飞（**88**）

浅谈不动产投资信托基金资产筛选 ·················· 王慧婷　杨忆川（94）

我国基础设施领域 REITs 的关键点和发展路径分析

·················· 刘志东　谢泽中（106）

关于金融租赁实务中公益性资产和在建工程的有关问题研究

·················· 刘见和　田嘉莉（113）

关于 LPR 形成机制改革政策梳理及对租赁行业的影响分析和建议

·················· 杨博钦（120）

PPP 项目融资的困境与对策建议 ·················· 严荣杰（126）

国资国企混改工作难点和重点问题简析 ·················· 徐世湘（131）

PPP 项目融资路径探讨及案例分析研究 ········ 梁　舰　李孝广　郭　航（140）

基于新型城镇化背景下的房地产基金融资模式研究

·················· 薛四敏　张　衡（148）

供应链金融篇

"科技 + 产业" 双驱动　供应链金融破解中小企业融资难········ 刘　江（159）

基于供应链的建筑企业融资方式探析 ·················· 刘　鹏（164）

供应链金融之变 ·················· 李新彬（171）

供应链金融业务的主要模式与信托公司介入思考

·················· 程　红　周　萍　张明玺　王　涛（178）

商业保理业务模式以及保理资产证券化融资 ·················· 薛　贵（184）

资本运作篇

价值重塑，民营 AMC 的另一种生存之道 ·················· 孙国强（201）

并购整合

——血液制品行业研究 ·················· 齐　力（206）

漫谈从"拨改贷"到"债转股" ……………………………… 陈国立（**214**）

勘察设计企业海外并购风险的思考

　　——以收购新加坡 CPG 集团为例 …………………… 李舒亮（**222**）

浅议工程设计企业资本运营 ……………………………… 杨鸿江（**232**）

金融科技篇

小微金融生态体系建设中的科技赋能 …………………… 王德伟（**241**）

金融科技在未上市股权估值系统的应用展望 …………… 成　蕾（**245**）

打造互联网金融新纪元 …………………………………… 王志刚（**252**）

基于区块链技术的供应链金融系统建设实践 …………… 曾　超（**257**）

中企云链金融科技　打造数字时代产融新基建 ………… 姜　勇（**262**）

参考文献 …………………………………………………………（**266**）

首席专家篇

建筑业增值税税负问题研究报告

秦玉文[*]

一、引　言

（一）研究目的与可行性

增值税"税负不增加或略有降低"，是全面推开"营改增"的基本初衷。"营改增"试点之前，建筑业普遍担心税负会大幅增加。全面推开后，国家有关部门先后发布并向国务院正式报告"全国各行各业（包括建筑业）增值税税负普遍降低"。但是，在建筑业业内，却一直存在着不同认识和感受。

《中国统计年鉴》中的建筑业统计数据，是按照国家统计制度规定由"全国具有资质等级的总承包和专业承包建筑业企业"自行统计上报，并由国家统计局"超级"汇总的，其中的某些数据与增值税税负问题密切相关。依据《中国统计年鉴》中建筑业的有关数据进行计算、分析、研究增值税税负问题，方法可行，所用数据权威、可靠。

（二）含义及其衡量方法

建筑业"营改增"的增值税"税负不增加或略有降低"，其含义是指全面推开增值税后，整体建筑业缴纳的增值税与假设没有"营改增"而完成相应同等产值、营业收入、主营业务收入而测算缴纳的营业税是不增加或略有降低

＊　秦玉文，住房和城乡建设部综合计划财务司原司长，中国建设会计学会原会长。

的。其基本要点有两个：一是比较的对象是"整体建筑业"；二是比较的内容只是"增值税税负"。

比较的基本方法有两种：第一，纳税额比较法，即把建筑业一定纳税期里（如一年或几年）缴纳的增值税与同口径测算缴纳的营业税相比较，从绝对额上得出税负增减结论。第二，纳税率比较法，具体操作有两条路径：一是纳税率正向比较，即以"法定3%营业税税率"为衡量标准，与全面推开"营改增"后建筑业一年或几年的"实缴增值税税率"相比较，高于3%为税负增加，低于或等于3%为税负不增。二是纳税率反向比较，即把历史上有相应统计数据的一年或几年实缴营业税额除以同口径相应产值、营业收入、主营业务收入，得出相应的一年或几年的三个平均实际"非法定营业税税率"；以这三个"非法定营业税税率"为衡量标准，与全面推开"营改增"后建筑业一年或几年的"实缴增值税税率"相比较，若"实缴增值税税率"高于实际"非法定营业税税率"则为税负增加，反之则为税负不增。

（三）具体研究路径

本研究在主要使用纳税率正向与反向两种比较方法的同时，还做了一些可操作的辅助性分析研究。总体路径是：

1. 使用纳税率正向比较法。首先测算出2014年、2015年两年营业税税额占税金总额的比例数据（85.81%）；然后再参照此比例分别计算出2016年、2017年、2018年的增值税税额及其实缴的产值、营业收入和主营业务收入等三个"增值税税率"；继而将这三年的三个增值税税率分别与"法定3%营业税税率"进行比较，从中观察税负的增减变化。

2. 使用纳税率反向比较法。第一步，分别计算出2014年、2015年两年合计的产值、营业收入、主营业务收入共三个合计数的平均数，以及税金总额合计数的平均数。第二步，根据上述测算出的营业税税额占税金总额85.81%的比例数据以及税金总额数据，倒算出2014年、2015年两年合计平均营业税税额。第三步，用倒算的平均营业税税额除以这两年合计的平均产值、平均营业收入和平均主营业务收入，得到三个平均"非法定营业税税率"。第四步，将"非法定营业税税率"与在纳税率正向比较法中计算出的2016年、2017年、2018年"产值增值税税率""营业收入增值税税率""主营业务收入增值税税率"分别进行比较，从中观察、比较税负的增减变化。

3. 把建筑业 2016 年、2017 年、2018 年三个年度的产值、营业收入、主营业务收入、税金总额等数据分别加总起来，计算三年合计的实交"产值增值税税率""营业收入增值税税率""主营业务收入增值税税率"；并将其分别与"法定 3% 营业税税率"和三个"非法定营业税税率"进行比较。从"营改增"后的总体时间跨度上观察税负的增减变化。

4. 根据《中国统计年鉴》中产值、营业收入、主营业务收入、税金总额、利润总额、利税总额等指标之间的相互关联关系，通过计算、分析、比较其"营改增"前后增减变化趋势，来检验增值税税负增减情况结论的可靠性。

5. 根据《中国统计年鉴》中建筑业五种注册类型企业的产值、营业收入、主营业务收入、税金总额、利润总额、利税总额等统计数据，计算、分析、研究增值税税负在不同注册类型企业中的差异性。揭示在建筑业整体税负情况下，不同注册类型企业的不同税负状况。

6. 综合做出研究结论，并对税负增减有关原因以及其他相关问题，做出有关分析和思考。

（四）两个关键数据

本研究报告的基础数据全部选自 2014～2019 年各年度的《中国统计年鉴》"建筑业"篇和"财政"篇。所有数据指标的含义、释义都以相应的建筑业统计报表制度为准。这里特别选择说明以下两个最关键数据。

1. 建筑业"税金总额"。根据建筑业统计报表制度及其指标解释，该数据来自企业会计核算中的"税金及附加"，包含管理费用中的税金合计数，不含所得税。即包括增值税、营业税、消费税、城市维护建设税、教育费附加、资源税、房产税、城镇土地使用税、车船税、印花税、排污费等。本文借鉴一些研究报告中的提法，把其称作建筑业"生产税"。

2. 建筑业"营业税总额"和"增值税总额"。营业税总额和增值税总额只是税金总额即生产税的一部分。在《中国统计年鉴》中，从 2014 年开始，统计年鉴中才有了利润总额、税金总额及其利税总额的统计数据，但始终仍没有营业税或增值税的统计数据。但在 2014 年和 2015 年统计汇总的税金总额中，区分出了"主营业务税金及附加"和"管理费用中的税金"两项构成。另外，近些年来"两项附加"（城市维护建设税和教育费附加）的征缴是法定的，且一直没有重大变化。这两项已知条件成为了计算营业税占税金总额的比重，以

— 5 —

及再进一步计算出营业税总额或增值税总额的重要依据。其中营业税总额占税金总额之比重的计算过程见表1。

表1　　　　建筑业营业税、增值税占税金总额比例推理测算

税 金 总 额 中 的 "两 项 附 加" 和 "管 理 费 用 中 的 税 金"	一、税金总额中"管理费用中的税金"的占比为4.19%				
	推算依据及过程		税金总额（亿元）	管理费用中的税金（亿元）	管理费用中的税金占税金总额（%）
		2014年、2015年两年实际数据合计	11 220.53	469.85	4.19
		其中　2014年	5 547.12	221.64	4.00
		2015年	5 673.41	248.21	4.37
	二、税金总额中"城市维护建设税和教育费附加"（简称两项附加）的占比为10%				
	推算依据及过程	（1）两项附加都是以增值税、营业税、消费税为计算基数征收。（2）国家规定：城市维护建设税在城市市区的征收比例为7%；县城、建制镇为5%；非城市市区、县城或建制镇为1%；取值应该低于7%高于5%数据。而教育费附加的"中央"部分为3%，"地方"部分为1%~2%不等，加起来的取值应该高于4%低于5%。（3）经参考多方数据进行验算，因为城市维护建设税占比应该高于5%，教育费附加应该低于5%，综合起来，"两项附加"取值为10%				
	三、营业税占税金总额的比例：只扣除可以计算的"管理费用中的税金"和"两项附加"，其余均视同营业税，即100%-4.19%-10%=85.81%。是营业税占税金总额的比例上限				
	四、增值税占税金总额的比例：全面推开"营改增"后，因为统计年鉴中没有"管理费用中的税金"数据，国家关于"管理费用中的税金"和"两项附加"的政策没有什么变化，所以也取了85.81%的占比数值				

"营改增"以2016年为节点，本文在分析中称2014~2015年为"营改增"前，2016~2018年为"营改增"后。从2016年开始，统计年鉴中再没有各年度相应的"管理费用中的税金"数据，因"营改增"后有关"管理费用中的税金"的相应政策没有重大变化，本文在计算2016~2018年的增值税税额时，也借用了85.81%的这个比例。

二、税负的衡量与比较

（一）使用3%法定营业税税率进行增值税税负的正向比较

根据建筑业"营改增"前后3个年度中产值生产税税率及产值增值税（营

业税）税率、营业收入生产税税率及营业收入增值税（营业税）税率、主营业务收入生产税税率及主营业务收入增值税（营业税）税率的数据归纳、整理、汇总如表2所示。

表2　　　　2016～2018年增值税税率与法定3%营业税税率比较数据汇总　　单位：%

税率	2016年	2017年	2018年
产值增值税	2.65	2.55	2.74
营业收入增值税	2.82	2.81	3.04
主营业务收入增值税	2.86	2.85	3.08
法定3%营业税	3.00	3.00	3.00

将表2中三个年度的产值增值税税率、营业收入增值税税率、主营业务收入增值税税率（共9个数据）分别与法定3%营业税税率相比较。全面推开"营改增"开始的2016～2017年，产值增值税税率、营业收入增值税税率、主营业务收入增值税税率的六个数据，全部低于法定3%营业税税率。该项数据反映了建筑业"营改增"后的头两年，增值税税负没有增加。

但2018年营业收入和主营业务收入增值税税率均高于法定3%营业税税率，分别高0.04%和0.08%。该项数据反映出增值税税负在全面推开后的第三年里出现了抬头迹象。

（二）使用测算出的三个非法定营业税税率进行增值税税负的反向比较

根据表1的测算结果，反算出有历史数据的2014年和2015年两年合计数的平均产值、营业收入、主营业务收入的三个非法定营业税税率分别为2.69%、2.86%和2.90%。将该数据分别与表2中"营改增"后的产值、营业收入、主营业务收入等9个增值税税率数据进行比较，详见表3。

表3　　　2016～2018年增值税税率（平均）非法定营业税税率比较数据汇总　　单位：%

税率	2016年	2017年	2018年	非法定营业税税率
产值增值税	2.65	2.55	2.74	2.69
营业收入增值税	2.82	2.81	3.04	2.86
主营业务收入增值税	2.86	2.85	3.08	2.90

从表3的数据可以看到，全面推开"营改增"后，2016年和2017年的三项增值税税率低于相应的非法定营业税税率。但2018年度的三项增值税税率都高于相应年度非法定营业税税率0.05%、0.18%和0.18%，与以上纳税率正向比较中出现的2018年营业收入增值税税率和主营业务收入增值税税率分别高于法定3%营业税税率0.04%和0.08%的结果结合起来看，建筑业2018年增值税税负有抬头的苗头较明显，值得关注和深入分析。

（三）"营改增"后三个年度整体增值税税负的"正反向分别比较"

经汇总统计，"营改增"后三年的产值、营业收入、主营业务收入、税金总额的合计数分别为642 595.69亿元、587 847.03亿元、580 509.47亿元和11 220.53亿元，测算的增值税税额为9 628.34亿元。

以此为基础，计算出"营改增"后三个年度合计的平均产值增值税税率、营业收入增值税税率、主营业务收入增值税税率分别为2.65%、2.90%和2.93%，与法定3%营业税税率进行比较分别低了0.35%、0.10%、0.07%。该项数据表明税率没有增加。

再将"营改增"后合计的平均产值、营业收入、主营业务收入增值税税率分别与以上测算得到"营改增"前合计的平均产值、营业收入、主营业务收入三个非法定营业税税率进行比较，详见表4。

表4　　　　　　　　　　"营改增"前后税率比较　　　　　　单位:%

税率	产值增值税	营业收入增值税	主营业务收入增值税
"营改增"后	2.65	2.90	2.93
税率	非法定产值营业税	非法定营业收入营业税	非法定主营业务收入营业税
"营改增"前	2.69	2.86	2.90

"营改增"后的产值增值税税率比"营改增"前的非法定产值营业税税率降低0.04%；而"营改增"后的营业收入增值税税率和主营业务收入增值税税率比"营改增"前相应的非法定营业税税率分别升高了0.04%和0.03%。

综上所述，建筑业全面推开"营改增"后，合计起来的产值、营业收入、主营业务收入增值税税率与法定3%营业税税率相比较，税负都是降低的。但是，与三个非法定营业税税率相比较，除了产值增值税税率是降低的之外，营业收入和主营业务收入两个增值税税率分别升高了0.04%和0.03%，令人深省。

三、辅助性检验和验证

（一）比较"生产税税率"的变化趋势

生产税税负既不是营业税税负，也不是增值税税负，但是因为生产税的组成中包含营业税或增值税，所以，分析生产税的增减变化趋势，有利于检验、验证或矫正前述税负的衡量与比较结果。

将"营改增"前后五个年度的产值生产税税率、营业收入生产税税率、主营业务收入生产税税率集合在一起，归纳整理如表5所示。

表5　　　2014～2018年产值、营业收入、主营业务收入生产税税率数据汇总　　单位:%

税率	2014年	2015年	2016年	2017年	2018年
产值生产税	3.14	3.14	3.09	2.98	3.19
营业收入生产税	3.35	3.32	3.29	3.28	3.54
主营业务收入生产税	3.38	3.37	3.32	3.32	3.58

根据表5中的数据变化趋势看，"营改增"后2016年和2017年的产值、营业收入、主营业务收入生产税税率的走势都是下降的，某种程度上佐证了这两年增值税税负的不增加。但2018年出现了"掉头向上"，还要进一步关注和分析。

（二）比较产值和利税等相关指标的变化趋势

因2014年前没有利润总额、税金总额数据，故根据建筑业2015～2018年总产值、营业收入、主营业务收入、税金总额、利润总额和利税总额数据，整理归纳如表6所示。

表6　2015～2018年总产值、营业收入、主营业务收入、利税总额、
利润总额、税金总额增长速度数据汇总
单位:%

年份	总产值增速	营业收入增速	主营业务收入增速	利税总额增速	利润总额增速	税金总额增速
2015	2.29	3.04	2.67	1.43	0.69	2.28
2016	7.09	6.48	6.55	6.92	8.29	5.36
2017	10.53	6.82	6.87	6.91	7.23	6.52
2018	9.88	9.18	9.17	11.68	6.45	17.83

全面推开"营改增"后的头两年，税金总额的增速低于总产值、营业收入、主营业务收入的增速，分别低了1.73%和4.01%；1.12%和0.30%；1.19%和0.35%。它显示了"营改增"后的增值税税负在趋势上是走低的，佐证了税负不增加的计算结果。

但是，2018年建筑业税金总额的增长幅度出现异常，达到17.83%，分别高出当年产值、营业收入、主营业务收入的增长幅度7.95%、8.65%和8.66%。对此需要调查分析其深层次原因。

（三）比较利税总额利润比和利税总额税金比的变化趋势

根据建筑业2014～2018年税金总额、利润总额和利税总额数据，整理归纳如表7所示。

表7　2014～2018年建筑业利税总额税金比和利税总额利润比计算

项目		2014年	2015年	2016年	2017年	2018年
利税总额（亿元）		11 954.25	12 124.64	12 963.50	13 859.10	15 477.67
其中	税金总额（亿元）	5 547.12	5 673.41	5 977.45	6 367.32	7 502.85
	利税总额税金比	1∶0.4640	1∶0.4679	1∶0.4611	1∶0.4594	1∶0.4848
	利润总额（亿元）	6 407.13	6 451.23	6 986.05	7 491.78	7 974.82
	利税总额利润比	1∶0.5360	1∶0.5321	1∶0.5389	1∶0.5406	1∶0.5152

实行增值税后的2016年、2017年与"营改增"前的2015年相比较，利税总额税金比呈下降趋势，利税总额利润比呈上升趋势，其走势在一定程度上支持了税负不增加的结论。但2018年，虽然利税总额利润比仍然高于利税总额税金比，但利税总额税金比开始呈现爬升，利税总额利润比开始呈现下降。对

此需要进一步调查研究。

（四）比较五种注册类型企业的实际增值税税负情况

根据五种注册类型企业（国有、集体、港澳台、外商和其他）2016~2018年产值、营业收入、主营业务收入、税金总额数据，经汇总统计，计算出对应的增值税税率如表 8 所示。

表 8　　　　　　2016~2018 年建筑业五种注册类型企业实际增值税
税率计算结果数据汇总　　　　　　　　　　单位:%

年份	税率		注册类型				
			国有	集体	港澳台	外商	其他类型
2016	产值增值税	2.65	2.47	3.81	2.57	2.32	2.66
	营业收入增值税	2.82	2.36	4.27	2.18	2.31	2.88
	主营业务收入增值税	2.86	—	—	—	—	—
2017	产值增值税	2.55	2.09	4.05	2.29	1.83	2.59
	营业收入增值税	2.81	2.09	4.74	2.08	1.78	2.89
	主营业务收入增值税	2.85	—	—	—	—	—
2018	产值增值税	2.74	2.29	4.96	1.84	2.05	2.76
	营业收入增值税	3.04	2.10	5.61	1.81	2.06	3.15
	主营业务收入增值税	3.08	（统计年鉴中没有此项原始数据）				

集体类型企业三个年度的三种增值税税率不仅在建筑业中是最高的，而且也全部高于法定和非法定营业税税率。其中以营业收入增值税税率为例，2016~2018 年，分别高出整体建筑业 1.45%、1.93% 和 2.57%。此结果也揭示出在整体建筑业税负不增加的总体格局下，确实仍然一直存在着税负增加的企业。

在五种注册类型企业中，"国有""港澳台""外商"三种类型企业 2016~2018 年以来的营业收入增值税税率不但都是下降的，而且也是最低的。其中，三年来国有类型企业营业收入增值税税率比整体建筑业营业收入增值税税率分别低了 0.46%、0.72% 和 0.94%；港澳台类型企业三年来分别低了 0.64%、0.73% 和 1.23%；外商投资类型企业三年来分别低了 0.51%、1.03% 和 0.98%。

集体建筑企业的产值和企业个数在建筑业中占比很小，2016~2018 年的企业个数合计平均数占比只有 3.17%；2018 年企业当年产值占比只有 1.62%。所以并没有对建筑业整体税负不增加产生颠覆性影响。

同时，也是因为港澳台和外商类型企业无论是企业个数还是完成产值的比例都很低。港澳台和外商类型企业在全面推开"营改增"后的三年中，平均企业个数只分别占建筑企业总数的 0.35% 和 0.24%；而从完成产值的比重上看，以 2018 年为例，港澳台和外商类型企业只占建筑业总产值的 0.32% 和 0.33%。这个结果一方面反映出港澳台、外商类型企业对拉低整体建筑业的增值税税负起到了作用；另一方面也看出企业的管理水平，包括对增值税制度的适应程度是影响增值税税负水平的一个重要因素。

四、结论、分析与思考

1. 建筑业"营改增"总体平稳，头两年表现出"税负不增加或略有降低"，2018 年税负呈现"抬头"。其中，全面推开"营改增"刚开始的 2016～2017 年，没有试点刚开始时人们所担心的税负大幅增加的情况，整体建筑业呈现了"税负不增加或略有降低"的平稳局面。进入 2018 年，出现了增值税税负相对抬高趋势，但还不能最后确认为今后整体建筑业税负开始增加。需要进一步观察 2019 年乃至 2020 年的有关数据。

2. 以集体企业为代表，建筑业中一直存在着税负增加的企业。由于建筑业的生产、产品特点和周期、季节、地域性变化很大，且企业管理水平高低不同，所以，2016～2018 年在整体建筑业税负水平中，有些企业税负增加。这既不奇怪，更不能否定和忽视，要具体问题具体分析。比如，建筑业"营改增"后，在五种类型企业中，集体类型企业的增值税税负一直是增加的、最高的。但是，由于集体企业产值和企业个数占比不大，所以，并没有对"全行业税负不增加"产生颠覆性影响，不过必须予以特别关注。

3. 建筑业"营改增"表现平稳的主要原因有三条：第一，客观上看，全国全面推开"营改增"，推动了税收管理、税收环境等逐渐好转，特别是建筑业可抵扣的进项税较之全面推开前逐步正常。第二，主观上看，上下各方面，尤其是企业自身，为适应增值税相对法治严格、手续繁杂、工作量成倍增加等实际情况，不同程度地加强了创新管理，加快了转型升级。特别是国有、港澳台、外商三种类型企业税负一直不增加且相对是最低的，足以证明企业自身因素是最重要的。第三，老项目采取简易计税办法，其实质是等于通过政策规定把原来法定3%的营业税税率同比降到了2.91%。这是整体建筑业在老项目多、简易计税方法多的情况下出现税负不增加的重要因素。这一事实也无可争辩地证明，"营改增"中的过渡性政策措施确实有利于建筑业"营改增"的平稳推进，必须予以肯定。

4. "营改增"对建筑业是好事，促进了建筑企业的转型升级。尽管建筑业"营改增"后成倍地增加了企业管理工作量，提高了企业管理成本，但从长远看，它推动着建筑业生产方式的转变，推动着建筑企业的管理现代化。上海建工和中建一局建立和完善内部增值税管理信息系统的经验证明了"营改增"给建筑业带来了具有历史性的、意义十分深远的重大变化。由此来看，实行增值税制度的正面影响作用不容怀疑，现有事实已经证明它确确实实是好事。

5. 随着"一般纳税人全部实行一般计税方法"的开启，要警惕建筑业增值税税负的反弹。2020年，是全面推开增值税的第五个年头。理论上说，这一年简易计税的老项目将相对大大减少，今后，虽然还会有"甲供工程简易计税方法""清包工工程简易计税方法"，但步入"一般纳税人全部实行一般计税方法"的时代已经开启。在这个转换期间内，还不能放弃观察。从2018年统计数据计算的增值税税负有反弹，以及抽样调查的一般计税项目增值税税负增加的数据资料中可以看出，如果管理水平没有新的提高，随着简易计税的老项目越来越少乃至最后消失，税负的反弹可能会继续。对此应提高警惕，继续观察。

6. 强烈呼吁"取消建筑企业异地预缴税款或降低预征率"。现行的增值税制度与过去的营业税制度相比较，法律制度规定更加规范严格，核算和征缴等管理环节手续更加严谨复杂，由此而带来的企业管理工作量成倍增加。这虽然有其必然性，但也要为企业着想，尽量考虑行业特点，修改那些只是有利于征缴管理和维持旧税收分配体制的制度规定，设法减少、减轻、取消不利于搞活企业的烦琐过程手续。比如在纳税征管中，建筑业长期存在的最大问题是"建筑队伍在非同一机构所在地的纳税区域外承揽项目，必须在项目所在地设立分公司和预缴税款"，这不仅大大增加了企业管理工作量，浪费资源，而且大量占用了建筑企业的经营性现金流，给企业正常经营造成困难。本研究报告强烈呼吁"取消建筑企业异地预缴税款或降低预征率"，希望有关部门予以重视并研究解决。同时，也希望进一步推进工程造价管理制度等改革，改变"甲乙方"地位关系中"乙方"的不合理弱势地位。

7. 建筑业还要继续努力适应增值税制度的改革。减并增值税税率是增值税制度深化改革的必然选择。从 2019 年 4 月 1 日开始，我国已经只有 13%、9%、6% 增值税税率及其一些低税率（减免、优惠税率）。它表明增值税制度已经步入国际通行管理做法轨道。预计未来在最终的减并税率中，建筑业除了一些特殊的建筑产品和建筑服务，如新建居民住宅等可能实行低税率外，整体建筑业不可能进入低税率范畴。建筑业不必再去计较增值税税率问题。最重要的还是要进一步树立正确的纳税观念，实事求是地提出有关政策建议，加强行业和企业自身管理，努力让企业内部各项管理工作更加适应增值税制度的要求。

资产配置的若干思考

李振明*

2020年注定是不寻常的一年。新冠肺炎疫情的暴发，正在并将持续地对世界的政治、经济和人类生活产生深远的影响。在这种背景下，我们考虑资产配置或者投资策略问题必须有新的视角和思考。

一、新冠肺炎疫情可能的经济影响

鉴于新冠肺炎疫情在全球范围内的蔓延尚在过程之中，现在还无法全面分析新冠肺炎疫情对全球政治、经济和社会的影响。从疫情对经济影响的推演结果看，新冠肺炎疫情对经济影响可能的途径有以下几个方面：

一是由于疫情防控的需要，社交疏离成为重要手段。以此对所有以社交为基础、以人员聚集为特征的经济活动造成沉重打击，典型的如服务业。

二是经济增长下滑以及疫情防控对全球产业链、供应链的影响，使得国际化程度高的产业如餐饮、旅游、影视文化等产业陷入困境。

三是以社交疏离为主要手段的常态化疫情防控必然导致线下经济活动的减少，作为替代，线上活动蓬勃发展。这将逐步改变线上、线下经济活动的结构，网络经济、数字经济将更快地重塑产业发展的逻辑和经济增长的路径。

四是疫情的冲击使得各国重新审视产业链安全和经济安全问题，这将一定程度上加速逆全球化的进程。

上述推演，只代表了某种可能性，新冠肺炎疫情之后的世界将很可能是一个发生了很多变化的新的世界。

---

* 李振明，现任中信金石投资有限公司首席投资官，兼任中央企业投资协会副会长、中国建设会计学会投融资专委会首席投资专家。

二、新冠肺炎疫情下资产配置的产业选择

投资本质上是一种前瞻的资产配置活动。它的着眼点是未来可预期的增长和收益。按照新冠肺炎疫情对经济影响的推演结果，我们有理由相信，以下产业有望受益：

第一，医疗健康产业。新冠肺炎疫情提醒人们，生命安全是一切经济活动的前提。为了保障人类的生命安全，提高人类的生活质量，加大对医疗健康和公共卫生领域的投资成为世界各国的共同选择。这必然会拉动相关产业和产品的需求，促进该领域有关企业的成长。加大对医疗健康领域的科技创新型企业投资成为重要的方向。

第二，新一代通信和信息技术产业。新冠肺炎疫情使得经济活动的网络化、数字化愈演愈烈。线上和云端已经成为人们学习、工作和生活最重要的第二空间。消费互联网如日方中，工业互联网、物联网则方兴未艾。与此相关的云计算、大数据、人工智能等基础技术以及5G、卫星互联网星座、数据中心等基础设施建设均有着巨大的发展空间和应用前景。参与其中则有望收获丰厚的回报。

第三，软件与高端装备制造业。处于高质量发展中的中国，客观上要求进一步加强自主创新能力，努力补短板，实现技术升级和国产化替代。其中最重要的包括基础软件、工业软件、芯片设计和制造以及高端装备和仪器制造等产业。

第四，新材料产业。材料作为装备制造业的基础，其重要性不言而喻。所谓"一代材料、一代装备"正是现代材料产业重要性的生动写照。提高我国装备制造的水平，除了在设计和工艺上下功夫外，最重要的就是要研发新材料，提升材料的性能。

第五，航空航天产业。航空工业以航空发动机升级为重点，着力提升我国军机和大飞机的水平。航天工业以空间站建设和商业航天发展为重点，不断提升低成本进入空间的能力和空间长期生存能力。

另外，新冠肺炎疫情使得满足人们基本消费需求的以规模化为特征的现代农业的重要性大大提升，并有望获得新的发展。

三、新冠肺炎疫情下的资产配置策略

在新冠肺炎疫情这种非典型的经济衰退背景下，美林投资时钟理论对大类资产配置的指导意义也必然大打折扣。更重要的是，由于货币宽松和债务累积的影响，经济周期对金融周期的映射关系被打破，美林投资时钟理论很大程度上已经失效。在低利率甚至负利率背景下，流动性的泛滥不可避免地推高了资产的价格，这也使得衰退期股票资产反而成了有吸引力的资产，而债券却未必有好的回报。

在当前情景下，流动性外溢使风险资产受益，大类资产配置的策略，似乎需要超配股票，而相应低配债券。至于黄金和大宗商品，基于不同的原因，前者由于美元贬值的压力，后者则由于经济的逐步复苏，都有望呈现出阶段性的价格上涨。与此类似的还有中国的房地产，虽然从总体上看房地产投资的黄金期已过，但泛滥的流动性仍有望推高一线城市或二线城市核心区位的地产价格。

应当指出的是，新冠肺炎疫情进一步加剧了中国产业集中度提升的趋势，加之资本市场注册制的加速推进，"抓大放小"似乎将成为今后一段时期占优的投资策略。新冠肺炎疫情仍在全球范围内肆虐，对世界经济、政治、社会的影响仍在发酵之中，投资策略显然需要相机而动。

四、"做多中国"的选择

丘吉尔说，"千万不要浪费一场好的危机"。对于2020年的资产配置，机会窗口已经打开，"做多中国"也许应当成为我们最主要的策略。

做出上述判断，有几点重要的理由：一是迄今为止全球范围内"战疫"的效果表明，中国可能会成为2020年唯一实现正增长的主要经济体，作为第二大经济体的地位相对上升；二是新冠肺炎疫情坚定了中国自主创新、推动高质量发展的决心，同时也促使中国继续坚持改革开放，以对冲国际发展环境恶化所带来的挑战；三是随着科创板的推出和注册制的全面实施，中国资本市场对科技创新产业的支撑度明显提升，科技与金融的结合必将不断提高中国企业的科技创新力和国际竞争力，从而促进中国高质量发展；四是中国市场的广度和深度雄冠全球，只要妥善处理好城乡差距、地区差距和收入分配差距对市场的抑制，不断提升中国产品和服务的质量和竞争力，中国完全具备依靠"国内大循环，国内国际双循环"实现持续增长的潜力。

雄关漫道真如铁，而今迈步从头越。未来的经济长波属于中国，而作为投资者，我们需要做的就是在深入研究的基础上"做多中国"！

股权投资与商誉计量

曲晓辉[*]

谈到投融资，股权投资显然不可或缺。与债券和不动产等类型的投资不同，股权投资不具有直接的返还性，并且产生的收益具有极大的不确定性（曲晓辉等，2003）。一方面，股权投资需要承担企业经营的最终风险且所承担的企业经营风险具有长期性；另一方面，由于享有企业的最终收益而在投资领域具有特别重要的地位。股权投资无论在投融资领域还是在财务管理、财务报告与披露、风险管理和公司治理领域都非常重要。

股权投资虽然有长短期之分，但长期股权投资与短期股权投资在财务报表上的列报，主要取决于企业管理者的意图及其调整，或者说基于公司发展战略。关于这一点，投资者和债权人在做公司财务报表分析和投资标的尽调时，资产的流动性水平在长短期股权投资项目的财务报告日节点的操控往往会被忽视。

股权投资的支付手段，往往涉及融资或换股，更多的是通过以小博大的并购取得控制股权，很少有投资者以全额现金进行长期股权投资。

并购往往导致商誉在股权取得日的计量和财务报表日的再计量。商誉的计量极有可能在很大程度上影响企业利益关系人的经济决策。如果投资者、债权人、审计师等中介机构和监管机构等不能看穿公司财务报告中商誉的真实价值，则极有可能被误导。这种情形一旦发生，投资方将遭受重创，资本市场的公平与效率势必受到损害。

按照中外会计惯例，自创商誉不能确认入账。并购形成的商誉的再计量究竟应该继续当前的减值测试，抑或回归以前的分期摊销，在学术界和实务界充满争议，实务中也确实存在滥用商誉减值测试方法的案例，因此确有必要对此

* 曲晓辉，厦门大学、哈尔滨工业大学（深圳）教授、《当代会计评论》创刊主编、粤港澳高校会计联盟常任委员会主任。

进行深入研究。我国部分上市公司在 2018 年年报中进行商誉减值，就深刻地揭示了这个问题的严重性。

在会计上，股权投资和商誉都存在初始计量和期末再计量。商誉的计量，受制于股权投资初始计量，而商誉的期末再计量则涉及是否确认商誉减值。这个领域，近年来异象丛生。

一、股权投资及其计量

并购是企业快速发展的手段，并且是资本市场重要的资源配置方式之一（卢煜和曲晓辉，2017）。从业务拓展、价值聚集、技术获取和行业整合来说，出于取得控制股权的考虑而进行并购，随着时间的推移，无论是并购案的数量、规模，还是个体体量都在扩充，可谓方兴未艾。然而，随之而来的便是企业合并会计处理方法 20 年来的变革和商誉会计处理方法的顺应改变带来的诸多困惑，还有原则导向的会计准则制定规则导致的商誉会计计量与再计量的职业判断甚至是恶意操纵。

（一）股权投资

股权投资，是指为了资本增值或获得其他利益而取得被投资企业所有者权益所持有的资产，具体表现为参股、取得控制股权或全资拥有被投资公司（曲晓辉等，2003）。在投资实务中，虽然存在以自有资金或举债进行股权投资的情形，但就长期股权投资而言，并购则是更为普遍的方式。通过并购，取得控制股权，为主并企业在获取先进技术、市场份额，实现上下游产业融通、获取先进技术、税收筹划、资金融通等方面赢得优势，从而形成以小博大、和平扩张、优势互补和协同效应。

从国际来看，近年来，企业并购可谓风起云涌，并购交易笔数和交易金额以及单笔交易金额之大都令人瞠目。根据穆迪（Moody）旗下的分析公司毕威迪（Bureau van Dijk）《2020 年上半年毕威迪全球并购回顾》（Global M&A Review H12020）的统计，即使在受新冠肺炎疫情严重影响的 2020 年上半年，并购交易活动的数量和价值虽然都有所下降，但仍然是可观的。2020 年上半年，全球共宣布了 43 596 笔并购交易，交易笔数比 2019 年下半年签署的 54 136 笔减少了19%，同比下降18%；交易总价值达17 466亿美元，比2019年下半年减少24%，同比下降31%（见表1）。在2020年上半年处于审查状态的已宣布交易中，最大价值的单笔并购交易是英国电信巨头维珍媒体（Virgin Media）和O2的合并，总价值达387.14亿美元，排名第二的是怡安（Aon）以300.28亿美元收购总部位于爱尔兰的韦莱韬悦（Willis Towers Watson），而前九名的并购交易都突破了100亿美元大关。

表1   按数量和价值计算的全球并购交易

时间	交易笔数（笔）	交易总额（百万美元）
2020年上半年	43 596	1 746 601
2019年下半年	54 136	2 313 936
2019年上半年	53 568	2 531 720
2018年下半年	56 338	2 480 803
2018年上半年	58 019	3 046 427
2017年下半年	58 109	2 448 122
2017年上半年	55 403	2 362 058
2016年下半年	55 375	2 704 806
2016年上半年	62 439	2 235 390

资料来源：Global M&A Review – H1 – 2020［EB/OL］. Bureau van Dijk, 2020. page1. https：//www. bvdinfo. com/en – gb/.

笔者认为，考虑到疫情之后全球产业分工和经济复苏在区域和行业上都将发生很大变化，导致积极主并的公司和需要被并的公司数量都会十分可观，全球新一轮并购浪潮及其规模和特点都值得密切关注。

从国内来看，很长一段时间以来，投资一直是我国经济的三大引擎之一，是市场经济条件下主导社会经济资源流向的重要经济活动（曲晓辉等，2003）。在我国，股权投资最近三十年来得到了迅猛发展。通过股权投资，特别是企业并购，以股权为纽带的典型意义的企业集团得以迅速组建、扩张，与此同时也对跨界发展和技术进步形成了强有力的支持。

根据《2020年上半年毕威迪全球并购回顾》，在2020年上半年，从数量和价值看，全球并购排在前三的是美国、中国和英国。2020年上半年，中国公司被作为并购标的收购交易达7 271笔，总价值3 225.23亿美元（见表2），而英国的这一数字分别为 3 364 笔和 1 317.36 亿美元①。

表 2 按数量和价值计算的中国并购交易

时间	交易笔数（笔）	交易总额（百万美元）
2020 年上半年	7 271	322 523
2019 年下半年	10 025	368 810
2019 年上半年	8 283	318 285

资料来源：Global M&A Review – H1 – 2020 ［EB/OL］. Bureau van Dijk, 2020. page3. https：//
www. bvdinfo. com/en – gb/.

我们顺便看一下全球建筑业并购的情况。2020 年上半年全球建筑业并购交
易数量在各行业中位居第 5，交易价值位居第 8（见表 3）。

表 3 按数量和价值计算的全球建筑业并购交易

时间	交易笔数（笔）	交易总额（百万美元）
2020 年上半年	2 423	80 870
2019 年下半年	3 357	110 905
2019 年上半年	3 107	96 170

资料来源：Global M&A Review – H1 – 2020 ［EB/OL］. Bureau van Dijk, 2020. page8. https：//
www. bvdinfo. com/en – gb/.

（二）股权投资的计量

这里主要讨论企业合并的会计处理方法和股权投资的财务列报。

1. 企业合并的会计处理方法。历史上，企业合并的会计处理方法有购买法
和权益结合法。作为一项会计政策，两者之间的选择在企业合并的会计确认环
节是极易被操纵的，其后续影响直至合并报表的编报。

尽管从理论上来讲，购买法和权益结合法适合于不同的合并方式，即购买
法适合于投资企业以现金或其他资产取得被投资企业的股权，而权益结合法适
合于投资企业主要以发行股票的方式来交换被投资企业的股权。但是，在权益
结合法下并购企业对被并企业的投资是按较低的账面价值计价，不确认被投资

---

① Global M&A Review H1 – 2020 ［EB/OL］. Bureau van Dijk, 2020. Page3. https：//www. bvdinfo.
com/en – gb/.

企业资产的增值也不确认商誉，在购买法下则是按照被投资企业净资产的公允价值来计价并确认商誉。这样，在合并以后年度，由于要对商誉进行摊销，购买法下母公司和集团报表中列示的成本费用要高于权益结合法，收益相应会少。权益结合法将被并企业整个年度的收益都并入并购企业以及集团当年的损益表，而且不确认被投资企业可辨认资产的增值和商誉，一般会使并购企业和集团在合并当年和其后年份的收益高于购买法。采用权益结合法，按账面价值而不是按收购成本计价长期股权投资，会形成秘密准备；较低的折旧以及无须摊销商誉，会为企业带来较高的报告收益。

这就不可避免地诱使一些企业通过业务重构或与被并企业股东进行桌下交易，制造采用权益结合法的条件，将本应采用购买法确认的合并打扮成符合条件的适用权益结合法的合并，以做高合并收益和维持股价高位。正是由于这样的原因，尽管美国财务会计准则原本设有权益结合法的 12 项苛刻的应用条件，但权益结合法在美国仍然被长期严重滥用，成为企业操纵财务报告的一种手段。因此，美国财务会计准则委员会（FASB）于 2001 年发布《财务会计准则公告第 141 号——企业合并》，规定企业并购的会计核算只能采用购买法，禁止使用权益结合法。

在我国，根据《企业会计准则第 2 号——长期股权投资》（财政部，2006），同一控制下的企业合并，按照合并日取得被合并方所有者权益账面价值的份额作为长期股权投资的初始成本，与支付的差额计入资本公积，资本公积不足冲减的调整留存收益。根据《企业会计准则第 20 号——企业合并》（财政部，2006），非同一控制下的企业合并，购买方在购买日应当按照确定的合并成本作为长期股权投资的初始成本。很显然，同一控制下的企业合并的初始计量，是按账面计价入账，实际上采用的是权益结合法，因此并不产生商誉。

2. 股权投资的财务列报。股权投资的会计核算方法主要是成本法和权益法。由于两者对企业的损益影响不同，因此其适用条件就很重要。由于采用权益法会按持股比例将被投资企业的报告损益计入投资企业，因而会影响投资企业的资产和收益金额。是否对被投资企业形成重大影响，是否对被投资企业形成实质上控制、共同控制，都需要职业判断，因而也为企业管理当局进行盈余操纵提供了空间，实务中也确实有一些企业在股权投资入账环节或在股权投资存续期间以操纵利润为目的来选择或变更长期股权投资核算方法。滥用实质重于形式的会计原则，也表现在合并财务报表合并范围确定环节。根据准则，对被投资企业形成实质上控制的股权投资应该列入合并报表，但"实质上控制"是一个难以量化的标准，因而也被滥用的情况时有发生。

二、商誉及其确认与计量

商誉及其确认与计量，不但在企业估值方面具有特别重要的意义，而且直接影响财务报告的质量、审计和内控的相关风险，甚至公司治理的成败，因而是管理层监管、资本市场管制和企业利益关系人相关决策需要特别重视的一个因素。

（一）商誉及其确认

商誉的会计确认，是非常魔幻的存在。如前所述，只有购买法下的并购，才会在母公司账表和集团合并报表中体现商誉。商誉金额的计算，理论上有多种方法，但共识则是所并购股权的买价与所并购企业可辨认净资产被并份额公允价值与账面价值之差，或者说是并购溢价。并购股权的买价，可能存在由于调研局限或经办人员舞弊而高价买入的情形，也可能存在并购方具有超凡的谈判能力，或被并方生产经营或财务遭遇极大困难，抑或并购形成的协同效应可以带给被并方超常发展机遇而低价买入的情形。

如果说，并购的买价不是问题，那么确定所并购企业股权份额的可辨认净资产被并份额公允价值与账面价值之差就是一个非常棘手的问题。这是因为，确定这一金额，需要对应收款项可收回额与应付款项公允价值互抵的净额、存货在股权取得日的可实现净值、固定资产重置成本的折余价值和无形资产的摊余价值等予以辨认，这不但需要掌握不同类别资产和负债估值的技术，还需要估值人员对被并购企业所在行业、产品、技术和服务有与时俱进的了解，并且具有较高的职业操守和敬业精神。换句话说，作为基于并购买价倒挤出来的商誉金额的确定的过程本身，充满了很多不确定性和职业判断，甚至是操纵机会。

此外，随着几十年来会计准则国际协调乃至最近 20 年的全球趋同，会计处理方法的可选择性正在逐步削减，准则制定更多地采取原则导向，由此使得日常经济业务的会计处理过程存在更多的职业判断，也增加了更多的会计操纵空间。因此，所并购企业可辨认净资产对应的资产负债的账面价值本身也有可能存在很多问题，更毋庸讳言企业经营宏微观环境变化和管理问题导致的资产和负债账面余额本身背离其价值的情形。

确认，是指将交易或事项计入财务报表的过程。关于商誉，按照中外会计惯例，自创商誉不予确认，即不能入账、计入财务报表或用财务报表附注披露。因此，一般的情形很可能是，一个企业经过很长期间的成功经营，形成诸多优势，诸如技术处于领先地位、产品不断创新、引领行业发展、市场占有率高、管理先进、总部经济环境优越、购货商长期稳定、供货商优质诚信，这样的企业虽然账上看不到商誉，但确实具有长期获取未来超额收益的能力。但是，即便如此，只要这家企业的股权没有售卖，确认商誉就无从谈起。于是，商誉的确认，是且仅是企业并购的产物。根据我国《企业会计准则第20号——企业合并》（财政部，2006），购买方对合并成本大于合并中取得的被购买方可辨认净资产公允价值份额的差额，应当确认为商誉。

（二）商誉的计量

美国财务会计准则委员会（FASB）和国际会计准则理事会（IASB）作为一项共同努力分别在美国财务会计准则第142号（FASB，2001）和国际财务报告准则第3号（IASB，2004）中，将合并商誉由直线摊销法改为减值测试法，旨在提高商誉信息的决策有用性。借鉴美国会计准则和国际财务报告准则的做法，根据我国《企业会计准则第8号——资产减值》（财政部，2006）的规定，因企业合并所形成的商誉和使用寿命不确定的无形资产，无论是否存在减值迹象，每年都应当进行减值测试。

在美国财务会计准则委员会（FASB）第142号准则《商誉和其他无形资产》（FASB，2001）发布实施之前，在美国商誉应在不少于40年之内摊销完毕。第142号准则将商誉摊销改为减值测试，这是对第141号准则《企业合并》（FASB，2001）取消企业合并权益结合法的对应改变。然而，令人始料不及的是，商誉减值测试的处理方法，在实行的过程中不断显现出其弊端，这就是出于股价管理、融资约束或监管红线的种种考虑，很多企业尽可能避免对商誉进行减值处理，以致理论界和实务界越来越关注由于商誉减值未能及时足额确认而引发财务风险的问题，关于恢复商誉摊销会计处理的呼声不断加大。

三、现状、问题与对策

资本市场参与者尤其是上市公司，往往高度关注准则制定者和监管部门的政策动向。在美国，最受瞩目的是美国证监会（SEC）和财务会计准则委员会（FASB），在中国是中国证监会和财政部。

（一）证监会和财政部的风向

2018年11月，证监会会计部发布《会计监管风险提示第8号——商誉减值》（证监会，2018），对上市公司2018年年报商誉减值行为进行规范，详细规范了上市公司、审计师、资产评估师的责任。证监会的上述风险提示，引起业界的广泛关注。与此同时，国际上对于商誉减值测试会计政策的弊端也多有讨论。2019年1月4日，财政部会计准则委员会官网发布了《企业会计准则动态（2018年第9期）》，报道财政部会计司针对会计准则咨询论坛的"商誉及其减值"议题文件征求了会计准则咨询委员的意见，大部分咨询委员认为，相较于商誉减值，商誉摊销能够更好地实现将商誉账面价值减记至零的目标，因为商誉摊销能够更加及时、恰当地反映商誉的消耗过程，并且该方法成本低，便于操作，有利于投资者理解，可增强企业之间会计信息的可比性，并建议国际会计准则理事会就如何确定商誉的摊销方法及使用寿命给予具有可操作性的指引。咨询委员的上述意见，被外界理解为财政部会计准则咨询委员会支持"商誉摊销"，而非现有的"商誉减值测试"。商誉摊销一旦取代减值测试，大量上市公司将受到波及，由此舆论哗然。2019年1月8日，财政部会计准则委员会发布《关于咨询委员就商誉会计处理研讨意见的说明》予以澄清，解释"商誉及其减值"反馈意见的观点仅是咨询委员们针对有关会议文件发表的专家研讨意见，请各有关单位和企业按照我国企业会计准则的现行要求对商誉做好相关会计处理。

即便如此，商誉减值风险一直是监管层关注的一个重点问题。例如，2019年3月29日财政部监督检查局发布《关于进一步加强商誉减值监管的通知》。2019年，证监会及各地证监局惩处文件涉及12个商誉减值测试评估项目，这些监管案例中关于商誉减值测试评估提出以下问题：（1）商誉相关资产组辨识及核查验证问题；（2）评估方法及参数指标前后期一致性问题；（3）包含商誉资产组账面价值与预计现金流一致性问题；（4）预计未来现金流量评估依据核查验证问题；（5）预计未来现金流量现值模型计算错误的问题；（6）预计未来现金流量预测依据不充分问题（北京资产评估协会，2019）。

（二）商誉的积重难返

商誉的计量情况究竟如何呢？根据 Wind 数据库，截至 2018 年底，2 048 家上市公司商誉余额为 13 082.5 亿元（已计提减值）。2018 年度，885 家上市公司共计提了 1 667.6 亿元商誉减值损失。对比之前的年度数据，参见表 4。

表4　　　　　　　　　　A 股上市公司商誉及其减值情况　　　　　　　单位：亿元

项目	2014 年	2015 年	2016 年	2017 年	2018 年
A 股上市公司商誉余额合计	3 332.96	6 451.16	10 530.31	13 036.44	13 059.75
A 股上市公司商誉减值金额	26.56	78.62	114.45	367.04	1 658.61

资料来源：Wind 数据库。

据统计，截至 2019 年 4 月 30 日，A 股上市公司商誉余额总计达到 1.31 万亿元，13 家公司商誉超过百亿元，最高一家达 422.73 亿元；871 家在 2018 年年报中计提了商誉减值损失，总计金额为 1 658.61 亿元，分别是 2017 年的 4.5 倍，2016 年的 14.5 倍，2015 年的 21.1 倍，2014 年的 62.5 倍；26 家披露的商誉超过净资产。

我们再看看 2018 年年报涉及商誉的审计意见的分布情况。根据北京兴华会计师事务所网站《2018 年上市公司商誉审计分析》，就涉及商誉的金额而言，无保留意见带解释性说明段审计报告达 515.2 亿元，保留意见审计报告 360.7 亿元，无法表示意见审计报告 75.9 亿元（见表 5）。

表5　　　　　　　A 股上市公司 2018 年涉及商誉的审计报告情况

审计意见类型	财务报表商誉余额（亿元）	占比（%）
标准无保留意见	12 130.7	92.7
无保留意见带解释性说明段	515.2	3.9
保留意见	360.7	2.8
无法表示意见	75.9	0.6

资料来源：2018 年上市公司商誉审计分析。

《2018 年上市公司商誉审计分析》表明，在关键审计事项中，商誉减值为1 075 项，占比 14.5%。这一占比是标准无保留意见之外的审计报告涉及商誉金额占比 7.3% 的 1 倍。该分析认为，注册会计师将商誉减值确定为关键审计事项的原因主要为：商誉对财务报表整体具有重要性；商誉减值测试及其使用的参数涉及管理层的重大会计估计和判断，这些判断存在固有不确定性并可能受到管理层偏向的影响。显然，商誉减值蕴含的风险比表面数字大得多。

（三）政策讨论与对策

根据我国现行会计处理规定，企业合并所形成的商誉，至少应当在每年年度终了时进行减值测试，减值一经确认则不得转回。而《企业会计准则》（2006）在 2007 年 1 月 1 日实施之前，我国的商誉会计处理采用摊销法，摊销年限一般不超过 10 年。从以上数据不难看出，一旦商誉会计处理方法由减值测试回归直线摊销，对商誉金额和占比大的公司来说，必将带来巨大的风险。

由于近年来企业并购业务发展迅猛，上市公司累积了大量的商誉，而且被并企业完成对赌协议之后出现业绩下滑趋势是常态，以致现存巨额商誉隐含的风险极易爆发。一旦商誉处理由减值测试改为摊销，商誉余额对企业净资产占比较大甚至超越净资产总额的企业，ST 或退市显然只是时间问题。这种情形，在传媒、休闲服务、计算机、医药生物、家用电器这些商誉超过净资产 50% 甚至 100% 的行业来说，问题尤为严重。

我国 2018 年年报出现的商誉减值"洗大澡"浪潮，从现象上看是由资本市场上关于商誉的种种讨论和监管部门的高度关注所引发，从实质上看则是源自企业并购爆发式增长和诸多溢价并购行为。从监管部门来说，需要进一步完善包括并购定价和对赌协议条款在内的相关制度。从投资者和债权人来说，应该高度关注商誉对净资产占比过高的公司和长期未做减值处理的公司，尽可能避免买入相关股份或对所持股份择时减持。对于上市公司来说，应当诚信稳健经营，坚守公平交易底线，客观确认商誉和公允列报财务信息。

财资管理篇

工程建设行业投融资痛点与创新

马燕明[*]

工程建设行业（以下简称行业）是国民经济的重要产业，对国家固定资产投资拉动、推进新型城镇化建设、完成城镇保障性安居工程和吸纳农村转移人口就业方面都发挥着重要作用。根据中国建筑协会《2019 年建筑业发展统计分析报告》的统计数据显示，2019 年全国建筑企业完成总产值 248 445.77 亿元，占国内生产总值的 25%，签订合同总金额 545 038.89 亿元。行业能够保持高规模持续增长，离不开国家政策的支持和金融资源的保障。

为了适应行业市场发展变化，中国建设会计学会（以下简称学会）一直高度关注建筑企业投融资能力对行业持续发展的影响。学会通过调研发现，随着行业商业模式的转变，结合央企"降杠杆、减负债"工作要求，建筑企业普遍面临着项目投资规模带来的资金需求和筹措压力。特别是近期受新冠肺炎疫情影响，建筑企业面临的资金周转、企业流动性恶化、供应链保障等方面压力更为明显，多方位的融资需求也更为迫切。

一、行业商业模式变化加剧了企业投融资痛点

（一）投融资成为企业参与行业竞争的重要手段

1. 订单模式发生变化。订单制是行业的主要特征，传统订单模式主要依靠行业资质和公共关系。随着行业发展和市场变化，越来越多的业主采用工程总承包 +

马燕明，中国航天建设集团有限公司原总会计师，中国建设会计学会投融资专业委员会主任委员。

融资（Engineering Procurement Construction + Finance，EPC + F）、建设 – 移交（Building – Transfer，BT）、建设 - 经营 - 转让（Build - Operate - Transfer，BOT）与政府和社会资本合作（Public Private Partnership，PPP）等建设管理方式，看重企业勘察、设计和施工的全面建设管理及投融资能力。因此，企业为获取市场订单，不仅要具备良好的资质和公共关系，更应当具备一定的投融资能力。

2. 提升行业投融资能力迫在眉睫。行业竞争已演变成投融资、管理和运营等综合能力的竞争，除了要求企业具有大型项目的独立操盘能力外，对企业资金实力和综合金融服务能力的要求也越来越高。工程项目利润率普遍偏低，内源融资远远满足不了业务拓展需求。BT、BOT 等投资业务及房地产业务的开展使得其应收账款和存货等资产周转效率有所降低，短期内资金收支缺口较大，需新增外部融资进行支持。简单积累的实现规模快速扩张已捉襟见肘，提升行业投融资能力迫在眉睫。

3. 行业龙头四大央企投融资现金流快速增长。学会对 2015 ~ 2019 年连续 5 年间中国建筑、中国铁建、中国交建、中国中铁四大建筑央企投资和融资现金流数据进行研究分析，结果显示：一是现金满足投资比率逐年下降；二是投资性净现金流负值总体逐年增大；三是融资性净现金流正值逐年提升。行业龙头企业投融资变化主要是因为行业商业模式变化导致资金流入、流出形态发生变化，资本导向型商业模式在较长时间里将发挥重要作用。

（二）资本导向型商业模式考验企业投融资能力

1. 高负债行业的艰难选择。工程建设企业一直高负债运行。企业一方面要适应行业变化导致的资金需求增大；另一方面又面临着融资政策限制和内源融资能力不足的问题。企业经营者在面对财务三张报表时，如何匹配资产负债率合理、盈利稳定增长、经营现金流为正的三项指标无疑是一个艰难的抉择。

2. 降杠杆、减负债压力增大。国务院国资委制定了中央企业降杠杆、减负债、控风险的指导意见，并明确到 2020 年前中央企业的平均资产负债率要比 2017 年末（65.7%）下降 2 个百分点。这一要求对本身是高负债的工程建设行业压力非常大，对资产负债水平较高的企业更甚。在面对上级加强资产负债率、经营性现金流、"两金"① 等指标的考核时，企业既要保持健康持续发展，

---

① 两金指应收账款、存货。

又要确保完成相应考核指标，极为考验企业的投融资能力。

3. CFO（财务总监）的转型至关重要。基于行业内各企业的管理模式不同和 CFO 资历差异，财务部门参与企业合同管理的模式也存在着明显差距。有的企业财务很少参与合同管理，对合同签约、执行及完成情况不知情；有的企业财务基于内控要求，参与合同签约及大项目的前期讨论和决策，对于项目执行过程了解有限；有的企业财务参与合同管理流程，但基于行业通行的项目经理负责制，对于项目执行的资金使用管理边界模糊。如何做好企业现金流的精细化管理，掌控好企业基于合同执行中现金流计划值与现金流实际值偏离缺口，适时做好企业投融资现金流预算与安排，是衡量企业现金流管理水平高低的重要标志。

解决企业资金出现偏离缺口，传统思维首先会从供给方金融机构过往提供的解决方案中寻求答案，而金融机构限于信息偏差，也很难从需求方视角出发准确提出符合现实需求的对应解决方案。这种行业需求与金融供给的不平衡，基于行业与金融变与不变的规律不同，需要不断地准确解读。

二、行业投融资供需面临变与不变的挑战

工程建设行业当前面临的商业环境加剧了行业对金融资源的需求。金融服务业作为金融资源的供给方，行业与金融服务业供需层面的变与不变决定了企业获取金融资源的能力，这种能力提升在资本导向型商业模式长期存在的今天尤为重要。为此，一是要深度挖掘行业与金融业变与不变的规律，从本质上理解影响供需平衡的差异，从金融视角理解和读懂行业规律，从行业视角理解和读懂金融规律。二是要掌握外部金融环境的最新变化，主动适应供需平衡，争取更优质的金融资源，支撑整个行业的发展。

（一）行业层面

1. 变化的规律。2020 年是全面建成小康社会和"十三五"规划的收官之年，原本处于经济结构转型和贸易战压力下的中国经济又遭受新冠肺炎疫情的冲击，从 2008 年 4 万亿元投资拉动的传统基建，到此次"新基建"作为重要的逆周期调节手段，国家也出台了专项债等一系列金融支持政策，"新基建"

带来的是 40 万亿元的巨大机遇。积极利用国家大力发展"新基建"的契机，适应宏观经济政策变化，是行业发展的难得机会。

工程建设行业作为投资拉动经济的重要产业，是逆周期增长的行业。行业增长加之行业商业模式转变为投融资带动订单的发展趋势，从行业需求看，必然会对行业投融资需求提出更大的挑战，从金融视角看，也是行业为金融提供更多优质资产达成交易的机会。为此，企业需要做好准备以便积极有效应对。

2. 不变的规律。工程建设行业有三大显著特征：订单制、项目制、区域性。建筑企业无论发展规模多大，其公司或集团公司都是由分布在不同区域的 N 个订单和 N 个项目组成。公司规模大小唯一的区别表现为单一订单规模和项目数量多少，而订单履约的成功与否，则取决于业主的履约能力，以及项目主体的情况。如同发行应收账款证券化 ABS 产品，既要看发行主体资格，更要关注债务人主体资格一样，相较于建筑公司或上级集团公司的诚信，业主的诚信也应当作为考量因素。

另外，不同于加工制造等行业可以通过预测市场下订单，工程建设行业的订单是公开招投标获得，且总包和分包的合约都要在当地建委备案，业务具有真实性可追溯和不可抵赖的特征。因此，从这一不变的行业特征出发，当下金融机构单纯以企业规模大小论英雄的做法值得商榷。

工程建设行业是高负债运行的行业，这与其行业订单平均存在 12 ~ 18 个月的交付周期密切相关。从行业工程节点验收和资金节点支付运营模式来看，行业平均资产负债率为 70% ~ 80%。行业高负债率的内在逻辑也体现在国家政策层面，固定资产投资、房地产项目资本金和 PPP 项目等的审核标准都设定了20% 的资本金底线。因此，工程建设行业高负债率运行的特征，是由其自身行业周期属性决定且符合国家相关政策要求的。

工程建设行业的订单制与高负债运行特征，与订单合约方诚信履约能力一道作为行业不变的规律，需要行业专家去重新解读，需要行业学会发声，引导金融行业认可和逐渐施加影响，呼唤和寻求更多金融机构的理解与支持。

（二）金融层面

1. 变化的规律。随着中国市场经济发展进程以及现代企业制度的建立，金融对企业的服务达到了前所未有的广度和深度。从过去单一的传统银行信贷服务，发展到金融机构全牌照和产品交叉设计服务行业；从简单的信贷、债券、票据等，到近些年资产证券化 ABS 产品的成功发行，金融服务不断提升。

从国家经济发展周期视角看，尤其面临当前新冠肺炎疫情经济下滑严重的关口，国家层面出台了一系列金融支持政策。包括中国人民银行和财政部等五部门联合印发《关于进一步强化金融支持防控新型冠状病毒感染肺炎疫情的通知》、证监会和发改委联合发文试点基础设施公募 REITs、资本市场科创板和创业板推出注册制改革、优先支持国有企业债转股等。6 月 17 日，国务院常务会议提出推动金融系统向各类企业合理让利 1.5 万亿元，缓解企业资金压力。如果以占国家 GDP 总量 25% 为标准计算，行业能获得的让利份额约为 3 750 亿元，相当于行业 2019 年实现利润 8 381 亿元的 44.74%，这是一个可观的数据，非常值得进一步研究和探讨。

金融变化规律衍生的金融工具（单一信贷到复杂交易）和金融支持政策的推出都有时间窗口期，虽然金融人和部分行业人员能够理解这种规律，但行业总体运行情况仍然揭示了对这一规律运用的不足，总能听到"错过了一次机会"的说法。为实现行业与金融的融汇与贯通，需要行业平台专业的收集、提炼、总结、发布，减少行业个体之间的差异，为行业引领和发声。

2. 不变的规律。金融作为买卖特殊商品（资金）的行业，用钱赚钱，资本逐利是一个永恒不变的规律。尤其是当下资金追逐资产，金融产品差异化竞争年代，谁能为金融服务业发现有效需求并对接资产，就能不断获取金融资源支持。

产融服务创新也是金融行业永恒不变的规律，产业发展需要内生资源和外部金融资源共同支撑，金融行业依托产业和服务实体能够实现良性循环，共生共荣，共同发展。

行业与金融变与不变的规律，从行业视角理解和读懂金融，从金融视角理解和读懂行业，才能实现产融交易机会达成。资本追逐资产是交易达成的主观意愿，行业逆周期增长为交易达成提供的可能优质资产是客观基础；金融工具与金融政策不断推陈出新造就的时间窗口就是行业与金融的赛道；行业投融资拉动订单趋势和订单制与高负债运行的不变的规律，从金融视角看，既是赛道上的资产，也是比赛的动力，更是行业投融资升级的本质源泉。

行业投融资解决方案包含了方略和赛道两方面内容，从痛点引出方略，依据方略选择合适工具在赛道出发，过程中需要行业与金融对各自变与不变规律的理解和熟练运用，方略和赛道需要平台实现对接，这就需要构建一个供需资源匹配的服务平台，一个行业内懂金融和金融圈懂行业的创新服务平台，针对行业需求在金融领域应用方略、选择赛道，实现行业投融资升级。

三、构建行业投融资创新服务平台

鉴于上文所述，工程建设行业面临着由资质、公共关系驱动向资本、技术驱动转向的新挑战，以及由此而来的众多投融资压力。为适应行业发展，推动金融创新，解决企业痛点，满足融资需求，学会通过发起方式，于 2019 年 10 月 24 日创办了中国建设会计学会投融资专业委员会（以下简称专委会），旨在服务行业发展与金融创新。

（一）理念层面

专委会作为重要的"中间性要素"承载着为会员单位"传播理念、创新金融、对接资源"的三大使命。传播理念，是要做好投融资服务引领和培训；创新金融，是要创新金融服务架构和交易手段；对接资源，是要构建产业、金融、投资、咨询等机构的资源共享平台。

（二）操作层面

1. 投融资产品线解决之道。专委会将依托支撑平台，突出打造解决行业痛点的产品线体系，整合业内、财务、科技、金融等行业专家，开展实证课题研究，设计专委会投融资数据资产服务和供应链金融主打产品，并分步分层对接会员单位。

产品线服务内容包括但不限于供应链金融融资顾问及融资解决方案、企业低效资产盘活的解决方案、规模型国企集团设立财务公司的咨询顾问服务、企业引入社会资本投资方项目的方案策划与实施、央企国企境外资产证券化ABS、工程建设行业基于数据通的投融资辅助决策支持系统等。

2. 打造行业投融资品牌。借助专委会专家团队资源，做好从行业视角理解和读懂金融、从金融视角理解和读懂行业的架桥推广工作。策划开展年度行业内投融资经典案例、最佳创意、新产品示范推广等专项评选活动。用好专委会

"建会投融荟"微信公众号平台，借助专委会媒体资源和同行支撑，力争实现影响力巨变。

3. 推出行业投融资蓝皮书。年末，发布《工程建设行业投融资蓝皮书（2020）》，旨在扩大行业影响力和发布行业投融资指数。

4. 出版投融资专业文集。征集各发起单位、支持单位的各专业领域专家著作，以知识分享经验的目的，由专委会牵头策划，年内出版一本行业投融资专业文集。以专业的阅读人群为依托，加强行业内交流和学习，共同进步，共同提高。

（三）产品层面

专委会从行业与金融双视角出发，计划打造行业投融资数据资产服务平台，平台应具备方案开放性与资源延展性特征，同时满足金融维度对资源对接的需求。

打造数据资产服务平台的目的：一是解决行业资产负债率高的融资困惑；二是解决企业对 CFO 经验的依赖；三是解决企业财务人员师承关系的约束。

打造数据平台，从国家层面、行业层面、企业层面都有着重要的意义。工程建设行业经历多次变革，粗放式增长已经成为过去式。适应市场发展变化，提升行业精细化、系统化和数字化的综合管理能力，尤其是投融资带动能力尤为重要。专委会作为专业致力于工程建设行业发展的投融资对接平台，打破金融机构与需求方信息不对称的状态，精准定位痛点、难点，推动企业在快速转变的过程中取得先机。

以金融科技视角看资金管理

刘 东

　　资金是企业运营的血脉，资金管理是企业管理的核心内容之一，通过加强资金管控，提升资金流通效率、降低资金风险已是大势所趋，借助金融科技的力量，进行高效的资金管理已成为共识。

一、资金管理目标

　　企业要在竞争中立于不败之地，必须提高经济效益，实现企业利益最大化，尤其是经济发展进入新常态后，企业规模的持续扩大及外部经济环境的变化，企业资金管理问题逐渐显现，资金始终关系到企业生存和发展。资金管理是企业管理的核心内容之一，资金问题制约企业发展，甚至导致企业破产倒闭，如何在资金安全性、盈利性、流动性三者之间达到平衡，既能促进资金链的持续循环，又能够适应企业发展目标和外部经济环境的变化，是每个企业不可回避的重要课题。

　　资金管理是企业对资金进行实时、动态、有效的管理，以实现企业资金利用效率最大、成本最低且风险可控，从而实现整个集团利益最大化。资金管理的基础是资金相关信息的管理，如账户信息、交易信息、合约信息、投融资信息等，而信息的管理，如收集、存储、加工处理等正是金融科技所擅长的领域，因此金融科技天生就将助力资金管理。

二、金融科技助力资金管理

　　随着信息技术的快速发展，通过银企直联、财企直联、分布式等一系列技

---

　　* 刘东，华发集团财务有限公司科技部总经理。

术的运用，也催动了相关资金管理解决方案的不断发展，资金管理理念也发生了深刻的变化，资金管理的手段、覆盖面以及带来的效果都在不断地提高。纵观资金管理系统 20 余年的发展历程，是资金管理由"看"到"管控"再到"前瞻性"的发展过程，总体上可分成以下几个阶段：

（一）1.0 阶段（2006 年之前）

此阶段是资金管理系统建设的初始阶段，此时头部集团企业开始践行资金管理理念，但面临着对资金管理认识不充分、从业人员专业化不足、企业信息化投入不高等多重困难。而此时各大银行面向大型集团企业推出了资金管理系统，该系统依托于银行信息化体系建设和技术专业性保障，企业只要有网络即可使用，技术上使用门槛为零。该系统融合了银行多年的资金管理经验，加之银行将其作为维系客户关系和吸引客户资金的增值服务手段，只收取少量甚至是不收取费用。系统一经推出便受到了青睐，头部集团企业纷纷上马资金管理。

随着时间的推移，在企业资金管理不断深化、企业合作银行多样性凸显的现实情况下，该模式的不足逐步显现，突出问题有两点：

第一，企业通常与主力银行合作开通资金管理系统，但由于企业合作银行的多样性，主力银行提供的资金管理系统无法与其他银行进行数据互通，造成资金管理的全面性、及时性、准确性不理想，管控效果与管控需求的差距不断拉大。

第二，不同企业在开展资金管理时因组织结构、关注重点、流程管控点等都存在差异，企业和银行也存在着差异。银行提供的资金管理系统为标准化产品，与企业实际需求的匹配度越来越低。

随着信息技术的发展，各大银行纷纷推出了银企直连，实现银行系统与企业内部信息化系统的对接，企业开始尝试建设本地资金系统，并通过银企直连技术连接各家银行，实现信息的全面性、及时性、准确性。

（二）2.0 阶段（2006～2018 年）

经过 1.0 阶段的资金管理实践，集团企业资金管理理念发生转变，信息技术的发展为理念的落地提供了客观条件。集团企业资金管理摆脱单一银行束缚的意愿愈发强烈，资金管理由以"看"为主，转向以"管控"为主，并实现两个统一：一是企业资金流与信息流的统一；二是资金管理制度与系统控制的统一。此时，专业的第三方资金管理解决方案提供商不断涌现，利用信息科技手段，为企业建设本地的资金管理系统，并覆盖了投融资、票据、资金计划、业财融合、内部金融等诸多领域，资金管理系统在业务完整度、数据多样性实现了质的提升，并通过应用会计转换平台、财企接口平台等技术实现与财务系统、企业内部 ERP 等系统的联通，为资金管理向 3.0 阶段的演进提供了基础条件。

此阶段的资金管理系统在深度、广度上均达到了前所未有的高度，自身功能的完备性、数据的及时准确性及分析能力等都得到了质的飞跃，但其管理范围仍在集团企业内部，核心仍聚焦于将分散于多个账户的资金实现统一集中的管理，部分企业实现与合同系统或订单系统在支付环节的联通，但是未能与企业生产销售的合约进行协同，资金管理具有滞后性，资金计划或预算管理仍有大量手工环节，此时的资金管理系统迫切需要与产业（即合约）进行协同。

（三）3.0 阶段（2018 年至今）

在数字化转型浪潮的席卷下，面对激烈的外部市场环境，企业纷纷踏上数字化转型之路，资金管理理念也向前瞻性转变。在此背景下，资金管理走向内外相结合，对外为资金管理与产业及产业链的融合，对内为资金管理系统与生产销售系统的融合。融合的核心点是合约。合约决定了企业未来一段时间内特定的生产经营活动，是资金管理前瞻性得以实现的现实基础。通过合约信息，实现资金收付的全自动化处理，必将提高资金使用效率。通过合约，资金管理系统可以获得金额、时间等核心关键信息，能够更及时准确地做出资金计划，而资金计划又将影响到生产销售系统，两者互相影响。此阶段，财务也必将从后端移动到前端业务，与资金管理、生产销售等融合在一起，进入业财融合的全新时代。

三、金融科技助力资金管理的局限与挑战

金融科技是工具和手段。当前金融科技仍在飞速发展，对很多领域都产生了深刻的变革，一时间科技引领业务的观点成为热点，甚至上升成为战略指导

思想。笔者认为无论是业务重构还是业务变革，我们不可因表象而忽略本质，要始终保持对金融科技是工具和手段的清醒认识，工具天然具有被动性，其所能达到的效果取决于使用者。使用者的理念具有决定性作用，先进优秀的资金管理一定是要集团企业理念先行，与集团产业及整个产业链深度融合。

财务数字化转型是企业数字化转型的核心关键，而 CFO 要成为财务数字化转型的引领者，就要打造产融结合的资金管理联通平台，从而实现基于统一数据的业务、财务和技术共识，带领集团企业进入业财融合的新时代。面对金融科技创新的大潮，如何把握发展机会，踏准节奏，采用何种金融科技手段，创新资金管理，是金融科技从业者及资金管理者面临的巨大挑战。

四、资金管理系统的展望

当前人工智能、区块链、云计算、大数据、物联网、数字孪生等技术发展异常迅猛，并在许多实际场景中得到了的运用和验证，新技术为新理念的践行提供了客观条件，并通常伴随着效率的提升，人力的释放，站在资金管理系统由 2.0 阶段向 3.0 阶段发展的时点上，设想了上述技术的运用给资金管理系统带来的变化。

（一）可信任数据的互通

基于区块链技术的分布式、数据可信任、可追溯的特点，以区块链技术构建可信任的产业链数据互通平台成为可能，采用智能合约技术，实现资金的自动结算，同时积累企业数据，通过与银行系统联通实现授信管理自动化，提升融资效率降低融资成本。

（二）合约执行的可视化

物联网、数字孪生技术的运用使数字世界更接近真实世界，合约执行的可视化大大提升，由合约关键节点的可视化，提升到合约执行细节的可视化。通过合约执行可视化的提升，合约履约情况的预测将更加准确，进而影响到资金计划和生产销售，必将促进基于合约的授信模式发展，使其在业务效率上得到提升，企业融资成本得到降低。

（三）资金业务管理的智能化

借助人工智能、大数据技术，通过对多样的、大量的数据分析和学习，实现个性化的预警机制，对企业资金管理提出优化建议，对有风险的资金业务（如诈骗）进行风险提示或是直接阻断；通过学习制度、流程规范，找出流程优化点，监督业务人员规范操作，对不当操作进行预警；通过深入整合运用区块链、人工智能、大数据技术，金融科技必将助力资金管理进入崭新的阶段。

业财融合，开辟施工企业价值创造新路径

姜瑞枫[*]

在工程建设领域竞争日趋激烈、业务集中度不断提高的情况下，施工企业的业务能力和财务能力的差异，将直接影响企业的规模和效益。一方面，财务作为价值创造的重要驱动力，帮助企业提升核心竞争力所能发挥的作用和价值越来越受到重视，但在面对施工建设项目周期长、地域分散、商业模式多样化等特点，如何更好地发挥对公司战略推进和业务发展的决策支持与服务功能，让业务最佳合作伙伴实至名归，已成为财务当前亟待破解的管理困境；另一方面，与财务部门借助信息技术的蓬勃发展，以创新提效强化价值创造能力相呼应，业务部门也在快马加鞭，以聚焦项目经营来提升价值创造的能力。业务部门"胸有大志"，财务部门"腹有良谋"，以业财双向融合的方式，携手拓展企业发展空间。

一、业财融合概述

业财融合是企业内部业务部门与财务部门的有机整合。它是以业务活动为对象，旨在为公司创造价值。业财融合是精细化的管控方法，以信息化平台为支撑，以财务人员转型升级为依托，实现内部业务流、财务流、信息流的协调统一，破除业务与财务之间的信息屏障，形成两者之间互动交融，实现内部信息资源共享、资源集中配置、优化管理模式，共同提升核心竞争实力。

业财融合不是简单的人员交流或数据交流，而是对传统财务工作提出更高的要求。财务人员要能抓住业务的本质，从业务本质上进行有效支持及精细化

---

* 姜瑞枫，中国建筑一局（集团）有限公司财务总监，高级会计师。

管控，深挖财务人员对企业的价值创造能力。要构建管理会计体系，在企业内提升信息化建设，重塑财务流程，打通业务流程，实现对公司业务的事前计划、事中控制、事后分析全程财务管理。财务人员通过业财一体化，可以及时、准确、全面地了解各项业务活动，基于对这些业务数据的整理、分析，可形成可靠的经营预测，精确的识别风险，指导业务活动的有效开展。业财融合可以最大限度地利用企业资源，优化企业管理和内部控制系统，促进企业经营效益和管控水平的提升，实现高质量发展，它是现代企业精细化管理的重要举措。

二、施工企业推进业财融合的动因

（一）宏观政策及财务发展推动业财融合

近年来，为促进单位加强管理会计工作，提升内部管理水平，促进经济转型升级，财政部先后印发《关于全面推进管理会计体系建设的指导意见》《管理会计基本指引》，明确提出要有机融合财务与业务活动。国家出台鼓励政策，激发了学术界对业财融合的研究热情，在经过了一些实践案例后，被不少学者认为是推动管理会计体系建设的有效路径和方法。同时，也激发了企业深入推动业财融合力度。面对新业务、新商业模式等挑战，要想生存与发展，企业转型升级迫在眉睫，传统财务体系同样受到冲击，财务人员急需从记账会计向管理会计转型，将更多的精力腾挪到管理当中，更多地参与到业务经营中，通过业务和财务的深度融合，发挥财务人员的价值创造能力，才能适应发展，拓展生存空间。

（二）市场及经营环境变化推动业财融合

我国建筑业经过长期发展，业务成熟，模式丰富，虽然建筑市场的业务总体上向大型企业集中，使大型企业具备强势的品牌效应，但市场竞争日益趋于白热化，盈利空间不断压缩，国家对地产"房住不炒"的调控决心，对政府隐性债务的管控，使施工企业生存压力不断加大。同时，企业内部面临机构数量庞大，资金回收难度加大，刚性支付压力剧增，需要控制的风险越来越多，管理能力及效率提升、创新能力提升、决策质量提升、风险监控提升成为大型施工企业集团在激烈的市场竞争中脱颖而出的必要条件，通过业财融合，将经营资源和财务资源集中整合，创新发展模式才能突破发展"瓶颈"。

（三）信息技术发展加速推动业财融合

业务系统与财务系统的壁垒成为业财融合最清晰、最容易的入手点，许多业财融合的案例都以企业信息化建设为落地工具。信息技术和人工智能发展迅猛，使得与企业管理相关的信息化水平也随之日新月异。企业管理者逐渐意识到管理信息化的重要作用，这不仅使业财融合在系统层面有了技术基础，更重要的是有了管理阶层的顶层设计意识和管理思维意识基础。

三、施工企业推进业财融合的难点

（一）业务分散，管理架构难以突破

建筑企业的经营特点是业务跟着业主走，项目经营分散，财务人员很难实现集约化管理，否则就会出现财务与业务脱离。同时，管理的要求使专业化分工不断细化，职能部门的垂直化管理，形成了集团的条块化管理现状。业务与财务的职能边界，造成部门在建设管理系统时，仅关注本部门的业务范围，很少考虑系统的集成融合，业财系统之间存在的壁垒造成业务与财务存在业务、流程、信息、数据的边界，导致财务与业务之间信息流、业务流交互不足，无法有效聚合。

（二）业务复杂，财务参与度不高

建筑企业所建造产品具有技术要求高、上下游涉及面广、建造周期长等特点，财务人员第一时间掌握工程进度、各成本构成等数据难度较大，财务核算较制造类等企业也更显复杂，低层核算业务标准统一难度大，财务人员工作时间分配中基础工作占比偏高，业务管理的参与度及参与的深度不够，深入业务前端不足，难以从业务本质上发掘价值创造点。

（三）认识不深，业务对财务的理解有误区

施工业务链条复杂，财务创造价值多为隐性价值，难以形成直接价值体现，管理价值往往容易被忽视，尤其是生产一线，仍认为财务工作仅仅就是核算记账而已，且规矩多，没有认识到财务在业务筹划、融投资及商业模式创新等方面专业自带优势，没有形成合力，业务与财务的紧密度不足，难以形成"1+1>2"的作用。

（四）定位偏差，财务人员自身转型不到位

目前，施工项目财务人员甚至施工企业的财务经理、财务总监对自身角色定位更多的是对经营成果的记录、核算和监督，未能站在业务角度思考问题，甚至有些将自己与业务系统作为对立面进行划分。传统财务人员对自身角色定位与现代管理会计的要求存在偏差。

四、实施业财融合的原则

业财融合体系的搭建对企业的要求是多方面、多层次的，需要企业各部门共同努力，以实现价值提升。企业构建业财融合管控体系应该遵循以下原则：

（一）坚持整体统筹分步实施的原则

业财融合的根本目的在于价值创造，进而实现企业的资源优化配置，最大限度地降低不必要的损耗，有效提升企业的效益。在实施业财融合中，施工企业应全面梳理经营链条上各阶段成本和收益的关系，做好整体研究设计，按照效益优先分步实施，以实现高效的成本控制，实现企业的高效收入。

（二）坚持权责利相统一的原则

在业财融合的推进实施中，需要多部门共同参与进来。这就需要一个明确

的权责管理制度，按照风险管控能力划分责任主体，做到权责利相统一，通过制定有效的考核跟踪机制，让各个业务都能够得到有效的落实和推进，才能保证业财融合的有效推进。

（三）坚持完全成本和全链条价值管理的原则

施工企业运营中，从市场营销、过程实施、竣工结算，各环节生产要素的投入及全链条价值创造点繁多，为确保业财融合数据准确可靠、管理成效到位，应坚持实施环节的全面化、实施人员的全面化，才能有效地提高业财融合的效率。

（四）坚持偏离度管理原则

在业财融合的运用中，应根据融合程度及推进情况，分阶段设置差异化偏离度管理机制，当出现业务财务管理数据出现偏离，超出标准偏离度，应启动偏离管理，找出问题的根源，并制定纠正预防措施，不断提高业务与财务的吻合度，实现高效管理。

五、业财融合的实施路径

（一）转变观念，财务人员也可创造价值

财务人员要主动转变观念，适应业务变化，努力从财务型向管理型转变，尽快从会计核算到为企业创造价值转变。财务人员思想上要有创新意识，无论是商业模式还是交易架构，都要能抓住业务的本质，每个经营关键点上都可以通过创新实现赋能增值。施工企业应加大与专业院校的战略合作，可以从招聘源头提升财务人员素质，也可以加强实操业务与学术创新的紧密度，接受新思想洗礼。打铁还需自身硬，财务人员应主动学习管理会计要求的各方面知识，持续提高自身综合能力素养。施工企业应加大业务培训力度，不断提升财务人员"价值创造"的能力自信、思维自信。

（二）集合资源，提高价值创造能力

"人、财、机"是施工企业生产经营的重要资源，财务人员掌握了关键的"财"，这是企业的生命线。财务要懂得将经营链条中能够掌握的资金、金融、税务等各种资源进行整合，从财务业务上深植价值管理，例如，做好资本运作，一融一投，一压一提，发挥资本创造价值的本源；建立有效的、能够对业务提供支撑的管理机制，帮助业务拓展实现创收；全面做好资金运营，提高资金周转效率，实现价值创造；落实全流程税务筹划，压降税负，提高效益；建立有效的成本费用管控；建立高效的经营过程及成果分析监管机制，发现问题、解决问题，实现创收等。这些方面的价值发挥出来，就能得到各级机构，乃至项目部，核心管理层的认可，也会形成业务对财务的更加依赖，从而加速推动业财融合，创造更多价值，决策层必将投入精力推进，形成良好的循环系统。

（三）技术迭代，构建业财融合信息管理平台

基于信息化背景，利用信息化系统可以实现部门之间的信息共享，助力工作协同。施工企业要打破传统财务核算系统的孤岛，通过业财一体化平台将工作延伸到业务端，将财务标准及管控前置到业务端，抓住管理流程的关键点，精简流程提高效率，建立起管理流程统一、数据标准统一高效管理平台，提高财务人员账务处理标准的统一性、核算的及时性和准确性，而且通过一键出表，进一步释放财务人员精力参与到业务经营当中，与业务更好地融合，成为业务的"好伙伴"，这也是价值创造的核心之一。

笔者所在企业通过业财之间的兼容面，建立以"业财一体化"为最终目标的信息化管控系统，通过整合财务管控的预算、费控、税务、资金、核算、报表、统计分析等多项财务内容形成"财务一体化"，并以"中台"子系统为媒介，直接将"业务语言"转换为"财务语言"，以兼容打破壁垒，将业务和财务联系在一起，进而整合企业的战略管控要求、数据标准、业务流程、内控制度、授权体系、报表要求等内容最终形成"业财一体化"，为企业全体财务、业务人员提供统一、共享的运营与分析平台，促进业财融合与企业管理变革。

1. 建立主数据子系统，形成底层数据池。构建主数据统一储存和分发系

统，将大量的公司类信息、部门类信息、项目类信息、人员类信息、客户类信息、供应商类信息、合同类信息、银行及账户类信息等基础数据进行统一管理，从而真正统一所有源头基础数据，筑牢业财融合基础。

2. 创建中台子系统，筑起"业财"沟通桥梁。（1）建设中台子系统，作为业务与财务的桥梁系统。对于经营前端多元化、多样化的业务需求及信息，集中通过中台系统内业务表单化的方式兼顾实现业务需求、内控需求、流程审批、授权下放、财务规则等内容进行业财转换与控制。（2）运用业务全周期梳理的方法进行业财融合要素分析与整理，结合电子发票、电子档案、电子签名、光学字符识别（OCR）等数字化技术的自动处理方案，最大限度地避免手工录入、人工校验，进一步减少大量低附加值的报账、审核、结算环节，做到各业务表单内置规则的统一化。（3）强化业务财务协同，实现财务管控向业务前端的延伸，把企业财务的神经网络融入业务流程中、打通财务与业务之间的壁垒，为业务财务和战略财务作用的发挥提供可能，进而实现财务业务的一体化。（4）在施工企业的项目成本管理、营销费用管控、结算收款、资金支付、涉税管理、分包分供采购等方面提供专业化、差异化的增值服务，将财务的事后核算与监督转变为事前介入与过程参与，改变财务与业务之间的信息传递方式，提高企业数据传递效率，真正实现业务完成、核算即完成的理念。

3. 业财融合实现"一键出表"，搭建数据分析中心。统一的核算规则，形成标准化的账务处理，最终实现"一键出表"，靶向破解基层繁复的"报表困境"工作。通过搭建简单、易用、灵活、高效的"业财一体化"平台，支持接入更多业务端口的数据，提供灵活的数据加工能力，为各级单位提供好的数据服务，满足不断增强的数据分析需求，形成"大数据"仓库。利用企业数字化转型，搭建出开放、共享的数据分析中心，形成的数据分析中心也同时是企业管理会计的数据决策中心。将"业财一体化"平台中各子系统积累的业财数据管理好，通过数据分析中心将业财数据使用好，逐步发挥出数据的价值，实现信息共享和数据价值管理，支撑公司管理分析和决策。

（四）全面介入，加强财务与业务工作融合

财务系统应与其他业务系统互融互通，持续提升财务人员的价值创造力，提升财务分析的有效性和所提管理建议的质量，通过各系统的深入融合促进企业内部控制不断完善。

1. 与市场系统的融合。合同规模与质量决定了施工企业发展速度和质效，目前大部分施工企业在房屋建筑方面的施工占比仍然较高。在当前国际形势趋紧、国内宏观经济下行压力较大的背景下，党中央国务院坚定"房子是用来住的，不是用来炒的"定位基调下，大部分房地产企业资金链较为紧张，需通过供应链融资等手段进行工程款项支付。财务系统应加大与市场系统的融合，主动联合市场系统人员与业主方沟通，洽商现金支付、票据等供应链金融手段支付的组合比例，确保施工企业工程收款的及时性、安全性、稳定性和可持续性。

2. 与投资系统的融合。基础设施等投资类项目因工程量大、时间长等特点，资金占用较多，施工企业很难具备完全垫资施工的实力，因此需要通过拉动政府方和其他社会资本参与投资，以投资来带动施工。财务系统应加大与投资系统的融合力度，利用自身的金融资源优势，设计定制化的基金等金融产品，以最少的自有资金投入来最大化撬动企业外的资本，最终带动施工总承包业务的发展。利用自身的专业知识，加强税务筹划，结合投资项目的具体特性，利用不同地区的税务优惠政策，实现施工企业的税务创效。联合投资系统人员与其他各相关投资方沟通，通过条款设计安排可实现投资项目公司的财务并表或财务出表，最大化满足自身企业的实际需求。

3. 与商务系统的融合。施工企业作为施工项目的总包单位，经常发生垫资施工行为，垫资金额越大、时间越长，将会对项目利润侵蚀越多，因此对项目现金流较为敏感。财务系统应加强与商务系统的融合，尽力增加项目资金流入，减少资金流出，确保项目现金流合理充裕，最终实现资金创效。及时掌握项目施工进展状况，明晰对业主的收款权情况，制订催收防欠方案，确保项目及时甚至超前回收工程款。及时了解对上游供应商的确权情况，制定项目支付计划，联合商务系统加大与供应商的谈判力度，尽可能采取票据、信用证等供应链金融方式进行支付，延长付款周期，减少现金流出。做好现金流测算，将稳定的富余资金通过定期存款等方式进行资金上存，提高项目资金收益，实现资金创效。

六、业财融合预期达成的效果

（一）增强财务人员价值创造能力

通过业财融合的深入推进，财务人员对项目的信息掌握更加及时、全面，将会站在业务系统的角度来进行思考，基于此所做财务分析、融投资业务、所提管理建议的质效将会得到全面提升。业财融合将使财务人员由传统的记账会计转变为企业业务人员的服务者、献策者和合作者，不断增强财务人员对企业的价值创造能力。

（二）促进企业管理视角转型

财务人员作为企业拥抱数字化浪潮的"先行者"，业财融合转型更重要的使命是实现企业内外部数据的连接和协同，尤其是施工产业链条所带动的客户、分包分供、投资人、债权人等多维立体结构关系，它不仅包括业务环节的数字化，还包括第三方数字化链接，业财融合转型将这些连接在一起。从效率视角看，推动业财融合，有效提升业务流程效率从而带动企业整体运营效率的提升；从数据价值视角看，推动业财融合，有利于企业建立采集数据的"触角"，并在业财一体化平台上通过对数据质量的控制，找到能深度分析和挖掘数据价值的算法与模型，最后通过数据分析中心进行可视化展示。

（三）深化企业精细化管理

业务与财务的协同可以有效提升企业的管理控制水平。在业财一体化体系中，财务部门在核算企业成本、收入、利润等财务指标的同时要结合业务数据，利用数据信息帮助企业管理者科学分析问题，提供相关建议；业务部门不仅关注业务量指标，同时也重视经营活动的投入产出效率。基于业财融合企业可以不断提升其财务管理水平，从而推动施工企业进一步向精细化管理迈进。

（四）增强企业的风险管理水平

企业通过实现业务与财务的融合，能够实现对业务活动的严格管控，财务部门通过对业务风险的分析和评估，可以优化企业业务结构，改善经营活动规避风险，提升经营效率。通过实施业财一体化，财务部门可以及时掌握企业经营情况，有效实施财务管理，防范经营风险，为企业平稳发展保驾护航。

（五）推动企业高质量发展

业财融合深入推进后，财务人员开展财务分析的质效不断提升、企业管理日趋精细化、财务系统与业务系统的融合促进企业内部控制持续完善，以上均将不断推动企业可及时深刻剖析运营状况、制定适宜发展战略、最大化提升企业经济效益，最终推动企业实现高质量发展。

（六）加强企业行业引领力

施工企业通过自主创新实现业财融合，掌握关键核心技术，运用链接、共享、协同、平台等理念，针对来自企业内外部的大数据量、多类型、多架构的数据，运用数据采集、数据加工、数据挖掘、数据算法、数据模型等方法进行数据的加工与管理，并进行数据的可视化展示，推动企业数据在数字化、网络化、智能化应用上走在前列，主导施工类企业的业财融合标准的设定，通过不断创新增强自身"硬实力"，成为施工企业业财融合的领航人，提升企业行业引领力。

财资创新，跑出陕建"加速度"

莫　勇*

"九天阊阖开宫殿，万国衣冠拜冕旒。"作为"一带一路"的桥头堡和丝绸之路的起点，西安有着极其深厚的历史底蕴和文化内涵。

作为西部地区建筑施工行业的领军企业，陕西建工控股集团有限公司（以下简称陕建集团）凭借雄厚的发展实力和工匠之心，名列 ENR 全球承包商 250 强第 24 位，中国企业 500 强第 191 位[①]，先后有 66 项工程荣获中国建设工程鲁班奖，是当之无愧的西部榜样和国之脊梁。2019 年，陕建集团新签合同额 2 399.88 亿元，实现营业收入 1 160.48 亿元，实现利润总额 23.05 亿元，同比都实现了跨越式的增长，并获评陕西省国资委"稳增长贡献企业""国企改革先锋奖""助力脱贫攻坚优秀企业"。

近年来，面对激烈的市场竞争和经济下行压力，陕建集团通过向深化改革要动力、向资源整合要效益、向省外海外要空间，大力实施"发展差异化、经营区域化、管理精细化、法人属地化、机制市场化"战略，全力推动企业高质量发展，以财资创新为抓手，实现了逆势腾飞。

一、加强财资创新，优化财务管理

财务管理制度的完善、全面预算管理、资金管控、税收筹划等财务管理举措对于企业经营发展十分重要。陕建集团近年来强化制度建设，优化业务流程，推行了一系列规范财务管理的举措，财务管理体系不断完善，有力保障了企业健康快速发展。

一是加强财务规范管理。在制度化方面，陕建集团严格执行延续多年的

＊ 莫勇，陕西建工集团有限公司总会计师。

① 张哲. 2019 年度 ENR 全球承包商 250 强解析［J］. 中国勘察设计，2019（9）.

《集团公司财务会计管理制度》，并根据企业发展需要，制定了《关于大额资金使用审批和备案事项的通知》《银行授信资源管理暂行办法》《总公司机关费用报销管理办法》等一系列制度，实现了会计核算和财务管理工作制度化；在流程化方面，编制了陕建集团总部《财务管理业务流程图》，实现了 10 类业务、50 个具体事项的流程化管理，提高了办事效率；在标准化方面，利用信息化手段推动账务、报表系统标准化，全面上线 NC 集中管控系统，使得会计核算和会计基础工作更加规范高效，会计信息质量大幅度提高。

二是推行财务预算管理。陕建集团科学编制了权属企业及总部各经营单位年度财务计划指标及投融资预算、集团财务收支预算及年度经济技术综合指标计划；每季度对收入、利润、上交款、完税额等指标完成情况进行考评，力求真实反映，确保进度目标。同时，财务部门全面推行管理层费用预算制管理，核定部门经费预算，按季监督管理，定期增减调整，严格控制预算外开支，确保年度利润目标顺利实现。

三是强化资金集中管控。陕建集团充分利用公司财务结算中心管理平台，做到账户统一管理、银行集中授信、资金集中结算、收支计划管理，确保资金的安全完整及法人对资金的绝对控制权，资金集中度、银行集中授信率、资金收支计划管理、资金"收支两条线"管理覆盖面达到 100%。同时，创新资金归集业务，采用国内领先的九恒星资金管理平台，实现全集团多银行账户资金集中管理，将同一银行不同地域的各账户资金，每日定时归集，彻底解决账户多、资金散、费时费力的问题，将零散的沉淀资金集中起来，为企业生产经营提供更加有力的资金保障。

四是强抓税务管理筹划。陕建集团通过不断加强税收管理，降低了企业的涉税风险，减少了企业的税收成本。陕建集团连续多年被评为纳税先进单位和 A 级纳税企业。"营改增"工作走在全国同行业的前列，获得了发改委、住建部、中建协、中国建设会计学会以及同业的高度关注，受到了行业一致肯定和好评。在开展纳税筹划方面，集团总部及权属 21 家单位顺利通过国家鼓励类目录企业资质审批和年审，依法享受税收优惠政策，2017～2018 年研发加计扣除取得税收优惠 5 773 万元。此外，陕建集团通过积极推行总分包差额纳税政策，解决了分包发票问题，规避重复纳税和所得税风险。

二、强化资本运作，深化产融结合

陕建集团紧紧围绕增强活力、优化布局、提质增效的中心任务，强化资本运作，以资本为手段，深化产融结合，充分发挥资本驱动在调整存量、做大增量中的杠杆作用，实现产业和资本的良性互动发展。

一是扩大授信规模。根据经营发展需要，持续开展银企战略合作，改善了子公司融资授信难、规模小，授信条件苛刻的局面。目前，陕建集团依托陕建股份、陕建控股两个 AAA 信用评级融资平台，银行综合授信已超过1 000 亿元，承兑汇票、供应链融资、保理、融资租赁等融资渠道不断拓宽，满足了集团生产经营的需求，有力推动了集团逆势增长。同时，充分发挥集团集中授信优势，为银行贷款利率及缴存保证金等统一划定上限标准，降低了融资成本。

二是拓展债券市场。在巩固传统银行间交易商债券市场外，陕建集团积极倡导接触上交所、深交所债券市场，以及香港境外债市场，不断扩大陕建集团直接融资通道，建立"三位一体"的债券融资平台。2015 年通过银行间交易商协会发行了 3 年期中期票据 3 亿元，成功注册 5 年期中期票据 10 亿元，并启动一年期短期融资券 16 亿元的评级注册工作，2017 年、2018 年分别在银行间交易商协会公开发行了期限为 3 ＋ N 的中期票据 10 亿元，2019 年顺利注册 40亿元公司债、28 亿元永续中期票据，同时成功注册了陕西首单资产支持票据（ABN）30 亿元，并于 2020 年成功发行陕西首单疫情防控资产支持票据 10 亿元，为陕建集团 BT、PPP 项目、建筑产业化、总部基地建设，以及进军高端市场等工作做好了资金储备。2020 年 2 月，集团通过精准对接国开行，海外项目复工复产成功获得国开行 1.5 亿美元专项资金支持。此外，还探索国开基金、产业基金、项目贷、高资理财等新型融资品种，支持 PPP 项目、建筑产业化、环保节能锅炉等新兴产业发展。

三是做好内部融资。2019 年 10 月，陕建集团财务结算中心成立，进一步加强资金集中度、强化内部资金管理。利用财务结算中心资金"蓄水池"的优势，积极稳健地开展内部融资工作，加速资金运转，提高资金收益。财务结算中心通过规范信贷评审工作流程，严格贯彻贷后管理制度，严控内部逾期。内部融资为集团利润稳步增长做出了卓越贡献，也有力地推动了经营规模的快速增长。

四是创新银企对接。2020 年上半年，财务结算中心组织数十家银行等金融机构，先后举办了陕建物流、产投、金牛等企业银企座谈会以及陕建金融服务宝鸡、榆林属地化公司及地产集团银企座谈会，达成多项银企战略合作协议，为各单位带来了"金融活水"资源的同时，进一步为银企双方打开了合作渠道，为共同追求优势发挥，合作利益、合作成果最大化奠定基础。

五是打造金融板块。陕建集团近年来成立融资担保公司、保理公司、投资管理公司、融资租赁公司等类金融子企业，2019 年全年金融板块利润贡献突破 1 亿元，为企业延伸产业链条、培育新的利润增长点注入了新动能，陕建产融协同发展取得了实质性成果。

三、冲刺资本市场，助力陕建腾飞

为了规范企业管理，持续提升企业竞争力和影响力，建立科学的激励机制，2018 年 12 月，陕建集团正式启动整体改制上市工作。整体上市的战略目标是陕建集团作为省属国企的自我加压和主动担当，是陕建集团加强投融资能力和发展动力的必然选择。

一是搭建上市主体。整体上市工作启动后，全集团集中力量、倒排时间，全力推进整体上市工作。于 2019 年 6 月 28 日成功发起创立陕建股份，仅用不到 7 个月时间完成集团整体股改，优化了资产配置，架构了上市主体，搭建了资本平台，走出了整体上市的关键一步，成为陕建集团发展史上的重要里程碑。

二是落实整改规范。按照上市规范要求，陕建集团集中进行内部整改规范，为整体上市打牢基础。依托 7 家中介机构和 8 个专业小组，高效完成了 19 个单位的职工股回购工作，整合重组企业 100 余户、注销 200 余个僵尸企业和分支机构；同时，也完成了 2 万余人的劳动用工规范，58 宗土地的换证，开具了 2 200 余份合规证明。此外，集团组织了两次集团范围内的上市规范督导检查，确保各项规范整改工作落到实处。

三是推进资产重组。在集团主要领导的多方协调和不懈努力下，集团最终确定通过延长石油旗下上市公司延长化建进行吸收合并资产重组，实现集团整体上市目标。2019 年底，圆满实现上市公司股权无偿划转，化建股份正式纳入陕建控股旗下，为集团重组上市提供了路径和载体。2020 年 1 月，上市公司成功启动重大资产重组，陕建集团整体上市盛大启航。2020 年 6 月，延长化建股东大会通过重大资产重组议案，陕建集团整体上市之路又迈出坚实一步。

潮涌七十年，筑梦新时代。持续的改革开放让中国发生了翻天覆地的变化，陕建集团主动适应新变化，围绕创新财资管理推进一系列新举措，有力地支撑起企业的高质量发展之路。面对严峻考验，陕建财务铁军不辱使命，顽强拼搏，以"努力到无能为力，拼搏到感动自己"的信念，一路前行。我们相信陕建财务铁军定将不忘初心，砥砺奋进，与全体陕建人一道，向着挺进世界500强和实现整体上市的战略目标全力迈进，跑出陕建"加速度"。

"一带一路"倡议对我国建筑企业财务绩效的影响研究：基于 PSM – DID

秦　颖　孙丽梅　冯晓阳*

一、引　言

2013 年，国家主席习近平提出共建"丝绸之路经济带"和"21 世纪海上丝绸之路"的重大倡议，得到了许多国家的高度认可和广泛参与，2015 年发布《推动共建丝绸之路经济带和 21 世纪海上丝绸之路的愿景与行动》，标志着"一带一路"进入全面推进阶段。"一带一路"倡议的提出，给我国和沿线国家都带来了新的机会与挑战，也为企业对外发展提供了前所未有的机遇，我国企业对沿线国家的投资参与的积极性也正在提高。

建筑企业在我国国民经济中扮演着十分重要的角色，是产值创造和吸收就业的主要行业，在"一带一路"倡议中建筑企业参与程度很高，因此从建筑企业的视角，探究建筑企业参与"一带一路"给企业财务绩效带来的影响。选取建筑行业"一带一路"概念股 2011～2018 年的财务数据作为实验组的样本，采用倾向得分匹配（PSM）对实验组进行匹配，匹配与实验组最相近的建筑行业的上市公司作为对照组，再采用双重差分法（DID）对企业参与"一带一路"的净效应进行研究，以此来探讨"一带一路"对建筑行业上市公司财务绩效的影响。

---

* 秦颖、孙丽梅、冯晓阳，北京建筑大学。

二、研究动态

（一）企业对外投资与财务绩效关系研究

关于企业对外投资与绩效的关系已有研究主要观点有三种：正相关、不确定性和负相关关系。

1. 正相关关系。枝村（Edamura，2014）等通过研究企业对外投资对财务绩效的影响发现，企业在生产率营业额等方面有显著增加，说明对外投资对企业绩效有一定的正向影响；蒋殿春等（2014）研究了企业对外投资对企业生产率有促进作用，可能间接促进企业财务绩效；逯宇铎等（2014）运用倾向得分匹配法（PSM）对我国规模以上企业对外投资情况与利润水平生产效率进行实证研究，结果表明，企业对外的双向投资对绩效有一定的提升作用。

2. 不确定性关系。张天顶和张晓欢（2019）运用门槛效应模型来研究，研究表明不同规模的企业对外投资与财务绩效的影响有显著的差异，中小企业对外投资会促进企业财务绩效的提高，而对大型企业来说企业对外投资和财务绩效呈现负相关的关系，所以对企业的财务绩效的影响具有一定的不确定性。

3. 负相关关系。庞晓萍等（2017）以制造行业的上市公司为研究对象，以不同对外投资的程度分别研究了对企业财务绩效的不同影响，对外投资程度较高的企业，一般对企业绩效有负向的影响，但如果具备国际化的有利条件，这种负向影响程度会降低，变得不显著。对外投资对企业绩效的探究会因主体不同而出现不同的影响。

（二）"一带一路"倡议对财务绩效影响研究

企业是社会中的微观主体，受到许多因素的影响，其中政策制度对企业的影响是比较显著的。如果政策制度是积极有利的，那势必会促进企业的中长期发展，企业将会是政策制度下的受益者。刘琦（2018）对我国企业响应国家政策的上市公司与未参与的上市公司进行对比研究，发现参与的企业的财务绩效表现更优。王刚（2018）对2013～2016年"一带一路"89家中国企业的面板数据进行研究得出，企业识别核心能力参与国际竞争这是一个长期过程，对企业绩效有促进作用。马广奇等（2019）运用因子分析法构建了企业财务绩效的指标体系，在此基础上对企业参与"一带一路"进行实证研究发现，不同行业间对绩效的影响存在差异，对一些制造业前期投入大，投入后会使近期绩效下降，一些轻工业绩效会缓慢提升，这也说明对绩效的影响在行业间不同，在时间上也有差异。阅读相关文献发现，相关研究没有专门针对建筑企业进行分析，大多对财务绩效进行直接比较研究，没有剥离其他经济社会环境对企业财务绩效的影响，缺乏对"一带一路"实施净效益的关注，所以本文采用 PSM – DID 来研究"一带一路"对参与建筑企业财务绩效的影响。

三、研究设计

（一）研究思路

"一带一路"倡议提出以来，建筑企业积极主动走出去，并取得一定成效，由于建筑企业参与"一带一路"的经济数据很难获取，不能用来与企业绩效做直接研究，其他方法又不能剥离经济社会环境对企业财务绩效的影响，所以采用双重差分法，通过设置实验组和对照组来评估"一带一路"对参与企业产生的净效益。双重差分法是衡量政策制度实施效应的一种方法，其优势在于可以建立一个反事实框架来评估政策发生或不发生对研究对象的影响，其原理是设置实验组和对照组，使实验组和对照组满足共同趋势的假定，以此来构建反事实框架。为满足共同趋势的假定，又采用倾向得分匹配法对双重差分法进行优化，通过选定控制变量为实验组匹配实际情况最为相近的企业作为对照组，对经过 PSM 方法处理以后的实验组和对照组再使用双重差分法的研究会使结果更具科学性。

首先对样本进行描述性统计，对样本情况进行了解，然后采用 PSM – DID 的方法展开研究分析，设置实验组即参与"一带一路"的建筑企业，设置对照组即没有参与"一带一路"的建筑企业，对实验组和对照组进行双重差分即组间差分消除时间效应、组内差分消除个体效应，由此得到参与"一带一路"的净效应。为了减少遗漏变量对结果的影响，引入双重固定效应模型进行检验。

（二）双重差分模型构建

1. 采用倾向得分匹配来满足双重差分法共同趋势的假定，构建反事实框架，具体步骤：首先计算企业的倾向得分概率，构建分组虚拟变量，实验组取 1，对照组取 0，根据倾向得分概率匹配与参与"一带一路"企业得分概率最近的企业，以消除选择偏差问题，企业选择参与"一带一路"的概率为：

$$p(du_{i,t-1}) = probility(Y_{it} \mid du_{i,t-1}) \tag{1}$$

2. 按照双重差分的思路，引入两个虚拟变量 du 和 dt。$du = 0$ 表示企业未参与"一带一路"，$du = 1$ 表示企业参与"一带一路"；$dt = 0$ 表示"一带一路"广泛参与之前，$dt = 1$ 表示"一带一路"广泛参与之后。在此基础上构建模型（2）：

$$Y_{it} = \alpha_0 + \alpha_1 du \times dt + \alpha_2 dt + \alpha_3 du + \beta X_{it} + \varepsilon_{it} \tag{2}$$

模型（2）是常见的一般双重差分模型，但一般只适用于两期的数据，考虑到是对"一带一路"前后多期进行研究，因此将模型（2）进行了变换，加入了双重效应模型变换成更适用于本文研究的模型（3），来估计"一带一路"对建筑企业绩效产生的影响：

$$Y_{it} = \alpha_0 + \alpha_1 du \times dt + \beta X_{it} + \mu_i + \tau_i + \varepsilon_{it} \tag{3}$$

其中，μ_i 为个体固定效应，τ_i 为时间固定效应，Y_{it} 为因变量企业绩效，表示企业 i 参与"一带一路"前后的企业绩效水平，X_{it} 是指引入的控制变量，$du \times dt$ 为生成的交互项，是衡量企业参与前后的变化水平，是本文的待估参数。

（三）变量设计与数据收集

1. 变量设计。（1）企业绩效。选取了能够考虑到社会关注程度以及企业综合获利能力的每股收益（EPS）作为衡量企业绩效的指标，结果更加直观，参考刘琦（2019）的做法，选取每股收益为被解释变量。（2）虚拟变量。按照双重差分法的思路，引入两个虚拟变量 du 和 dt，将生成的交互项作为本文的主要解释变量。（3）控制变量。根据前期相关文献研究，选定如下变量为控制变量：资产负债率（DAR）、现金比率（CR）、营业总收入增长率（ORR）、企业规模（$SIZE$），具体变量说明如表1所示。

表1   变量含义与说明

变量类型	名称	符号	含义
因变量	每股收益	EPS	净利润/普通股份总数
自变量	分组虚拟变量	du	$du=0$ 表示未参与"一带一路"的企业；$du=1$ 表示参与"一带一路"的企业
	时间虚拟变量	dt	$dt=0$ 表示"一带一路"广泛响应之前（2011～2014年），$dt=1$ 表示"一带一路"广泛响应之后（2015～2018年）
	交互项	$du \times dt$	du 和 dt 生成的交互项，衡量建筑企业参与"一带一路"的企业绩效的变化水平
匹配变量	资产负债率	DAR	负债总额/资产总额
	现金比率	CR	（货币资金＋有价证券）/流动负债
	营业总收入增长率	ORR	本年营业总收入增加额对上年营业总收入总额
	企业规模	$SIZE$	企业总资产的自然对数

2. 数据收集。数据全部来源于 Wind 数据库，选取了 2011～2018 年按证监会分类的建筑行业 93 家上市公司，并做了以下调整：第一，剔除 *ST 和 ST 的建筑行业上市公司；第二，剔除数据有缺失的上市公司。经过上述调整符合要求的建筑企业上市公司有 87 家，将属于建筑行业"一带一路"概念股的上市公司作为实验组，其他的建筑企业上市公司作为对照组。

四、实证结果与分析

（一）描述性统计

表 2 列示了对变量进行了描述性统计分析的结果。

由表 2 可知，参与"一带一路"之前实验组的每股收益要低于对照组，而在参与"一带一路"之后实验组的每股收益是高于对照组的，这在一定程度上说明参与"一带一路"对建筑企业上市公司的绩效可能存在正向作用，具体是否存在正向影响会进一步进行分析。通过对企业规模进行分析可以看出，参与"一带一路"的企业规模的均值是大于对照组企业的，实验组企业中不乏规模较大的企业，企业间规模存在较大的差异，会对研究分析产生影响，所以对企业规模这一指标进行控制是有必要的。通过对资产负债率和现金比率的初步分析可以发现，资产负债率高、现金比率低的企业更有动力对外发展，更倾向于参与"一带一路"，所以企业本身会存在选择偏差，因此选择用倾向得分匹配法是很有必要的。

表2　　　　　　　　　　企业各变量描述性统计结果

变量	对"一带一路"倡议广泛响应之前				对"一带一路"倡议广泛响应之后			
	实验组企业		对照组企业		实验组企业		对照组企业	
	均值	标准差	均值	标准差	均值	标准差	均值	标准差
EPS	0.405	0.617	0.543	0.499	0.464	0.330	0.382	0.330
DAR	75.967	12.556	58.683	19.201	73.806	9.334	57.59	15.766
CR	0.501	2.283	0.534	0.741	0.325	0.156	0.45	0.798
ORR	12.489	18.163	18.049	28.098	9.303	24.927	17.56	48.96
SIZE	9.991	1.927	7.487	1.267	10.701	1.698	8.26	1.246

（二）倾向得分匹配

采用倾向得分匹配法对实验组和对照组进行匹配处理，选取资产负债率、现金比率、营业总收入增长率、企业规模作为匹配变量，运用 Logit 对实验组和对照组进行概率估计，得到倾向得分，参考阿巴迪等（Abadie et al.，2004）的文献研究，采用 k 近邻匹配方法进行匹配。倾向得分匹配的运用是为了解决样本的选择难题，从而满足双重差分法对共同趋势的假定。

倾向得分匹配平稳性检验主要关注标准离差和 t 统计量（或 p 值），首先判定标准离差，根据图1可以直观地看出，匹配之后的标准偏差明显变小，分布在0附近，这说明匹配之后，变量之间的差异偏差变小，从而使实验组和对照组更加相似，以达到使用倾向得分匹配的目的；根据表3，标准偏差明显减小，除了 CR 为18.5外，其他的均小于10，接近于0。再判定 t 统计量（或 p 值），$t < 1$，$p > 0.1$，这说明匹配后实验组和对照组已经不具有显著差异，进一步说明匹配的合理性，匹配方法和匹配数据选择恰当。

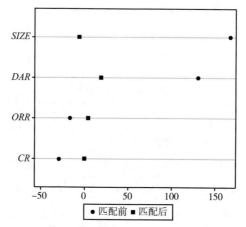

图1 匹配前后标准偏差对比

表3　　　　　　　　　　倾向得分匹配平衡性检验结果

变量名称		均值		标准偏差	标准偏差减少幅度（%）	t 检验	
		实验组	对照组			t	p > |t|
DAR	匹配前	8.60	12.4	−16.9	77.4	−0.69	0.491
	匹配后	8.26	7.4	3.8		0.10	0.925
CR	匹配前	76.7	60.4	130.4	85.8	5.46	0.000
	匹配后	73.2	70.9	18.5		0.58	0.566
ORR	匹配前	0.267	0.336	−29.7	98.6	−1.22	0.226
	匹配后	0.255	0.256	−0.4		−0.02	0.984
SIZE	匹配前	10.3	7.79	167.2	96.0	7.83	0.000
	匹配后	8.88	8.98	−6.7		−0.40	0.694

（三）双重差分估计与分析

在倾向得分匹配的基础上，得到了新的实验组和对照组，对其运用双重差分来进行分析，为了进一步控制遗漏变量，加入了双重效应模型对模型（3）进行估计，具体结果如表4所示。

表4中第（1）列和第（2）列采用双重固定效应模型进行回归估计，第（1）列是没有加入控制变量的回归结果，第（2）列是加入控制变量的回归结果，可以看出有无加入控制变量交互项的系数都为正，未加入控制变量的交互

项在5%的水平上显著，加入控制变量的交互项在10%的水平上显著，可以得出，在双重固定效应模型估计下无论是否加入控制变量，"一带一路"对建筑企业上市公司的企业绩效都带来正向的影响。第（3）列和第（4）列是未引入双重固定效应模型估计的回归结果，可以看出未加入控制变量交互项在1%的水平上显著，加入控制变量交互项在5%的水平上显著，也证明了"一带一路"对建筑企业绩效是有正向影响的，加入个体固定效应与时间固定效应前后对交互项的系数没有实质性的影响。另外加入控制变量以后，交互项的显著性水平下降了，原因可能是"一带一路"通过控制变量影响企业绩效，控制变量在其中起了中介的作用，从而一定程度上降低了显著性水平。

表4 实证回归结果

变量	（1）EPS	（2）EPS	（3）EPS	（4）EPS
$du \times dt$	0.358 ** (0.158)	0.267 * (0.157)	0.368 *** (0.104)	0.237 ** (0.102)
DAR		−0.005 (0.007)		−0.007 *** (0.002)
CR		−0.006 (0.068)		0.010 (0.061)
ORR		0.003 ** (0.001)		0.004 *** (0.001)
SIZE		0.262 (0.257)		0.004 *** (0.034)
常数项	0.508 *** (0.083)	−1.355 (1.802)	0.592 *** (0.078)	−0.152 (0.319)
时间固定效应	是	是	否	否
个体固定效应	是	是	否	否
观测值	220	219	246	245
R^2	0.123	0.209	0.09	0.267

注：*、**、*** 分别表示显著性水平为10%、5%、1%，括号内为稳健标准误的值。

五、稳健性检验

为了使模型估计稳健，进行了如下操作：首先，在倾向得分匹配时，使用了不同的匹配方法对样本进行匹配，匹配结果与 k 近邻匹配在结果上没有实质性差异，这样保证了倾向得分匹配法匹配结果的稳健性。其次，变换了不同的财务绩效指标，采用了资产净利率作为衡量财务绩效的指标，进一步进行稳健性检验，回归结果如表 5 所示。

表5　　　　　　　　　　以资产收益率（ROA）为绩效指标的回归结果

变量	(1) ROA	(2) ROA	(3) ROA	(4) ROA
$du \times dt$	3.470 *** (1.156)	2.730 ** (1.108)	3.470 *** (0.947)	2.670 *** (0.858)
DAR		−0.060 (0.078)		−0.040 (0.032)
CR		−0.598 (0.705)		−0.001 (0.829)
ORR		0.024 ** (0.010)		0.032 *** (0.009)
SIZE		2.631 (2.354)		0.678 * (0.381)
常数项	4.645 *** (0.415)	−13.341 (16.962)	5.503 *** (0.630)	1.471 (4.343)
时间固定效应	是	是	否	否
个体固定效应	是	是	否	否
观测值	200	198	200	198
R^2	0.188	0.283	0.145	0.237

注：*、**、***分别表示显著性水平为10%、5%、1%，括号内为稳健标准误的值。

与前文相同，第（1）列和第（2）列采用双重固定效应模型进行回归估计，第（1）列是没有加入控制变量的回归结果，第（2）列是加入控制变量的回归结果，可以看出是否加入控制变量交互项系数都为正，而且都是显著的，说明有利于财务绩效的提高。第（3）列和第（4）列是未引入双重固定效应模型估计的回归结果，交互项系数仍然为正，依旧显著，与前文得出的结论是一致的，即使变换了指标，回归结果也没有发生实质性变化，进一步证明了参与"一带一路"对建筑企业财务绩效具有正向影响，可以促进财务绩效的提高，通过以上回归分析来保证模型估计结果的稳健性。

六、结论与建议

上述研究得出以下结论：（1）建筑行业的上市公司间存在很大差异，所以采用倾向得分匹配法进行匹配是必要的，检验也证明 PSM 有效地控制了对照组和实验组之间存在的偏差，这说明倾向得分匹配的方法和变量选取是有效的。（2）通过对交互项的相关回归，可以得出"一带一路"对建筑企业的财务绩效的影响是显著的，这说明建筑企业参与"一带一路"会促进企业绩效的提升。

基于建筑企业视角对"一带一路"的实施效应进行估计，研究得出建筑企业参与"一带一路"对企业绩效有促进作用，根据这一结论提出以下建议：

企业层面：（1）参与"一带一路"的企业进一步提高参与的广度和深度，进一步深化国际合作，实现互利共赢，利用沿线国家的一些资源优势，促进共同发展，定期进行经验交流，为进一步走出去提供经验积累，也为其他企业提供借鉴。（2）未参与"一带一路"的企业，应积极主动到沿线国家进行考察、参观学习，为对外发展获取必要信息、拓宽视野，借鉴其他企业参与"一带一路"的经验，通过对外投资寻求更好的发展机会，将周边国家的需求转换为企业对外发展的动力，开拓市场，根据自身情况整合自身资源，积极主动走出去。

政府层面：（1）政府部门应积极引导，适当加大投入，鼓励推动建筑企业走出去，完善相关法律法规政策方针，切实解决企业对外发展的实际问题和后顾之忧，着力加强支撑体系建设，完善相关服务，为建筑企业参与"一带一路"提供支持。（2）加快开放渠道建设，形成良好的政策制度环境。在企业对外发展的过程中，切实增强企业走出去的信心，简政放权，简化审批流程，给企业更大的自主性。

社会化融资篇

社会化融资，航天设计院引战增资案例分享

胡 靖[*]

2015 年 8 月，中共中央、国务院下发《关于深化国有企业改革的指导意见》，指出要实现各种所有制资本取长补短、相互促进、共同发展，稳妥推动国有企业发展混合所有制经济。2018 年 11 月，中国航天建设集团有限公司（以下简称航天建设）转型升级旗舰平台公司——航天建筑设计研究院有限公司（以下简称航天设计院），通过释放 24.5283% 股权，引入中国国有资本风险投资基金股份有限公司（以下简称国新投资）、工银金融资产投资有限公司（以下简称工银投资）、中车同方（天津）股权投资基金合伙企业（以下简称中车同方）、中交房地产集团有限公司（以下简称中交地产）和中设集团投资管理有限公司（以下简称中设投资）5 家知名投资机构，融资 4.3225 亿元，成功完成融资目标。

回顾航天建设转型升级之路，历经了重重困难和道道难关，但航天建设秉承着"勇于攻坚、开拓创新"的航天精神，历时 3 年从探索论证到操作实施，最终取得了引战增资项目成功。本文结合航天设计院引战增资工作，将主要经验总结为"一个支撑、两个结合、三个阶段"，分享"四个亮点"，以期为推进股权融资、债转股等建设工程行业股权融资项目提供借鉴。

一、背景情况

2011～2016 年，航天建设经历了快速扩张期，经营规模从 48 亿元增长到

---

* 胡靖，中国航天建设集团有限公司总会计师，财政部领军人才。

129 亿元，分子公司从 27 家增长到 53 家。在业务快速扩张的过程中，企业内部面临着资产负债率不断增高、利润率低、融资渠道单一的问题。同时，随着建设行业强力推行工程总承包模式，市场商业环境的变化迫使企业必须有较高的融资能力才能获取大额订单。内外部的压力对于正处于转型升级中的航天建设提出了更高要求。

在此背景下，航天建设有必要效仿行业领军者，通过走资本市场之路来提升自己的资源整合和融资能力。2015 年，航天建设开始启动转型升级论证工作；2016 年 5 月，制订了重组改制上市总体方案；2016 年 8 月，总体方案获得了航天科工集团批复，明确了"重组—引战—股改—上市"的基本行动路径；2016 年 12 月，航天建设将工程服务类优质资产进行整合，重组形成了航天设计院。至此，航天设计院作为航天建设的投融资平台，随后于 2017 年开始了引战阶段工作，2018 年 11 月，航天设计院引入 5 家知名投资机构，成功完成引战工作。

二、主要经验分享

（一）一个支撑

引战阶段工作是以航天科工集团批复的总体框架方案为支撑，以"重组—引战—股改—上市"为行动路径，并在实践中研究市场环境、对标同行企业、深度分析自身以及召开专题论证。

1. 发展面临"瓶颈"，寻找突破口。航天建设成立于 1965 年，50 多年的发展为其奠定了扎实的技术功底和航天商业信誉，但随着市场竞争模式逐步转向"技术＋资本"的商业模式，航天建设遇到了发展"瓶颈"。2015 年，航天建设面临着资产负债率高，利润率低和融资渠道单一等问题。面对如此严峻的企业现状，航天建设急于找到发展突破口。2016 年 2 月，时任航天科工集团董事长高红卫在调研中，给予了航天建设"整合优质资产，让渡部分股权同资本市场对接"的重要指示，指明了改制重组的发展方向。

2. 剖析自身业务，研究制订方案。为有效落实该指示，航天建设梳理内部业务结构发现：建筑施工业营收占比高，利润总额占比低，利润率低，存在资源消耗大、附加值低和人均创利低等问题；工程服务业营收占比仅为 10%，利润总额占比高，利润率是建筑施工业的 8～9 倍，此项业务附加值高，是航天建设未来做大做强的业务领域。为此，航天建设党委召开多次党委会和专题研究会，最终提出以做好工程服务产业为根本，改变传统的单一发展模式，通过对接资本市场，发挥产业和资本运营双轮驱动作用，实现从间接融资到直接融资的转型，完成规模增长向高质量发展的升级，以此制订了总体方案。

3. 运用方案支撑，有序完成工作。总体方案通过将航天建设的工程服务板块业务重组，装入子公司航天设计院，将其打造成为航天建设转型升级的旗舰型企业。总体方案上报航天科工集团后，获得大力支持。2016 年 8 月，航天建设全面启动重组改制上市工作，以总体方案为支撑，按照"重组—引战—股改—上市"行动路径，为引战阶段工作发挥了较好的承前启后作用。

（二）两个结合

1. 总体方案和增资方案相结合。总体方案和增资方案存在定性和定位的关系。总体方案定性于"重组—引战—股改—上市"的行动路径，确定以获得投资人认可和投资为引战阶段标志。增资方案定位于如何获得认可和拿到投资，从三层空间（即合理空间、合作空间和想象空间）制订了实施方案。

（1）合理空间方面。增资方案综合参考企业成长性、行业环境及资本市场趋势，初步确定了 PE 倍数区间为 10～15 倍，以 2016 年、2017 年已实现净利润数及 2018 年预测净利润数的算术平均数为净利润依据，得到航天设计院估值区间为 10.6 亿～15.9 亿元。在如何确定估值空间的合理性上，航天建设设计了非约束性报价和约束性报价环节。

（2）合作空间方面。增资方案确定了投资人需从市场、技术、资本三个维度对航天建设及航天设计院给予支持和战略合作。最终，5 家新股东的成功投资完全符合投融资双方的合作需求。国新投资作为国家型产业基金，支持中央企业参与混改，提供资金支持；工银投资在国家"减负债、降杠杆"政策背景下，运用"收债转股""发股还债"两条渠道，以此项目为契机进一步加强战略合作；中车同方作为中车集团旗下的资本平台，双方通过资本纽带发现实业合作契机；中交地产作为国资委认定的 21 家以房地产为主业的央企，与航天建设集团有着天然的上下游产业链合作关系，未来通过深化纵向产业链合作，可实现向社会提供全产业链服务；作为唯一的同行业上市公司股东、优秀的市政交通领域民营企业中设投资，未来在航天设计院改制上市道路上可以提供更多经验。

（3）想象空间方面。增资方案明确航天设计院未来将打造成"具有航天特色的国际化科技型工程服务公司"。在商业计划书中，注重强调航天品牌价值，以军民融合、商业航天国家战略布局为契机，为投资人呈现新业务发展蓝图。

2. 融资需求和投资诉求相结合。投融资行为是融资需求和投资诉求的结合统一。成功的融资通过确定统一目标，塑造共同语言环境，完成多轮次谈判，必要时作出妥协，最终实现融资方和投资方在同一价值观上融合。本次增资中航天建设的融资需求和投资者的投资诉求关系如图1所示。

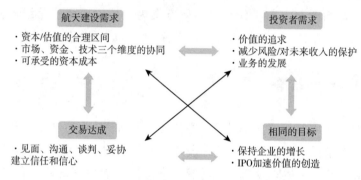

图1　融资需求和投资诉求融合关系

（1）融资方与投资方需求差异。航天建设在增资方案中确定了本次引入投资人不少于4家，需符合市场、资金、技术三个维度的协同效应，明确了融资方需求。不同维度的投资方站在自身角度也有明确的投资方诉求，其中市场类投资人以加强业务拓展与合作为投资动机；资金类投资人以追求投资价值最大化为投资动机；技术类投资人以补充业务技术支持为投资动机。由此可见，本次投融资需要满足多样性融资需求和投资诉求的统一。基于需求差异问题的存在，如何形成一家融资方与多家投资方的统一也成了此次融资成功的关键。

（2）融资方与投资方需求统一。站在融资角度，航天建设集团从预期估值、投资方诉求和可预期投资回报三个方面分析了融资需求，并以此作为谈判底线。站在投资角度，航天建设以市场、资金、技术三个维度分析了投资诉求。在寻找统一目标方面，航天建设确定IPO上市是此次投融资行为的一致目标，以此与投资人交流创建一个共同语言环境。在融资目标的实现上，航天建设通过与投资人多轮次见面和沟通，建立信任关系；实质性签署条款的谈判和妥协，确定投资信心；逐步趋同于统一价值观，最终实现与5家新股东形成了对航天设计院上市目标的统一。

（三）三个阶段

1. 方案筹划阶段。引战工作前期的方案筹划充分利用了内外部专业团队的力量。外部团队包括券商、律所、会计师事务所和财务顾问团队，一共出具商业计划书、法律、财务、投资分析等各类专业报告20余份，参与专题事项讨论会议30余次。内部团队在统一思想和形成一致对外口径的过程中，主要是通过多次培训、内部党委会、部门会议以及与集团公司的沟通完成。

在股权结构设置上，航天设计院计划引入4~5个股东，为保持上市后航天建设的控股地位，本次引战设定外部股东持股比例共计不超过25%。投资方数量设定为"1+4"或"1+5"。其中持有8%~10%股权的领头股东需具有较高威望和一定影响力，可对其他外部股东起到一定的带动作用。股权结构设置如表1所示。

表1　　　　　　　　　　　　　股权结构设置

股东	增资前		计划增资		股东名称	实际增资	
	出资（万元）	出资比例（%）	出资（万元）	出资比例（%）		出资（万元）	出资比例（%）
航天建设	20 000	100	20 000	75	航天建设	20 000	75.4717
领头股东	0	0	2 120~2 650	8~10	国新资本	2 600	9.8113
其他新股东（3~5家）	0	0	3 975~4 505	15~17	工银投资	1 200	4.5283
					中车同方	1 200	4.5283
					中交地产	750	2.8302
					中设投资	750	2.8302
注册资本合计	20 000	100	26 500	100		26 500	100

2. 引战实施阶段。引战阶段工作以时间为节点、专业成果为导向、实施内容为行动步调，从三个维度制定了非约束性报价、尽职调查、约束性报价和商务谈判四项工作的说明文件，统筹策划为融资目标完成提供有力保障。首先，调研同行业上市公司，结合自身情况对企业做合理估值预判，组织34家投资人参与投资见面会，会后完成第一轮非约束性报价；其次，组织20家投资人分成市场、技术协同组和资金协同组到航天设计院现场参与集体尽职调查，调查后完成第二轮约束性报价；再次，根据第二轮7家投资人的报价结果，选择

符合条件的重点意向投资方单独进行商务谈判；最后，明确领头投资人，确定最终交易交割，形成交易方案。

在整个实施阶段，航天建设一共组织了 3 轮次的询价，对于每一轮的询价，信息披露深度有所不同，递进性公开企业信息，逐步消除信息的不对称，增强投融资双方需求的契合度，逐步缩小价格区间，确定公司的最终价值。在确保引战阶段工作按期完成方面，四项工作分别确定了关键性时间节点，并通过向投资人发布"说明""函""通知"等方式合理统筹策划了每项工作，有效控制每轮次时间，整个实施阶段达到了双向选择和节奏性询价的理想效果。

3. 交易落地阶段。在交易落地的工作中，航天建设坚持以《投资意向协议》和《增资协议》为底线，对投资人一致提及的共性诉求给予了妥协，个性诉求通过多轮次、多角度和多层面的深度沟通，通过例外条款确保满足投资人的个性诉求。为有效保证投资人交易最终落地，约定意向投资方提前缴纳一定数额的诚意金，提前锁定意向投资方，确保引战增资项目的顺利完成。基于各团队专业敬业和内外部团队协同合作，本阶段工作才得以一步一步按照预期目标前进，最终获得了成功。

三、亮点分享

（一） 构建一个可预期的企业价值

构建一个能为公司价值背书的四大要素有简单、可信、鼓舞人心和促使听者听从采取行动。融资目标的完成正是印证了此观点，本项目渐进式推进过程中，意向投资人由浅入深了解本项目，逐步从有意愿迈入了采取行动。

从首次投资人见面会开始，商业计划书给意向投资人构造了一幅简单明晰的重组改制上市实现路径。同时，为加强对航天设计院的直观了解，采用广告片、画册和 PPT 演说的"视觉＋听觉"呈现，以直接简单的方式吸引投资人。从实施到完成，在重大节点上如尽职调查集体见面会、参观航天科工展室、现场考察中国航天二院 99 号楼项目以及股东高层见面会等活动均以庄重仪式呈现，给予航天品牌价值背书。与此同时，在未来发展前景上为意向投资人打造了"商业航天"和"军民融合"的想象空间，以此鼓舞投资人采取行动。

（二）理性运用市场化询价融资模式

传统国企融资大多以未经市场认可的第三方评估报告作为企业估值的唯一依据，融资方往往无法知晓估值是否能获得市场认可，最终可能导致估值偏离投资人预期，无法实现融资目标。航天建设引战工作采用了市场化询价模式，充分利用了要约、闭门时间和信息不对称的询价要素，完成了本次预期融资目标，并有效避免了非要约投资人的干扰。在引战阶段推进工作中，投资人要约数量在非约束性报价、约束性报价、商务谈判的配比情况基本保持在 4：2：1.5 的合理比例，以此加大了本项目按预期完成目标的可能性。为保证本阶段时间进度，引战工作设计为两轮严格闭门时间的询价机制：第一轮为非约束性报价，意在充分了解市场对于航天设计院的价值预期；第二轮为约束性报价，基于非约束性报价结果，设定了六个报价区间，由投资人自愿进行选择性报价。

期初，在完成首次投资人见面会后，共有 20 家投资人递交了经签章的非约束性报价文件。随后，在投资人完成集体尽职调查后，共有 10 家投资人递交了经内部决策的约束性报价函。接着，航天建设选择了 6 家具有国有背景、符合战略合作方向且报价趋向及高于投前总估值中位数的投资人作为首批商务谈判对象。最后，共有 5 家意向投资人向北京产权交易所提交受让资料，确定航天设计院价值为 13.3 亿元。

（三）市场化债转股开创融资新模式

引战阶段成功引入工银投资，标志着工银投资首个与航天体系合作的市场化债转股项目完成，为工银投资及工商银行参与航天体系混改、融资项目开启了合作新模式。

2018 年 6 月，项目正处于商务谈判工作中，航天建设当时正在确定代表"资本"维度的金融机构。在当月下旬，央行宣布定向降准，鼓励 5 家国有大型商业银行和 12 家股份制商业银行运用定向降准和从市场上募集的资金，按照市场化定价原则实施债转股。获此信息后，航天建设迅速与工商银行取得联系，了解到其所属子公司工银投资为工商银行债转股实施机构，业务包括依法依规面向合格社会投资者募集资金用于实施债转股。

在与工银投资初次见面沟通后，工银投资对首个完全以市场化且不附加兜底条件的项目表示了浓厚兴趣，并愿意以此项目作为市场化运行的契机。经过4个月的多轮次见面沟通、项目团队电话联络以及书面材料往来，工银投资获得投资批复，最终向航天设计院投资 7 980 万元，占股 4.5283%。

（四）搭建一个专业人才培养的舞台

本次融资项目为航天建设及航天设计院搭建了一个专业人才培养的舞台。"十三五"是航天建设转型升级和发展的关键时期，工程技术服务行业已由传统的"劳动＋技术"输出型产业向"技术＋资本"输出型产业转型，而这一趋势在未来势必越来越明显。航天建设在既往的发展过程中已积淀了大量的专业技术人员，资本运作的专业人才仍需储备。

通过3年的探索与实践，航天建设逐渐储备了一批能够逐步迈入资本市场、勇于创新的高素质人才。在引战阶段过程中，通过组织外部专业团队不少于3期的专业培训、30余次的专题讨论以及不计其数的电话沟通，为内部团队提供了专业知识。通过接触投资机构，特别是与5家新股东项目团队商务谈判和走访，为内部团队拓宽了市场化思维。通过与航天科工集团各部门及单位的交流和沟通，为内部团队熟悉资本运作政策法规提供了指导方向。

地方政府投融资活动存在的
问题和改进建议

丁伯康*

一、当前地方政府投融资活动存在的问题

（一）缺乏完整的法律保障体系

1. 地方政府投融资管理立法滞后。近年来，各地政府为了大力推进地方经济发展和城镇化建设，纷纷加大项目投资力度，从城乡基础设施、传统产业到新兴产业，可以说遍地开花。这些工程项目的开工建设需要巨大的资金投入，致使一些地方不顾本地发展实际盲目招商引资、筹资融资，造成地方政府债务负担沉重，政府投资效率低下。究其原因，主要是地方政府缺乏投融资管理体制和制度的约束，甚至有些地方对政府投融资行为，没有任何成文的法律法规和具有约束力的管理文件。地方政府投融资管理立法工作明显滞后于地方投融资活动开展的实际。

2. 地方政府投融资平台建设不规范。根据《国务院关于加强地方政府融资平台公司管理有关问题的通知》的解释，地方政府投融资平台是指由地方政府及其部门和机构等通过财政拨款或注入土地、股权等资产设立，承担政府投资项目融资功能，并拥有独立法人资格的经济实体，包括城建投资公司、交通投资公司、水务投资公司、新区建设开发公司等各种类型，通过划拨土地、注入资金、设备和房产等国有资产组建而成的资产与现金流达到融资标准的公司。

---

* 丁伯康，中国现代集团有限公司董事长，中国建设会计学会投融资专业委员会副主任。

一般而言，这类公司的资产质量不高，盈利能力和现金流状况较差，需要地方政府通过一定的财政支持方式，如补贴收入、贴息、回购等形式和手段，才能维持适当的资产负债水平和持续的融资能力，从而将融入的资金投入到市政建设、公用事业等项目中去，以完成一定的地方经济社会发展的目标和任务。目前，这类公司本身的运营和监管存在问题，造成资产质量和运作水平参差不齐，具有明显的不规范性。

3. 地方政府融资的随意性强。近几年来，全国各地城市化建设速度加快，资金需求量也异常增加。根据银保监会每季度发布的地方政府融资平台名单，全国已有 10 000 多家地方政府投融资平台。在这 10 000 多家平台公司中，70% 以上为县区级政府投融资平台公司①。根据中金公司 2019 年 3 月 27 日的研报《聚焦中国：中国资产负债表中的"灰犀牛"，地方融资平台的巨额债务》，截至 2018 年底，地方融资平台的有息负债超过 30 万亿元人民币，占 GDP 的比例为 34%。并且研报最后还提示：利用财务报表数据只能看到表内债务，并不包括地方政府融资平台表外债务情况。

就像政府融资平台的肆意疯长一样，地方政府的融资随意性也是愈演愈烈。由于缺乏"借、用、管、还"一体化的政府融资监管体制，地方政府如何借钱、如何花钱、投资效率如何等，根本无法监管。地方政府融资规模的飞速增长，不仅加大了地方政府的债务负担，增大了银行业的经营风险，还形成了地方政府未来长期的偿还压力。因此，地方政府投融资平台已经成为需要特别关注的、金融市场最为活跃的负债主体，而伴随它的是银行业债务风险的急剧增加。

（二）缺乏行之有效的监督机制

1. 法律监督机制滞后。长期以来，我国缺乏一套行之有效的、规范化的地方政府投融资管理制度，同时也缺乏一套严格、规范的监督机制和监督法律。直到 2009 年初，中国人民银行与中国银行业监督管理委员会联合发布《关于进一步加强信贷结构调整促进国民经济平稳较快发展的指导意见》，提出了对地方政府组建投融资平台，发行企业债、中期票据等融资工具以及配套资金融资渠道的监督检查。以《国务院关于加强地方政府融资平台公司管理有关问题

---

① 丁伯康. 地方政府投融资活动的存在问题、管理体系和建议 [EB/OL]. 现代咨询，2018 – 04 – 10，http：//www.cfacn.cn.

的通知》为标志的一系列清理、规范和整顿地方投融资平台的相关政策规定陆续出台,才使平台企业的融资受到了不同程度的约束。

2. 社会公众监督缺失。在地方政府投融资过程中,一直由政府承担着主导的角色。现有的投融资管理体系、管理制度以及融资平台建设,无一不是由政府主导的。虽然不少地方的政府部门力求在项目规划、项目实施过程中提高公众的参与度,但结果是,政府投资项目实施过程还是鲜见公众和居民的身影,缺乏公众的参与。

3. 投融资行为存在权力寻租现象。在公众参与机制和项目定期报告制度缺失的情况下,加之项目运行非透明化,政府独家融资、独家施工、独家监理和验收,在排挤了公众参与的同时,也挤占了公众监督和法律监督的空间,造成政府越位与公众缺位并存,使得一些投资巨大的重点工程及项目的安全性和效率性大大降低,缺乏必要监督的项目投融资势必导致权力寻租和商业腐败,人为增大了融资成本和投资成本,降低了融资效率和投资效率,也增加了相关交易成本和费用,最重要的是容易产生新的政府债务负担和银行的呆账、坏账。

(三) 投融资运作效率偏低

1. 高成本降低了政府投资效率。地方政府在搭建投融资平台,推进城镇基础设施建设过程中,普遍面临着资本金不足的困扰。因此,大多数地方政府投融资平台,通过各种"变通"来补充资本金,增加资金来源和项目补给,在一定程度上抬高了资金供给的门槛,增加了资金融通的成本,扭曲了资本要素的正常合理流动,也增加了资本交易费用,降低了工程和项目建设的效率和效益。

2. 无序融资造成微观效率和宏观效率损失。一是某些地区包括一些发达地区,地方政府投资项目和工程建设,主要是出于政绩考核的需要,大搞业绩工程和形象工程。在没有进行充分的科研论证下匆忙上马,投资缺乏科学依据,项目的决策对于投资正确与否、项目成活率高低并不关注。二是从宏观层面讲,地方政府大规模融资,短时间内聚集了大量流动货币,降低了有效货币供给量,直接制约了宏观货币政策的调整空间。2008～2011年,地方政府投融资平台将高速增长的大量信贷投放到一些大型中长期建设项目中,商业银行借款规模大,占用周期长,这样就对未来年度信贷投放造成挤占,也使得一些工程后劲不足,沦为"烂尾工程"和"半拉子工程"。

（四）政府投融资管理体制缺失

1. 投融资管理简单粗放。长期以来，关于地方政府投融资管理机构、管理机制、投融资平台建设和项目工程效益评价等问题，在大多数地区并没有引起足够重视，更谈不上用政策和制度去管理和约束。很多地方政府投融资平台是因事而建，相关的管理办法和监督措施也是临时动议，距离规范化、制度化、长效化的管理相差甚远。一些做得比较好的地区，也只是简单划归地方国有资产管理委员会管理，并参照监管其他国有企业相同的办法，进行监督管理，忽视了政府投融资平台的特殊性。

2. 地方政府投融资各自为政。从省市到区县，地方政府投融资行为缺乏统一、规范、长效的管理，体制和运行机制缺失，不同层级的政府之间，同级政府的部门之间，政府部门与融资平台之间的配合和协调，缺乏整体性、系统性和规范性。政府投融资管理政出多门，甚至有的政府部门还从事一些项目的融资、建设任务，扮演着地方政府投融资平台的角色，自我融资、自我管理、各自为政的现象比较严重。

（五）地方政府债务居高不下

1. 隐性负债增多。2008 年以来，在国家一揽子经济刺激计划的助推下，不少地区不顾地方实际，更无视政府财政负担能力和经济发展现状，超负荷、超规格、超标准进行融资和投资，形成大量的新增债务和或有债务，给地方政府带来了沉重的债务负担。特别是在国家紧缩平台企业贷款以后，地方政府融资平台想方设法，通过 BT、信托、融资租赁、社会集资等"影子银行"进行融资，在某种程度上实际的财政隐性负债远远高于政府显性负债。

2. 缺乏债务约束。对于地方政府性债务来说，凡是不能通过自身经营、项目收益进行偿还，或没有上级政府协助偿还的贷款，在缺乏偿债保障的机制下，最终都有可能转化为商业银行的不良资产，这也是过往发生的不争事实。例如，2006～2008 年，国家就通过年度预算结余，每年安排专项资金 7 600 多亿元，用于帮助各级地方政府偿还数额巨大、负债面广的"普五""普九"达标项目欠款和农村义务教育欠款①。

3. 地方政府负债陷入怪圈。自 2008 年 11 月以来，地方政府的大量举债破坏了原有的债务平衡。在拉动经济、摆脱危机的号召下，地方政府举债和融资失去理性，变得盲目。地方政府投融资平台如雨后春笋般大量涌现，继而进行大量的融资和举债。在进行项目投资决策上，地方政府替代企业和民间投资，向一些超前的基础设施投资、过剩的产能投资和一些本应退出市场的落后产业投资，造成全域范围内的物价上涨，变相加大了政府项目投资成本。同时，这些平台为偿还大量的债务，又不得不从事一些高收益的投资行为和高成本的融资行为，在客观上提高了融资成本，催生了房地产泡沫，也加大了偿债压力。

二、地方政府投融资活动的改进建议

（一）完善地方政府投融资管理体制和机制

1. 完善组织管理体制。地方政府要按照"一个决策委员会、一个专门办事机构、一个融资主平台"的管理思路（以下简称"三个一"模式），建立和完善"国有化建制、多元化融资、市场化运作、企业化管理、公众化监督"的地方政府投融资管理机制（以下简称"五化"机制）。分级建立相应的管理委员会、办事机构、投融资平台和投资公司，并进行科学、合理的职能界定和权责划分，防止相互推诿，权责模糊。

2. 完善投融资运作机制。地方政府要通过完善投融资管理体系，不断扩大国有资产规模，提升公众服务水平，打造城市品牌，提高融资能力，逐渐形成具有强大辐射、带动功能的融资服务体系。为了国有资本的保值增值，按照"三个一"模式和"五化"机制的要求，各地整合和重组单一的国有投资控股集团势在必行。单一的国有投资控股集团的运作，有利于按照现代企业制度要求，进行集约化、市场化的投融资运作和管理。

3. 完善投融资制度和流程。要按照经营城市的理念和模式，构建地方政府

---

① 丁伯康. 地方政府投融资活动的存在问题、管理体系和建议［EB/OL］. 现代咨询，2018 – 04 – 10，http：//www.cfacn.cn.

投融资管理制度体系和工作流程。使条块分割与同级政府统筹协调相结合，建成立体型、网络型、完备型和通畅型的地方政府投融资管理体系，以实现投融资网络的资源共享、信息共享、渠道共享和平台共享。

4. 建立完善的政府投融资管理制度。第一，建立投融资工作委员会议事制度。由政府主要分管领导负责召集，财政部门、发改委、国土部门和建设部门等有关主要负责人参加。第二，建立制定规划工作制度。根据工作需要定期或不定期召开工作会议，研究制订项目投融资计划，下达投融资目标和任务，出台检查督促方案，协调解决新问题和新情况。第三，建立项目建设资金监管机制。由审计部门、监察部门和项目责任单位组成专门的监督检查工作机构，对项目建设资金进行监管，规范投融资台账、资金专户和工程监理，保证资金安全，提高资金使用效益。第四，建立政府投融资偿债机制。坚持"借好钱，用好钱，管好钱，还好钱"的原则，科学测算偿债能力，统筹安排偿债来源，合理制定偿债措施，切实降低债务风险。

（二）加快地方政府投融资立法

1. 出台政府投融资相关法律法规。当前，我国没有一部成文的投融资方面的基本法律法规，仅局限于金融管理方面的人民银行法、商业银行法以及保险法、证券法等，实施融资管理的依据仅为 1978 年国家计委、国家建委、财政部联合发布的《关于基本建设程序的规定》《基本建设大中型项目划分标准》《关于固定资产投资项目试行资本金制度的通知》。因此，需要及早制定全国性、统一性、规范性的投融资法律法规。金融危机后，各地纷纷制定出台地方性的投融资管理规定，但尚属试行，还需要进一步完善。

2. 健全各部门投融资规章。在国家正式、规范、统一的政府投融资法律出台以前，各地要结合已出台的管理办法和条例，做好过渡期准备工作。首先，按照《中华人民共和国招标投标法》《政府投资条例》的要求，从完善部门投融资规章做起，做好行业自律；其次，构建地方全域内的投融资法律法规；最后，正式与国家的相关法律法规相衔接。

（三）加快地方政府投融资改革顶层设计

1. 高端策划地方政府投融资体制改革方案。针对目前地方政府投融资管理体制不顺，政府投融资平台的融资功能不强，城市资产和资源的运作水平不高的情况，为发挥好地方政府资产、资源和资本的聚合作用和各部门的通力合作，地方政府应该从战略层面高度重视投融资改革的顶层设计。通过地方政府的高位统筹和高水平投融资顾问机构的专业策划，能够在较短时间内，完成政府在投资决策、融资运作、建设管理、债务偿还、风险防范等方面的管理体制和运行机制的系统设计，进而规范运行，提高融资工作效率。

2. 制定和实施平台企业资本运作规划。资本运作又称资本运营，是指利用市场法则，以资本增值最大化为根本目的，通过全部资本和生产要素的优化配置和产业结构的动态调整，对其全部资本进行综合有效运营的一种运营方式。通常，我们所讲的融资平台资本运作都是狭义的概念，主要是指地方政府或平台企业以其价值化、证券化的资本或可以按价值化、证券化操作的物化资本为基础，通过优化配置等方式来提高运营效率的运作行为和活动。

从国内外诸多先进发达地区来看，城市核心竞争力，主要来源于两个方面：一是城市的产业竞争力体现在主体产业和优势产业上；二是城市在金融和资本市场的竞争力体现在城市整体运作内外部资源的分析能力、把握能力和运筹能力。受制于国内融资环境（外部因素）多变和地方政府自身要素资源短缺（决策层对城市经营的认知不够、有限的金融和资本运作知识和经验等）影响，地方政府在对金融和资本市场的研究水平和掌控能力方面存在严重不足。缺乏政府融资平台的资本运作规划，更加缺乏后续的资本运作能力，这个问题需要引起地方政府的高度重视。

3. 创新城市资本运作方式。对地方政府来讲，城市资本运作有着非常深厚的内涵，它包含了城市资金融通、城市资产管理和城市资源运作三个层次的内容。国有资产的优化重组、对外的投资经营、吸引外部投资、发行股票债券、银行贷款等都是资本运作的范畴。按照城市资本运作过程中是否进行资本交易，我们可将城市资本运作方式分为交易形式的资本运作和非交易形式的资本运作。

创新城市资本运作方式，就是凭借地方政府自身的优势，不断聚集城市资源，把现有的可通过各种方式获取的资本最有效地利用起来，提高资本运营的规模和效益；通过采取精干主体、分离辅助、相对分立、分块搞活的办法，实行资本的快速流动和空间转换，以激活存量资产和呆滞资本。

（四）强化对地方政府投融资平台管理

1. 整合重组投融资主平台。通过整合和重组一个强有力的投融资平台企业，作为政府对基础产业、基础设施和公益性项目投资以及城市资源开发和利用的运作主平台，并按照"决策、执行、监督"相互独立的原则，逐步建立科学决策、规范运营、严格监管，权责统一的政府投融资平台体制。

及时整合政府"四资"（资产、资源、资金、资本），打造运转高效的投融资平台，进一步增强政府投融资能力，形成"借、用、管、还"良性循环机制。

2. 建立市县（区）投融资平台对接机制。为顺应地方政府投融资体制改革的趋势，结合新型城镇化建设的要求，市级政府的投融资平台不仅需要履行好自身工作，如根据市政府授权，完成投融资决策委员会下达的年度投融资计划，承担区域范围内项目资金管理、监督检查、调度协调、举债偿债和资金平衡等，同时还应负责指导和帮助县（区）级投融资平台改进投融资管理和提高投融资运作水平。

（五）做好政府投融资管理的配套改革

1. 加强国有资产管理工作。一是做好行政事业单位国有资产管理工作，加强产权登记和管理，重视资产的经营和运作；二是强化国有资产的价值功能，将政府各部门和各直属部门单位的资产管理权统一收回到平台企业集中运作；三是把好国有资产的"入口关"和"出口关"，盘活政府存量资产、闲置资产；四是鼓励和支持多种经济成分参与政府项目投资，通过经营权转让、资产出售、设备租赁和投资入股等形式出让基础设施和国有资产，以扩大融资来源。

2. 积极营造良好的信用环境。地方政府应积极出台制度和政策，打造地方诚信体系和招商引资平台，逐步树立强化信用环境管理，开展诚信体系建设，增强全社会诚信意识。通过建立失信惩罚机制，引导建立以风险管理为基础的地方政府投融资信用管理机制。同时，应深入开展社会诚信宣传教育，为社会信用服务体系建设夯实基础。改变不讲信誉、鱼龙混杂、劣币驱逐良币的现象，通过金融生态环境建设创优争先活动，建立"财政－金融－工商－税务－

规划－建设－国土"多部门协同工作机制，综合运用财政政策激励和信用担保的手段，构建地方融资增信系统，营造地方良好的信用环境。

3. 加强组织领导和教育培训。推行和深化"三个一"模式和"五化"机制，需要坚强的组织领导和统筹协调的力度，还要有权威专家和智囊。推动和实施投融资体制的改革和创新，不仅要实行行政"一把手"负责制，还要通过引进金融、投资和财务等方面的专业型高端人才与地区投融资管理、实施机构的专业人士，共同建立地方投融资专家顾问团队，并定期开展各种类型、各种层次的研讨、交流和培训活动，以不断提高干部队伍的素质。

利用社会化融资推动商业航天蓬勃发展

丁一飞[*]

发展航天事业，建设航天强国，是我们不懈追求的航天梦。习近平总书记不止一次谈到"航天梦"，多次对航天事业发展作出重要指示。中共中央、国务院、中央军委指出，要大力弘扬"自主创新、开放融合、万众一心、追求卓越"的新时代北斗精神。

当前，全球航天产业正处于能力和市场快速发展的黄金时期。商业航天作为技术创新性强、经济质量效益高、军民属性兼备的新兴业态，是航天事业发展到一定阶段的必然产物，不仅可为航天产业发展提供强劲动力，成为国家经济发展极为重要的、新的增长极，更是世界航天领域未来发展的重要趋势和中国从航天大国向航天强国迈进的必由之路。

在国外商业航天迅猛发展的背景下，国内商业航天产业近年来逐渐兴起蓬勃。这其中离不开需求的迅速扩大与政府的大力支持，但社会资本的积极涌入对商业航天的发展同样起到了不可替代的作用。

一、社会资本对商业航天的推动作用

(一) 社会资本助推我国商业航天行业萌芽发展

2015 年被称为中国商业航天发展元年。2015 年 7 月，"北京二号"民用商业遥感小卫星星座（DMC3）成功发射升空，这是我国首个民用商业遥感小卫星星座，标志着我国在社会力量参与航天产业发展方面迈出了重要一步。同年

---

10 月，中国航天科工集团公司（以下简称航天科工）等机构成功举办中国（国际）商业航天高峰论坛，这是国内首个商业航天领域的专业化论坛，旨在促进国内外商业航天产业链全面融合。在这一年中，蓝箭航天、零壹空间、九天微星等商业航天民营初创企业获得千万级人民币天使轮和百万级人民币融资。由此，社会资本逐渐进入我国商业航天领域。

2015 年上述三家商业航天企业获得 3 次风险投资，投资轮次为种子轮和天使轮，企业业务范围为火箭与卫星制造。2017 年，商业航天领域的风险投资活动实现腾飞，这一年约有 9 家企业获得 12 次社会投资，并开始有商业卫星测控公司进入融资领域。2018 年，中国商业航天成为投资该领域增速最快的国家，当年约有 13 家企业获得 18 次社会投资。总体来看，2015～2020 年，约有 15 家商业航天企业获得了逾 110 家机构的 63 次投资，企业业务范围涉及卫星研发与制造、运载火箭研发制造、卫星测控、卫星太空实验服务、航天技术创新应用服务等商业航天产业链上中下游。

在社会资本的助推下，中国商业航天企业不仅继续深耕导航、通信、遥感三大主流市场，还开始扩展至卫星互联网、高通量通信、科研实验卫星等应用场景。2020 年 4 月 20 日，国家发改委首次将卫星互联网纳入"新基建"范围，卫星互联网由此与 5G、物联网、工业互联网一起并列为通信网络基础设施，进一步引发国内市场密切关注。

有研究表明，即便在 5G 时代，仍有 80% 以上的陆地和 95% 以上的海洋区域无法接入移动网络，要真正实现万物互联，离不开覆盖全球的卫星互联网[①]。商业航天产业，或将成为继互联网之后创新最为密集、资本最为活跃的领域。毫无疑问，社会化融资已成为商业航天产业发展的重要推手，中国航天的发展，也注定走向由政府主导向国家队和商业航天公司共同发展的新航天时代。

（二）社会融资促使航天产业降低成本

商业航天具有技术含量高、投资大、周期长的特点，因此其发展需要大量"有耐心的资金"提供支持。历史上，航天业因军事用途显著、政治色彩浓厚，整个行业早期阶段的发展一直是大国以国家意志推动的，不缺资金同时也不计成本。随着社会资本的涌入，航天产业的发展驱动力从单一由国家意志驱动向

① 王聪聪. 竞逐卫星互联网"新基建"九天微星将在河北唐山建设平台［EB/OL］. 环渤海新闻网，http://tangshan. huanbohainews. com. cn/system/2020/08/15/011937152. shtml.

国家意志驱动和商业化驱动并存转变，社会资本的商业化本质促使航天产业的各环节在最大限度上发挥创新潜力，改进技术，从而最大限度地降低成本，提高效率。

国外以美国太空探索技术公司（SpaceX）为代表的商业航天企业不断取得突破，每颗星链卫星的制造成本降低至 25 万美金，猎鹰九号的单次发射成本降低至 1 500 万美金，达到了以国家意志驱动型的航天产业无法比拟的效果。在中国，"快舟模式"引发关注，航天科工集团的快舟火箭价格极具竞争力。这个项目的资金来源都是商业自筹，参与企业大部分是民营企业。航天科工集团在推动航天技术实现广泛的商业化应用的尝试，促进了在中国发展航天技术由一项伟大事业向一个伟大的产业来发展的转变。

（三）社会融资加快大量头部商业航天明星企业的诞生

社会资本的注入催生了一系列初创公司的诞生，为其有机会成长为航天领域的头部公司提供了初始资金。在国内，商业航天的发展尚处于早期起步阶段，无论是哪个细分领域的商业公司，融资对一个公司的生死乃至整个行业的发展会起到关键性作用。从这一角度而言，社会融资对商业航天的发展提供了必不可少的资金要素。这些社会资本的加入，推动了头部商业航天民营企业的诞生和发展，这样才有了掌握中大型液氧甲烷火箭技术的蓝箭航天，一家实现火箭入轨的民营公司星际荣耀，研发制造中国首枚"民营自研商用亚轨道火箭"的零壹空间，国内首家从卫星设计、研制到应用形成商业闭环的九天微星，我国商业卫星测控领域开拓者、为 30 多颗卫星提供商业测控服务的航天驭星，以及星河动力、银河航天、微纳星空等众多优秀的商业航天民营企业。

在民营企业蓬勃发展的同时，商业航天国家队加快了在商业航天领域的拓展步伐。由航天科工集团研制的快舟系列运载火箭的成功发射，标志着中国抢在美国之前，成为首个完整发射星箭（卫星和火箭）一体化快速应急空间飞行器试验的国家，具有重要的战略意义。由此，形成了以航天科工、航天科技为国家队的商业航天企业，与众多民营企业争相斗艳、百花齐放的局面。

通过分析可以看到，社会资本极大地促进了商业航天的发展。可以说社会资本并不是万能的，但是离开了社会资本是万万不能的。所以正确认识和利用社会融资对推动商业航天发展非常必要。

二、社会融资对商业航天发展的一些制约

（一）同行业股东的加入，会在一定程度上限制企业上下游供应链的选择

商业航天行业已成为股权投资的重要赛道，其中也不乏来自航天领域的投资者，大型航空航天公司如波音、空客均设有风投业务部门，为初创航天企业提供资金支持。同行业投资者的加入犹如一把"双刃剑"，一方面同行业的从业经验使得投资者能够大体理解行业运行的规律和发展道路，有利于建立投资方和融资方之间的良好关系，但另一方面也为融资企业带来一定程度的限制。例如，英国通信公司一网公司（Oneweb）在选择其上下游供应链产品时，大量采用了其股东公司的产品和服务，如与休斯系统公司签了2.3亿元地面网关合同，与高通签了用户调制解调器合同，与维珍签署了"发射器一号"（Launcher One）发射合同，与空客签了卫星制造合同。这些与股东之间的关联交易虽然为 Oneweb 提供了便利，但也形成了约束，出于维护与股东之间关系的目的，Oneweb 在签订合同时可能无法选择性价比更高或其他条件更加优越的供应商和服务商，庞大的股东阵容不利于公司的健康发展。当然，占据后发优势的中国商业航天的发展中，有着商业航天国家队之称的航天科工集团、航天科技集团与众多的民营商业航天企业，有着广泛的交流和资源共享，在供应链开放、价值链共享方面，比美国要走在前面。

（二）以获取短期商业利润为首要目标的初衷，会阻碍产业的长足发展

商业航天是以市场为主导，采用市场手段、运用市场机制、按照市场规律开展的航天活动，是航天事业发展到一定阶段的必然产物。商业航天活动要按市场规则配置技术、资金、人才等资源要素，以盈利为目的。商业航天的本质还是航天，其高投入、高风险的属性不会改变。因此，商业航天实际上是航天的心态，商业的手法。商业航天的最终指向是市场应用，形成成熟的商业模式。

但有时商业化的本质使得社会资本对于短期回报抱有较高的期望，一些耐心不足、功利性强的短期资金，如在短期内无法获得相应回报的情况下，投资方很容易对融资公司失去信心。但商业航天的发展从核心上而言是科学和技术发展的过程，尤其是在火箭研发细分领域，长期性发展的特点更为显著。无论是国内还是国外，现有头部火箭制造研发公司在试验过程中都经历过大大小小的失败。即便是在以国家意志推动发展的航天非商业航天中，试验失败也是常有的事情。商业航天的投资者如果一味追求短期的商业回报，则有可能让真正有实力有潜力的商业公司失去机会。因此，商业企业应避免被短期资金所绑架。

三、商业航天发展和社会资本共同受益是一篇大文章

全球商业航天公司大多仍处于前期投入期，且无论是火箭制造还是卫星生产、星座搭建都是重资产运营，自身造血能力不足，对外部融资依赖较大，一旦融资不畅，就将面临资金链断裂的危机。商业航天的发展过程离不开资本的支持，不同的社会化资本对商业航天的投资还是不一样的，有的是注资，有的是融资。注资的本质是资本跟企业的同生死共命运，而融资的社会化资本是要追求它的利益最大化，在同生死共命运方面还难以做到。

商业航天制造、商业航天基础设施、消费级应用、快速进入空间能力、低成本、高性能卫星量产、巨型星座部署、商业航天产品与服务日益多元、面向天地一体化太空经济的应用场景，随着进入空间能力和消费级航天应用取得突破，商业航天将会带动世界航天经济快速可持续增长。

目前社会资本仍然是积极地向商业航天领域进行投资。即使在疫情冲击下，商业卫星公司九天微星也宣布完成 2.7 亿元 B 轮融资，由航空工业中航资本旗下基金中航产投、北京国富资本联合领投。这也是卫星互联网被纳入"新基建"范畴后该行业的首个重大融资进展。

商业航天企业的健康发展有两个关键的因素：一个是国家顶层政策的支持，另一个是社会资本的加入。正确引导社会资本对商业航天进行健康投资，要确保三个方面：一要有足够的广泛前景；二要有足够的投资空间；三要有足够的资金安全边界。据美国卫星工业协会（SIA）统计数据显示，2018 年全球卫星产业总收入为 2 774 亿美元。其中地面设备 1 252 亿美元，发射领域 62 亿

美元卫星制造为 195 亿美元，卫星服务 1 265 亿美元。截至 2019 年 12 月底，全球在轨卫星数量为 2 218 颗，未来 10 年内预计数量将扩大 10 倍，增量部分主要来自低轨通信卫星。美国 SpaceX 公司凭借卫星设计上的颠覆式创新，开启"一箭 60 星"快进模式，计划 6 个月内开展卫星互联网公测，至 2020 年底部署 1 600 颗。在商业航天领域有足够广泛前景和空间来容纳社会资本进行投资。国家的政策从顶层设计上也是大力支持社会化融资进入商业航天领域，如何将国家的政策与社会资本有效的结合在一起，一些地方政府已经在开始做一些有益的尝试。浙江省联合航天科工集团全力在宁波市象山打造以商业航天、新材料、高端装备为主的千亿级产业集群。正是将产业、资本和需求结合在一起，进一步降低商业航天成本推广航天技术广泛利用的有益尝试，确保了社会化融资有足够的施展空间和安全边际，发挥了中国商业航天重要推手的作用，推动了中国商业航天健康、长效和持续发展。

浅谈不动产投资信托基金资产筛选

王慧婷　杨忆川[*]

不动产投资信托基金（Real Estate Investment Trusts，REITs）是一种专业投资于不动产的投资产品，是通过公开发行股份或者信托受益凭证汇集资金，将来自不动产物业经营收入按较高的比例分配给投资者的信托投资基金。截止到目前，自 1960 年美国首次推出 REITs 以来，已有 40 多个国家（地区）发行了该类产品，其投资领域由最初的房地产拓宽到酒店仓储、工业地产、基础设施等，已成为专门投资不动产的成熟金融产品。

我国境内尚没有真正意义上的公募 REITs。为了有效盘活基础设施存量资产，增强资本市场服务实体经济质效，丰富资本市场投融资工具，2020 年 4 月 30 日，中国证监会、国家发展改革委联合发布了《关于推进基础设施领域不动产投资信托基金（REITs）试点相关工作的通知》（以下简称《通知》），并在同日，中国证监会起草并发布了《公开募集基础设施证券投资基金指引（试行）》（征求意见稿）（以下简称《征求意见稿》），就制度内容向社会征求意见，采取公募基金＋资产支持证券的形式，聚焦基础设施领域开展公募 REITs 试点。2020 年 8 月 3 日，国家发展改革委办公厅发布了《关于做好基础设施领域不动产投资信托基金（REITs）试点项目申报工作的通知》（以下简称《项目申报工作通知》）。2020 年 8 月 7 日，中国证监会发布了《公开募集基础设施证券投资基金指引（试行）》（以下简称《指引》），并自公布之日起实施，标志着从制度框架层面，已基本搭建完毕。与海外市场相比，虽然上述制度中带有浓重的试点色彩和中国特色，但作为我国金融制度改革史上一件具有里程碑意义的事件，标志着我国基础设施公募 REITs 领域的正式起步。

类似于持有公司的股权，REITs 是权益导向，投资者持有基础设施项目的

---

* 王慧婷、杨忆川，方正证券股份有限公司结构融资部。

份额并获得其持续稳定运营所产生的分红的一种投资产品。既然分红来自持续稳定的现金流，那么其核心便离不开基础资产。接下来，本文就基础资产的筛选思路进行分析。

一、基础设施项目所在区域和行业领域

根据《通知》《指引》《项目申报工作通知》，国家发展改革委和中国证监会对公募基础设施 REITs 的试点范围、基本原则、项目要求、融资用途、产品设计、规范运作等方面都做出了详细的规定。

就基础资产所在区域来说，此次基础设施 REITs 试点优先支持坐落于京津冀、长江经济带、雄安新区、粤港澳大湾区、海南、长江三角洲等重点区域的基础资产，支持国家级新区、有条件的国家级经济技术开发区开展 REITs 的试点。

就基础资产所在行业领域来说，此次基础设施 REITs 试点聚焦于新基建、交通、能源、仓储物流、环境保护、信息网络、园区开发七大领域。优先支持基础设施行业，包括仓储物流、收费公路等交通设施，水电气热等市政工程，城镇污水垃圾处理、固废危废处理等污染治理项目。鼓励信息网络等新型基础设施，以及国家战略性新兴产业集群、高科技产业园区、特色产业园区等开展试点。

与海外成熟市场主要以商业不动产如办公楼、酒店、公寓等基础资产为主不同，我国公募 REITs 起步阶段将房地产、包括酒店、商场、写字楼、公寓、住宅等项目排除在试点范围外。但鉴于全球 REITs 主体均为零售资产和持有物业，所以该试点的成果将有助于推进住宅和商业不动产公募 REITs 在中国的登场。

二、基础资产所需具备的特征

REITs 资产对成熟运营和现金流的稳定有较高的要求。基础资产运营原则上不低于 3 年，且已产生持续、稳定的现金流。基础资产的现金流来源要具备较高分散度性，投资回报良好并具有持续经营能力和较好增长潜力，财务指标

上近 3 年总体保持盈利或经营性净现金流为正,预计未来 3 年净现金流分派率(预计年度可分配现金流/目标不动产评估净值)原则上不低于 4%。对于基础资产的运营,要主要由市场化运营产生,不依赖第三方补贴等非经常性收入。因此,对于同样是基础设施领域的采用政府付费模式的政府和社会资本合作(Public-Private Partnership,PPP)项目暂不在试点项目范围中,收入来源以使用者付费为主的 PPP 项目可以作为基础设施 REITs 的试点项目,收入来源含地方政府补贴的,需在依法依规签订的 PPP 合同或特许经营协议中有明确的约定。

根据《指引》,对于基础设施公募 REITs 基金募集资金规模不足 2 亿元,或投资人少于 1 000 人的情形,会认定为募集失败。而基金的规模与基础资产的规模高度关联且呈正相关性,以及在公募 REITs 搭建过程中,程序和用时都会较传统债务融资项目复杂一些,因此作为公募 REITs 的基础资产要有一定符合市场的价值规模。

另外,基础资产还要满足依法合规建设、相关证照齐全、产权清晰、符合城市规划、用地、环评、施工等基本要求,以及基础资产不能存在抵押、查封、扣押、冻结等他项权利限制。若基础资产已存在对外借款,《指引》是允许 REITs 成立时保留部分借款的,但基础设施基金总资产不得超过基金净资产的 140%,也就是借款部分占比不能超过净资产的 40%,超出限制部分的借款应在基础设施基金成立后以募集资金予以偿还。

三、基础资产原始权益人所需满足的条件

原始权益人,是指基础设施基金持有的基础设施项目的原所有人。拥有基础资产的原始权益人要享有基础资产的完全所有权或经营权利,不存在重大经济或法律纠纷,且不存在他项权利设定,基础设施基金成立后能够解除他项权利的除外。为了更好地保护投资者权益,绑定原始权益人的利益,根据《指引》,原始权益人在将资产出售至公募基金时,还应当参与基础设施基金份额的战略配售,且参与比例不得低于本次基金份额发售数量的 20%,且 20% 对应的锁定期不少于 60 个月,超过 20% 部分锁定期不少于 36 个月,基金份额持有期间不允许质押。原始权益人要有稳健的企业信用、健全的内部控制,最近 3 年不能有重大违法违规行为。由此可见,基础设施项目持有人的合法合规性和内控、运营管理能力也至关重要。

四、结合原始权益人和所属省份自身需求

原始权益人在筛选资产时，除要满足上述对基础资产的整体要求外，还要结合基础资产对企业自身整体规模和运营管理效率、现金流和融资成本、税收方面等综合考虑，并有针对性地进行筛选，否则脱离开实际，就失去了公募REITs的意义。

随着企业不断地进行投资和成长，资产规模会越来越大，随之而来的折旧、摊销都会越来越大，净资产收益率（ROE）提升的难度也会越来越高。由于项目资产在完成REITs后会出表，如果出于优化净资产收益率，提高资产使用效率的角度考虑，企业可以选择资产规模大，每年摊销占比较高的资产进行出售，从而达到企业资产出表瘦身的目的，将更多的资金投资于收益率更高的项目。

现金流良好的资产通常可以给企业提供稳定且可预测的现金流，若进行融资的话，这类资产往往所对应的融资成本较低，在日常管理中，企业更倾向于保留该类资产。若出售一个现金流稳定的优质资产，除了对企业后续现金流流入和资金周转产生一定影响外，还有可能导致资产出售后反而使短期融资成本提升的情况。因此，在市场认可的情况下，可以优先选择运营维护成本相对较高且盈利能力一般的基础设施资产以中和可能产生的负面影响。

另外，根据现行的税务政策，资产转移至公募REITs的过程会被认定为资产的真实出售，面临缴纳增值税的情况；对于资产在交易过程中产生的溢价，面临缴纳企业所得税的情况；对于产权的转让，面临需要缴纳土地增值税和契税的情况。若企业资产评估价格较账面成本增值较多，且不能有效开展税务筹划时，会带来较多的税务成本。

值得注意的是，根据我国REITs业务遴选和推荐相关的流程，在推荐至国家发改委和证监会之前，需要省级发改委就项目是否符合国家重大战略、宏观调控政策、产业政策、固定资产投资管理法规制度、促进回收资金用于基础设施补短板领域等方面出具专项意见。因此在原始权益人筛选项目时，应就项目整体的定位和情况是否符合所在省份的规划及政策，事先与省级发改委及相关部门做好充分的沟通。

五、各类基础资产的对比选择

根据商业属性，基础资产大体可以分为两大类。一类是以仓储物流和产业园区为代表的有产权类基础资产，在国际上一般不被列为传统的基础设施资产，更偏向商业资产类属性，运营上更具市场化。另一类则是以高速公路、水电气热、污水垃圾处理、固废危废处理等污染治理项目为代表的传统基础设施建设和市政领域，具有收益权属性，但前期投资大，权属及运营多为国企资产，具有垄断性。相较于后类资产，仓储物流和产业园区类资产更适合现阶段作为公募 REITs 资产开展试点。

（一）仓储物流

物流地产是现代仓储物流行业的基础。受我国内需拉动、电子商务的发展和前期物流设施相对不足的多重影响，近年来国内仓储业经历了迅速的扩张。尤其是电商网购行业的飞速发展、供应链效率的不断提升以及第三方物流行业的整合，拉动了对现代物流设施的强劲需求。

物流地产属于工业地产的范畴，指投资商投资开发的物流设施。其范畴包括物流园区、物流仓库、配送中心、分拨中心等物流业务的不动产载体（中国物流学会，2013）。建设物流地产的地皮性质为工矿仓储用地，即工业用地（安信证券，2016）。一线城市近年来出让的工业土地面积连年萎缩，在此背景下，仓储用地占工业用地比重极小。一线城市在物流用地供给上的短缺直接导致了对周边卫星城的溢出效应。二线城市在土地供给、土地价格和用工成本都较一线城市享有优势，而出租价格却未必落后太多，因此相应衍生出了长三角的苏州、昆山，珠三角的佛山、肇庆，京津冀的廊坊等卫星城。

物流地产是重资产行业，初始阶段的拿地与建设都将产生高额的资本开支（安信证券，2016），对资本规模的限制增大了物流仓储业的进入壁垒。

此外，目前在我国与传统仓储设施相比，现代物流地产所经营的现代物流设施在建造标准、后期运营水平等方面远高于前者，因而对仓储环境、信息管理水平的要求高标准严，我国当下的现代物流设施建设速度依然落后于需求。

目前我国有 12 家大中型仓储地产企业，其中外资企业 6 家：普洛斯、嘉民、易商红木、丰树、安博、维龙；本土企业6家：宝湾、宇培、新地、百利威、万纬、平安。其中我国境内最大的现代仓储设施提供商是普洛斯（新世纪评级，2020）。

综上所述，仓储物流行业具有前期资金投入大，投资回报周期长，投资回报稳定的特点，是非常适合作为公募REITs的基础资产[①]，截至2020年5月国内已发行10单物流CMBS产品（含3单ABN），合计129.95亿元，其中普洛斯发行3单，宝湾物流发行2单，宇培发行1单；类REITs方面，发行2单，菜鸟和万纬物流各1单。

国内物流地产商业房地产抵押贷款支持证券（Commercial Mortgage Backed Securities，CMBS）和类REITs产品一般每三年会有回售期，所以其融资期限虽然可做到18年（最长可做到24年），但实际可能到第三年末就要选择退出，难以实现长期限的融资。物流资产租售比较高，在现金流回报和稳定性方面可比拟最优质的商业地产类资产，是更适合开展公募REITs的资产。

（二）产业园区

产业地产是以产业群为基础，由工业用地等产业园区为载体，服务于产业的新型地产模式，主要为服务于产业的新型地产模式，主要包括科技园区、物流园区、特色园区、综合工业园区、企业总部基地（方正证券，2020）。

截至2018年我国国家级产业园区552家，省级产业园区1991家，分布于全国31个省份[②]。国家级产业园区分为经济技术开发区、高新技术产业开发区、海关特殊监管区、边境/跨境经济合作开发区和其他类型产业园区五大类。

随着近年来如粤港澳大湾区、长江三角洲一体化、雄安新区、海南经济特区等政策的出台，区域一体化进程加快，产业园作为产业运营的载体，以产城融合，有利于打造产业集群，推动地区经济发展。目前，国内产业园区主要由政府主导开发，而参与产业园区开发与运营的房企主要有两类：一是国有企业如招商蛇口（股票代码001979）等；二是民营企业如华夏幸福（方正证券，2020）。

[①] 梁丹. 仓储物流类REITs案例浅析［EB/OL］. 财融网, http：//www. cairongquan. com/Article/view/105685. html.

[②] 中国开发区审核公告目录（2018年版）［EB/OL］. 中华人民共和国国家发展和改革委员会网站, https：//www. ndrc. gov. cn/fggz/lywzjw/zcfg/201803/t20180302_1047056. html.

我国产业园区盈利模式包括四种：（1）土地运营，包括土地增值、产业用房的租金收入、配套商业性地产开发，出售和租金收入，以及获得配套住宅地产的出租和销售收入；（2）增值服务，包括生活配套、园区物业管理、物流咨询孵化等；（3）金融投资，包括产业投资、产业用地资本运作，现有房产的资本运作如信托、证券化等；（4）原有物业改造和更新等。

截至 2020 年 5 月市场上已发行的园区项目中，类 REITs 有中联元联 – 前海开源 – 苏州纳米大学科技园资产支持专项计划，CMBS 产品包括长江楚越 – 新希望半岛科技园资产支持专项计划等。

随着楼市政策越来越严苛，房企拿地难度加大，参与发展产业园区将成为企业获得资源的有效途径，也易获得政府扶持政策，但产业园区开发难度大，需要长期建设运营，投资回报期限长，需要长期资金支持，传统债权融资可能无法再满足园区资金需求，而拥有长期稳定现金流的产业园区通过发行公募REITs 开展权益性融资，有利于园区和企业的长期可持续发展。

（三）收费公路

公路运输一直以来是我国客运、货运最主要的运输方式，具有运输能力大、灵活性高、运输速度较高、运输成本较低的特点。按照在公路路网中的地位公路分为国道、省道、县道和乡道；按技术等级来分，可分为高速公路、一级公路、二级公路、三级公路和四级公路（中华人民共和国交通部，2014）。公路建设具有资金密集型属性，其建设资金大多来源于银行贷款、地方财政专项资金和地方政府自筹资金，另外也可依照法律规定发行规模、公司债券、PPP 等方式筹集资金。虽然我国高速公路整体保持快速发展态势，总里程居世界第一位（《人民日报》，2019），但由于建设成本不断增长、运营维护成本提高，以及庞大且不断攀升的债务所带来的巨大财务费用导致的成本攀升过快，远超过通行费收入增长，整体收支情况并不乐观。

收费公路特别是其中的高速公路资产具有投资回报期限长，现金流稳定的特点，是比较适宜开展公募 REITs 的基础设施资产。收费收益权资产支持证券（Asset-backed Securities，ABS）主要依靠收费公路产生的通行费收入作为基础资产现金流，同时依靠主体获得债项的提升，其融资期限不如公募 REITs 和类REITs 产品期限长，且对主体依赖较大，公司享有的高速公路的主营业务收入被用于发行 ABS 产品后，经营成本由公司自身或其母公司承担，可能对公司自身经营造成一定影响。类 REITs 产品一般采用项目公司收取的通行费扣除运营维护等成本后的净现金流，相比 ABS 项目，对主体造成的影响较小。目前为保证产品安全，类 REITs 项目所选择的目标资产均是可产生有一定规模且稳定净现金流的，对比目标资产上原本可能存续的低息银行贷款并无太大优势。公募 REITs 与类 REITs 存在同样问题，因目前基础设施公募 REITs 对原始权益人和目标资产的要求较高，而较为优质的高速公路一般是由当地政府或政府的平台持有，高速公路在建设期对资金需求较大，而进入运行稳定期后能带来持续稳定现金流，公募 REITs 可能在短期内影响公司对高速公路资产的控制，以及如果不能带来融资规模较大提升和其他优势，对融资人的吸引力可能不大。

（四）水电气热、污水垃圾处理、固废危废处理

水电气热、污水垃圾处理、固废危废处理等公共事业行业证券化通常是以开展收费收益权类 ABS 进行融资，但由于水电气热、污水垃圾处理、固废危废处理等公共事业大部分属于当地政府平台的主营业务，具有公益性特点，很多企业本身盈利性较差，用于发行收费收益权 ABS 产品时，运营成本将对企业正常经营造成一定影响，且产品依赖于融资人控股股东或地方政府的信用，与公募 REITs 产品比较其融资期限、发行规模也无较大优势。对于水电气热、污水垃圾处理、固废危废处理等公共事业行业是否适合开展公募 REITs 具体分析如下：

1. 供水。近年来传统的供水市场趋于饱和，新增市场萎缩，水务企业两极分化严重，城市供水等传统行业大多集中于龙头企业。水务属于地方事权，近年来随着地方政府严控债务，供水市场化率相对较低，此外由于水价偏低，供水企业普遍存在成本倒挂现象。总体来看我国供水行业普遍利润较低，而较优质资产主要集中在行业龙头企业手里，公募 REITs 不具备太大吸引力。

2. 供电。电力行业是国家重点能源行业，宏观经济的周期性波动直接影响电力需求，进而造成电力供给的周期性波动。根据国家能源局全国特大及以上城市供电可靠性指标报告，2018 年全国 14 个特大及以上城市供电可靠性指标持续向好，供电可靠率均达到 99.95% 以上[①]。但因继续落实国家一般工商业平

---

① 全国特大及以上城市供电可靠性指标报告 ［EB/OL］. 国家能源局网站，http：//www.nea.gov.cn/2019－03/29/c_137934012.htm.

均电价再降低 10% 的要求，导致 2019 年全年降低企业用电成本 846 亿元，电网企业利润总额持续下降，在上年下降 24.3% 的基础上再下降 4.9%，亏损企业亏损额为 145 亿元，比上年增长 22.6%（中国电力企业联合会，2020）。此外，目前国内五大发电集团份额占比较高，基本占到全国发电量的一半水平。

总的来看，我国目前供电行业主要以火电为主，且发电主要集中在龙头企业，供电收入不稳定且利润偏低，对非龙头企业来说，公募 REITs 不具备太大吸引力。

3. 燃气（天然气）。我国配送的燃气主要包括煤气、液化石油气和天然气三种，其中污染较小、供应量稳定的天然气，作为清洁、高效、便宜的能源，随着市场对清洁能源需求持续增长，其消费获得快速发展。

从目前我国天然气市场竞争格局来看，中石油、中石化、中海油三巨头居于主导地位，省域天然气企业与其形成长期、稳定的合作关系。国内主要的城市燃气经营企业大致分为两类：一是在本地区拥有燃气专营权的地方国企；二是跨区域经营的燃气运营商，比如中国燃气（中国报告网，2017）。

但作为公募 REITs 资产来说，天然气受国内宏观经济因素和环保要求因素影响较大，行业夏冬淡旺季特征明显。且燃气价格受政策限制，作为稀缺资源，未来天然气采购价格上升将对企业盈利产生负面影响。

4. 供热。城市供热是利用集中热源，通过供热管网等设施向热能用户供应生产或生活用热能的供热方式。主要集中在北方传统采暖地区（严寒和寒冷地区），包括东三省、河北、山西、北京、天津等地区。我国城镇集中供热广泛应用的热源主要是热电厂和集中锅炉房。一般采取集中供热方式，由政府对供热企业颁发供热许可证，保证了企业区域垄断地位。供热对象包括居民和工业企业，供热价格由政府管制，具有公益性，利润普遍较低。

对于公募 REITs 资产来说，供热行业有较强的区域性和季节性，以及一定的排他性和公用性的特点，大部分地方国企受政府严格管制，盈利能力较弱，不太适合开展公募 REITs。

5. 城镇污水处理。污水处理为使污水达到排入某一水体或再次使用的水质要求对其进行净化的过程。污水处理被广泛应用于建筑、农业、交通、能源、医疗、餐饮等各个领域，一般根据水质状况和处理后的水的去向来确定污水处理程度。

我国污水处理费按照"污染者付费"原则，由排水单位和个人缴纳，自来水公司代征后全额上交财政，财政再通过政府购买服务的方式向污水处理企业支付污水处理服务费，对于收取的污水处理费不足以支付城镇污水处理设施正常运营成本的，由地方人民政府给予补贴（城镇供水，2015）。但不同地区差异较大且部分城市出现成本倒挂现象。面对污水处理运行成本不断提高，污水处理费标准"多年不变"使得地方政府与污水处理企业陷入困局。

2017 年，政府为推进完善污水处理行业的市场体系，发布《关于政府参与的污水、垃圾处理项目全面实施 PPP 模式的通知》。目前，我国污水处理项目的实施方式主要为 PPP 模式，即政府与社会资本在基础设施及公共服务领域长期合作。污水处理企业利润较低，容易面临资金困难，不太适合开展公募 RE-ITs。

6. 固废危废处理。城市废弃物有一般废弃物和危险废弃物之分。危险废弃物主要分布在化学原料和化学制造业、采掘业、黑色和有色金属冶炼及其压延加工业、石油加工业及炼焦业等工业部门，我国工业危废占危废的 70% 以上，是危废的主要来源。我国的垃圾处理主要采用填埋、焚烧等方法进行处理，其中焚烧填埋年平均处理量约占总产量的 45%（国家统计局，2019）。其中垃圾焚烧发电作为目前垃圾处理减量化、无害化、资源化最为有效的方法，因此日益受到人们的重视，但是同时也面临投资较大、成本较高的问题。

六、不确定性因素对基础资产选择的影响

（一）税负方面

根据我国现行的税务方面有关规定，对于 REITs 资产在流转中、持有期间、收益分配及退出环节，均需要缴纳相应的税费。比如资产搭建阶段由于资产转让及溢价等所产生的企业所得税、增值税、土地增值税、契税、印花税等；资产运营的过程中涉及缴纳的增值税、土地使用税、房产税、企业所得税等。由于资产历史成本往往较低，在资产或股权以公允价值转让的过程中会产生较大溢价，从而产生较多的税费。而过重的税负会使最终落入投资者的收益率下降，减少对投资者的吸引力。

纵观全球主流的 REITs 市场，均为 REITs 设置了专门配套的税收优惠政策，包括税费减免、避免重复征税等方面的措施，从而鼓励不动产行业参与者通过长期经营不动产获益。我国目前尚未出台针对 REITs 的税收优惠政策，对

于能享受到税收优惠的情形也有比较严苛的条件限制。因此根据现行的政策，在筛选资产时，如果资产产生较大的溢价，则可能直接导致产生大额的企业所得税、土地增值税和契税等。

公募 REITs 架构复杂，涉及资产所有权的转移及资产收益权的分配，税务安排较为复杂，目前针对 REITs 相关的税收优惠尚未明确，从税务角度如何对资产筛选进行最优的安排和设计，有效节省各环节税务成本，还有待后续税收政策的细化和出台。

（二）运营和收益方面

资本重在投资与退出，资产却重在运营和管理，抛开了基础资产的运营管理，所投出去的资本也就失去了灵魂。资产在运营期间，一要有健康、稳定的现金流，良好的抗风险能力；二要有稳定可控的运营费用，维持良好的净营业收入；三要有稳定的分红政策和与风险匹配的股息率，符合投资者的预期；四要有基础资产自身资产保值升值的空间。因此资产的管理和运营能力就显得尤为重要。

而我国目前试点阶段优先支持基础设施领域，考虑到基础设施类资产或多或少存在公益的属性，其自身收益率就有限。另外，公募 REITs 资产一旦出售后，除所持有的比例外，其后续收益已经不再属于原始权益人，但从目前试点情况来看，资产的后续管理可能仍由原来持有该资产的主体负责运营。而这些主体属于相对垄断性的国资或地方属性，并非出于一个充分竞争的市场，因此后续实际的运营效果是否符合投资者对收益率的要求还有待市场的考验。

七、总　　结

综上所述，相较于国内现有的其他金融产品，虽然公募 REITs 的推出仅仅为起步阶段，但基础设施 REITs 正是盘活存量资产、广泛筹集项目资本金、降低债务风险的有效工具。根据现有政策及以往产品中基础资产的特征和表现，认为仓储物流类最适合作为公募 REITs 基础资产，产业园区类和收费公路类次之，受成本及运营方面影响，水电气热、污水垃圾处理、固废危废处理等市政类匹配度相对较差。企业资产筛选时，除在符合国家的整体战略及产业政策定位和满足诸如法律权属、现金流及收益稳健等对于金融产品基本的要求外，还要根据自身和区域情况及所在行业，综合匹配其财务管理、运营能力及投融资等需求，挑选适合的资产进军公募 REITs 领域，以达到稳投资、补短板，推动基础设施投融资市场化、规范化健康发展的良性投资循环。

我国基础设施领域 REITs 的关键点和发展路径分析[*]

刘志东　谢泽中[**]

中国证监会与国家发改委于 2020 年 4 月 30 日发布了《关于推进基础设施领域不动产投资信托基金（REITs）试点相关工作的通知》（以下简称《通知》）以及《公开募集基础设施证券投资基金指引（试行）》（征求意见稿）（以下简称《指引》），被视为中国基础设施投融资与 REITs 领域发展的一个里程碑事件。

选择在这个时间点推出 REITs 充分结合了我国目前的时代背景。第一，近年来我国由于宏观经济下行、政府债务问题等开始出现基础设施投资乏力的问题，但城镇化、新基建带来的基础设施需求依然强劲；第二，我国基础设施存量规模庞大，但尚没有一个完善的存量资产交易市场，利用效率较低；第三，我国资本市场结构不合理，过度依赖间接、债权融资渠道，且投资工具匮乏；第四，基础设施领域 PPP 模式与类 REITs 产品的发展为本次 REITs 的推出做了铺垫。

本次 REITs 试点旨在解决我国基础设施投融资与资本市场建设领域的现实问题。本文将针对基础设施 REITs 的底层资产、原始权益人、交易结构、潜在投资者和运营管理五个关键点进行分析，并分别从不同的角度对未来的发展路径进行展望。

一、底层资产

（一）关键点分析

《通知》要求本次基础设施 REITs 试点聚焦重点区域、重点行业和重点项

＊　本文原载于 2020 年《中国工程咨询》。

＊＊　刘志东、谢泽中，中央财经大学管理科学与工程学院。

目，这为我们选择 REITs 底层资产指明了方向。

从地区角度看，若希望基础设施项目经营模式成熟、市场化程度高且现金流和收益率稳定，则需要该地区有较强的基础设施需求和较发达的经济水平。而满足上述需求的则基本都属于国家重点战略区域，如京津冀、长三角、珠三角、粤港澳、雄安新区等。这些地区属于人口流入地区，人口密度较高且产业链较密集，基础设施需求和使用率相应提升。且这些重点地区经济发展水平普遍较高，民众对于使用者付费的基础设施有较高的承受能力，能为经营性基础设施带来稳定增长的现金流和较高的收益率。

从行业角度看，由于许多基础设施建设属于公益性或半公益性项目，而《通知》中要求 REITs 项目收入来源需以使用者付费为主，因此底层资产行业的选择值得注意。结合《通知》要求与我国实际情况，以下几个行业的项目具备进行 REITs 试点的潜力：

1. 高人口流动地区的交通基础设施项目，如高速公路、铁路等，其规模较大且收益率有增长潜力。随着中国区域内和区域间互联互通的进一步增强，交通基础设施的未来收益有很大的成长空间。

2. 以电力、热力、燃气和水供应业为代表的市政基础设施行业以及城镇污水垃圾处理、固废危废处理等污染治理项目，其共同点是虽然收益率可能受到一定的限制，但由于其具有天然垄断性，可以保证未来现金流的高度稳定，这也是使用者付费的典型行业。

3. 园区开发和仓储物流行业，相较于市政基础设施项目其无疑具有较高的收益率，且随着我国未来产业结构继续调整以及物流行业的快速发展，上述两个行业仍存在宽广的盈利空间。但同时，由于这两个行业市场化程度较高，伴随高收益必然会有较高的风险，对于优质项目所在地区的整体经济社会情况与项目的具体管理运营都提出了较高的要求。

4. 以互联网数据中心（IDC）为代表的新型基础设施行业，IDC 行业是典型的重资产、高负债行业，近年来在我国高速发展。在以美国为代表的成熟市场中，IDC 与 REITs 的结合已非常普遍，有利于 IDC 企业快速周转资金、实现轻资产重运营模式。随着未来"新基建"的持续推进，包括 IDC 在内数字基础设施建设领域若能发掘合理的盈利模式，将会成为一片具有巨大价值的蓝海。

（二）发展路径展望

1. 逐渐放宽底层资产的选择标准，如允许存在政府补贴的项目进入。《通知》中要求项目"收入来源以使用者付费为主"，《指引》中要求项目"不依赖第三方补贴等非经常性收入"，两者描述均不明确。在后续有关文件中应对项目收益中的使用者付费占比进行底线性规定，如70%，并随着REITs市场的发展进一步放宽标准，将更多存在部分政府补贴的半公益性项目纳入底层资产选择。

2. 加强REITs与PPP项目的结合。近几年来，PPP模式为REITs创造了大量潜在的基础设施底层资产，而如今REITs的推出也为PPP模式中的社会资本方提供了另一条退出途径。PPP与REITs本质上都为我国基础设施投融资领域的机制创新，加强两者间的结合既具有可行性也具有必要性。但是由于以PPP模式运营的基础设施项目往往存在比较复杂的股权、债权关系，且可能存在特许经营权期限到期后的所有权转让问题，在未来若想成功与REITs对接还需要有关部门尽快出台完善的法律法规。

二、原始权益人

（一）关键点分析

我国大部分基础设施项目的原始权益人大多是国有企业或者地方政府融资平台，基础设施REITs能为其带来如降低企业杠杆率等诸多益处。但在现实中原始权益人参与基础设施REITs仍要面临一些选择。

首先，对于原始权益人不能一概而论，以地方政府融资平台为代表的建设类企业可能确实更有意愿从现有项目中退出从而融得权益资金继续进行下一项投资，且地方平台以优质资产而非企业整体信用为基础进行融资可以有效降低融资成本；但大型国有企业以及央企等可能更加重视对其战略性基础设施资产的持有，且其自身企业信用良好，不需要通过REITs转让核心资产所有权进行融资。

其次，目前《指引》中的许多规定仍存在一定的模糊性。若要完成REITs复杂交易结构的构建，可能需要原始权益人支付相当高的时间与金钱成本，从而导致REITs吸引力的降低。

最后，在涉及地方基础设施REITs项目时，考虑到原始权益人大部分属于国有企业，也应积极参考地方政府的意见。对于地方政府而言，基础设施RE-ITs的实施有利于降低地区整体杠杆率，且融得的资金再次投入新的基础设施建设有利于经济的良性循环，扩大税基。但是，即使是以使用者付费机制主导的基础设施项目，其本身也存在一定的公共服务属性。基础设施 REITs 本身是一种市场化行为，所有权转移后基金管理人应如何平衡经济收益与社会责任间的关系，需要包括地方政府在内的各方认真探讨。

（二）发展路径展望

1. 根据原始权益人企业内部结构、擅长领域的不同，部分建设类企业在通过 REITs 融资后可以继续专注于进行基础设施投资建设；而另一部分具有较丰富基础设施资产运营管理经验的企业在通过 REITs 融资实现债务清偿后，可以考虑进入第三方市场成为 REITs 项目的专业管理机构，向轻资产重运营方向发展。这有利于不同比较优势的原始权益人在后 REITs 时代确定自己的市场定位，提高基础设施行业的整体效率。

2. 进一步完善目前 REITs 框架中与原始权益人相关的法律法规，在未来积极探索更加简化的基金交易结构，通过减少冗余的行政步骤和缓解交易结构中的委托代理问题来降低原始权益人通过 REITs 进行融资的资金成本，提高该模式的吸引力。

3. 在选择 REITs 项目时需要与原始权益人、地方政府进行充分的沟通，综合考虑企业需要、地方政府需要、国家战略需要，不为了融资而融资，促进整个经济社会的平稳发展。

三、交易结构

（一）关键点分析

在本次基础设施领域 REITs 的交易结构设计中，较为显眼之处在于设立公募基金而非私募基金、坚持权益导向而非债权投资，这与过去几年市场实践中的 PPP-ABS 项目与类 REITs 项目存在较大的区别。PPP-ABS 与类 REITs 产品本质上仍属于债权投资，而本次基础设施 REITs 表现出了明确的权益投资属性，收益来自底层资产分红，不进行信用评级与信用增信，基金拥有底层基础设施资产的完全控制权和处置权且需要直接参与日常运营管理。此外，再加上由私募基金转向公募基金的转变，体现了将 REITs 作为资本市场直接融资渠道和投资者投资工具的补充，与《通知》最初强调的"防风险、去杠杆，深化金融供给侧结构性改革"目标非常吻合。

当然，现有的"公募基金+资产支持专项计划"交易结构仍然存在着许多问题，随之而来的除了多层委托代理关系可能带来的责任缺位问题外，现行文件中缺乏对于整个 REITs 项目整体的税收安排，可能出现多重征税主体带来的双重征税问题。此外，税收优惠是境外成熟 REITs 市场的一个典型特征，而目前我国也还没有出台相应的税收优惠政策。

（二）发展路径展望

1. 短期内首先需要完善相关法律法规对 REITs 项目发起、运行过程中的税收等技术性细节进行详细阐释，为 REITs 项目的切实落地打好基础。此外，还需尽快参考成熟 REITs 市场并结合我国基础设施领域 REITs 的交易结构出台相关的税收优惠政策，提高该模式对于原始权益人和投资者的吸引力。

2. 中期来看，若我国经济发展势头良好且防风险、去杠杆宏观战略达成阶段性目标后，在不改变现有 REITs 交易结构的前提下，可以逐渐放宽基金杠杆率的限制。目前成熟市场 REITs 杠杆率一般允许达到 45% 左右，我国现有的 20% 杠杆率还存在较大提升空间。

3. 长期来看，我国也可以尝试不同的基础设施领域 REITs 交易结构。如北大光华管理学院课题组于 2018 年《中国 REITs 制度的特征与实现路径》中提出的将 REITs 直接作为一种新设券种发行以实现最简单交易架构的"新券"模式；直接对现有类 REITs 产品进行改良，将私募基金改为公募基金，在增加流动性与降低交易门槛的同时保留一定的债权属性；或是在未来通过修订《公司法》直接设立公司型基金进行 REITs 交易管理以获得更高的运营效率。

四、潜在投资者

（一）关键点分析

1. 原始权益人。《指引》强制要求原始权益人参与 REITs 基金份额的战略配售，应该更多的是出于基础设施资产后续经营管理的考量。目前国内的大部分公募基金还暂不具备非常丰富的基础设施管理经验，在基金运行初期最熟悉底层资产的原始权益人可以为团队提供有效的运营管理指导，并逐步培养具备基础设施运营经验的管理团队。

2. 机构投资者。《指引》对于机构投资者的种类进行了列举，其中，市场普遍看好保险资金与社保基金对于 REITs 市场的投资。REITs 资产收入稳定、抗通胀能力强、与其他资产相关性低、期限永续等特征，都与保险、养老资金要求的风险低、久期长等特性相匹配。此外，虽然文件中也提及了银行理财子公司，但目前资管新规中关于资产多层嵌套的限制可能使得银行参与公募基金投资存在一定困难。若能对相应的法律法规进行调整，银行系统也可以对基础设施 REITs 资产进行适度的配置，并凭借其几十年来积累的基础设施投融资经验与行业资源，在基金与其底层资产的长远发展中发挥一定指导作用。

3. 个人投资者。过去我国普通投资者很难分享到基础设施投资领域的收益，本次基础设施 REITs 的低门槛与高流动性为普通个人投资者的资产配置池选项中增添了一大亮点，使得所有居民都有机会分享我国基础设施发展的红利，是我国在深化金融供给结构侧改革、拓展直接融资渠道路上迈出的一大步。

（二）发展路径展望

1. 建立基础设施领域 REITs 产品的收益调节机制。目前 REITs 作为股权类投资产品，投资者收益与底层资产的运营收益直接相关。在对基础设施资产的使用价格定价时应充分考虑宏观经济形势等灵活调整，充分发挥基础设施 REITs 产品的抗通胀属性，为投资者带来切实可靠的收益并为 REITs 二级市场交易提供估值基础。

2. 鼓励市场上更多投资者参与直接融资渠道，充分发挥资本市场的资源配置效率。如有可能，通过将 REITs 相关规范与国际接轨并继续扩大对外开放，以优质基础设施为底层资产的 REITs 产品同样可能吸引到世界各地的潜在投资者。

五、运营管理

（一）关键点分析

长期以来，我国公募基金都受到"双十原则"的限制，投资模式基本遵循资产配置原则，分散于各种标准化的股票、债券等金融产品。《指引》第二十三条明确指出基础设施基金投资基础设施资产支持证券的比例不受现有法规限制，要求将基金80%以上的资金投向单一基础设施资产并积极参与后续运营管理。《指引》中第四条对于REITs基金和其内部人员的基础设施运营投资经验提出了要求；第三十五条、第三十六条对基金管理人的具体管理职责以及委托第三方管理机构相关事宜进行了规定。这事实上已经超越了过去金融行业的传统范式，对于所有相关从业人员既是机遇、也是挑战。

未来的基金行业除了传统业务外，也将依靠吸纳具有产业背景的优秀人才并培养自己的基础设施运营管理团队来深入参与实体经济的运行。这也正是《通知》中要求"强化资本市场服务实体经济能力"的应有之义。

（二）发展路径展望

基金管理人应在与作为战略投资者的原始权益人进行共同管理决策时培养基金团队的底层资产运营经验，并从建设企业中吸纳具有实操经验的产业人才。若后REITs时代市场上出现了专业化的基础设施管理运营团队，在合理控制委托代理问题的情况下，交由第三方管理机构运营也不失为一个好的选择。

六、总　　结

本文对于我国基础设施领域REITs的五个关键点及未来发展路径进行了分析。可以看出，虽然目前有关基础设施REITs的框架还未搭建得十分精细，仍然存在许多困难与挑战，但无论从服务国家宏观战略，还是从解决我国基础设施投融资与资本市场建设领域的现实问题方面，基础设施领域REITs都具备非常广阔的前景。相信在我国各界专家、学者的共同努力下，中国基础设施REITs的明天会越来越好！

关于金融租赁实务中公益性资产和在建工程的有关问题研究

刘见和　　田嘉莉*

《中国银保监会关于开展"巩固治乱象成果促进合规建设"工作的通知》中，对金融租赁公司提出的工作要点之一为"违规以公益性资产、在建工程、未取得所有权或所有权存在瑕疵的财产作为租赁物"。部分地方监管机构的要求则更加严格，明确要求金融租赁公司严格租赁物准入标准，严禁以公益性资产、在建工程作为租赁物开展业务。但均未对公益性资产和在建工程两者作进一步说明，因此本文从租赁物的性质和作用出发分别对两者进行进一步探讨和分析。

一、关于金融租赁公司的租赁物

《金融租赁公司管理办法》第四条规定："适用于融资租赁交易的租赁物为固定资产，银监会另有规定的除外。"由此看出《金融租赁公司管理办法》仅是将租赁物限定为固定资产。然而固定资产仅是一个会计学概念，不是一个法律定义，《物权法》中仅将物分为动产和不动产，而未提及固定资产。从会计角度来看，《会计准则第 4 号——固定资产》第三条规定："固定资产，是指同时具有下列特征的有形资产：（一）为生产商品、提供劳务、出租或经营管理而持有的；（二）使用寿命超过一个会计年度。"因此，将固定资产设定为有形物，排除了无形资产，并且规定了固定资产的用途并不是销售，而是劳动工具或生产手段，因此，凡符合上述条件的固定资产只要权属清晰、没有瑕疵、法律不予禁止或限制均可作为租赁物，与监管机构认定原则相一致。但是，根据

---

* 刘见和，航天科工金融租赁有限公司战略发展部总经理；田嘉莉，航天科工金融租赁有限公司。

《固定资产分类与代码》（GB/T14885－1994），固定资产的范围相对广泛，因此需要结合实际情况去分析租赁物的性质等条件。

租赁物作为融资租赁业务中的核心载体，具有两层作用：一是构建融资租赁法律关系。融资租赁是以融物的方式进行融资，没有合格的租赁物，就不能建立融资租赁法律关系，根据《最高人民法院关于审理融资租赁合同纠纷案件适用法律问题的解释》第一条规定："人民法院应当根据合同法第二百三十七条的规定，结合标的物的性质、价值、租金的构成以及当事人的合同权利和义务，对是否构成融资租赁法律关系作出认定。对名为融资租赁合同，但实际不构成融资租赁法律关系的，人民法院应按照其实际构成的法律关系处理。"而是否构成融资租赁法律关系，应综合租赁物的性质、价值、权属等因素进行判断。二是风险缓释作用。租赁物的价值可以保障租金债权回收，起到风险缓释作用。当项目出险时，租赁公司可以收回租赁物变现以抵偿承租人未偿租金。

二、公益性资产作为租赁物的问题分析

（一）概念界定

公益可以称为公共利益。《辞源》有说，公共，谓公众共同也。公众一般来讲是所有人或大多数人，其相对少数人来讲。公众的划分可能基于自然资源地域，可能基于行政区域，也可能基于思想意识形态；或者从纵向角度看一定时间段内公众的诉求也会发生不同的变化。所以时空都会成为公共的划分界点。利益是指人获得物质、精神上满足的一种感觉或状态。所以公共利益是能满足大多数人物质或精神需求的状态。德国学者洛厚德（C. E. Leuthold）在《公共利益与行政法的公共诉讼》一文中提出，公益是一定地域空间中大多数人的利益，这个地域或空间就是以地区为划分。另一位德国学者纽曼·斯克奴（Roman Schnur）也认为，公共利益是不确定多数人的利益，这个不确定的多数受益人就是公共的内涵。所以公益具有相对性，是指大多数。公共利益在我国法律中，如《宪法》《民法通则》《合同法》《外资企业法》等均有出现，充分体现了公共利益是相对于私人利益而言的，公共利益高于私人利益。但从以上辨析可以判断，公益性资产，即具有公共利益性质的资产，也就是指与公共利益密切相关或为公共利益服务的资产。

公益性资产的概念首次出现在《国务院关于加强地方政府融资平台公司管理有关问题的通知》中，"今后地方政府确需设立融资平台公司的，必须严格依照有关法律法规办理，足额注入资本金，学校、医院、公园等公益性资产不得作为资本注入融资平台公司"，仅对公益性资产进行了简单罗列，并未进行明确的概念解释。2010 年 7 月，《关于贯彻国务院关于加强地方政府融资平台公司管理有关问题的通知相关事项的通知》中，首次明确了公益性资产的范围，"公益性资产是指为社会公共利益服务，且依据有关法律法规规定不能或不宜变现的资产，如学校、医院、公园、广场、党政机关及经费补助事业单位办公楼等，以及市政道路、水利设施、非收费管网设施等不能带来经营性收入的基础设施等"。2010 年 11 月，《关于进一步规范地方政府投融资平台公司发行债券行为有关问题的通知》也明确提出，"公益性资产是指主要为社会公共利益服务，且依据国家有关法律法规不得或不宜变现的资产，如学校、医院、公园、广场、党政机关及经费补助事业单位办公楼等，以及市政道路、水利设施、非收费管网设施等不能带来经营性收入的基础设施等"，后续文件基本沿用了该解释口径。地方性制度中《淄博市人民政府关于加强公益性资产运营工作的意见》根据资产来源的不同，对公益资产进行了分类，总体来看与之前的文件一脉相承，"一是城市资产运营有限公司名下通过划转、购买、直接投资形成的具有公益性质的资产，如市体育中心、文化中心、新区水系等；二是政府投资形成的公益性资产，如城市道路、桥梁、公园、游乐园、广场、绿地、河道、湖泊等"。此外，法律层面，《物权法》第一百八十四条规定，"学校、幼儿园、医院等以公益为目的的事业单位、社会团体的教育设施、医疗卫生设施和其他社会公益设施不得抵押。"

因此，公益性资产的实质主要有两点：一是公共服务特征；二是不宜变现。需要注意的是，判断学校、医院、公园等以公益为目的的事业单位办公楼、社会团体的资产是否具有公益性，不能从该机构是否具有营利性出发，而是应当从其所从事的事业的公益性本身出发。

（二）有关公益性资产的限制性规定

公益性资产不能作为租赁物，早在 2010 年国家就对各类融资主体的有关公益性资产问题进行了限制。因此，目前监管机构对公益性资产作为租赁物的限制仅为以下政策的延伸与补充。

1. 公益性资产不得作为资本注入融资平台公司。在《国务院关于加强地方政府融资平台公司管理有关问题的通知》中，就已规定"学校、医院、公园等公益性资产不得作为资本注入融资平台公司"。在财政部《关于进一步规范地方政府举债融资行为的通知》中，再次重申"地方政府不得将公益性资产、储备土地注入融资平台公司"。

2. 公益性资产不得计入企业资产申报企业债。国家发改委和财政部联合印发的《关于进一步增强企业债券服务实体经济能力严格防范地方债务风险的通知》对企业债券发行主体提出九项条件，包括严禁将公立学校、公立医院等公益性资产及储备土地使用权计入申报企业资产。同时规定，纯公益性项目不得作为募投项目申报企业债券。

3. 银行不得向退出类平台发放公益性项目贷款。原中国银监会《关于加强2012年地方政府融资平台贷款风险监管的指导意见》规定，各银行不得向退出类平台发放保障性住房和其他公益性项目贷款。

4. 限制保险机构向融资平台的公益性项目提供保险债权计划融资。原保监会、财政部下发的《关于加强保险资金运用管理支持防范化解地方政府债务风险的指导意见》规定，融资平台公司作为融资主体的以及投资项目为公益性项目的，应当符合法律或国务院规定，且融资主体和担保主体不得同为融资平台公司。

（三） 结论

从公益性资产的性质来看，作为租赁物无法满足其在融资租赁业务中对租金债权的担保作用，若承租人违约，出租人无法通过行使取回权的方式以实现传统租赁物的担保功能。从政策上看，不仅监管政策已明确规定禁止将公益性资产作为租赁物，同时也出台了一系列有关公益性资产的限制性规定。因此，公益性资产不能作为租赁物这一点毋庸置疑，但在实际业务操作中，我们需要准确把握公益性资产的界定问题。

三、在建工程作为租赁物的问题分析

（一） 概念界定

从会计学角度来看，在建工程的定义十分明确。在建工程的含义为正在建设尚未竣工投入使用的建设项目，包含企业固定资产的新建、改建、扩建，或技术改造、设备更新和大修理工程等尚未完工的工程。在建工程通常有"自营"和"出包"两种方式。自营在建工程指企业自行购买工程用料、自行施工并进行管理的工程；出包在建工程是指企业通过签订合同，由其他工程队或单位承包建造的工程。已经开始建设但尚未封闭式验收并投入使用的房地产，是房地产开发建设过程中的一种中间状态，也是最常见的一种在建工程。对于码头、水电站、大坝等非房地产工程，如处于正在建设、尚未竣工的状态，应同样归类为在建工程。但我国法律对在建工程没有一个准确的定义，《物权法》第一次以法律的形式明确规定正在建造的建筑物可以抵押，从而弥补了在建工程抵押只有被司法解释以及部委规章等较低效力层级的规章制度进行规范的缺陷，但《物权法》并没有进一步明确什么是正在建造的建筑物。实践中，"正在建造的建筑物"按照建设工程施工惯例被称为"在建工程"。《城市房地产管理法》第三十九条对以出让方式取得土地使用权的在建工程的转让做了规定。虽然"完成开发投资总额的25%以上"直接指向在建工程，但仍然没有对"在建工程"给予一个准确的定义。《城市房地产抵押管理办法》第三条第五款规定，本办法所称在建工程抵押，是指抵押人为取得在建工程继续建造资金的贷款，以其合法方式取得的土地使用权连同在建工程的投入资产，以不转移占有的方式抵押给贷款银行作为偿还贷款履行担保的行为。此处的在建工程虽然没有明确定义，但因为其还需要继续建造的资金，可见其处于尚未完工的状态。

（二）适格性分析

从租赁物的性质来看，租赁物应具备两个重要特征：一是使用价值，承租人通过融资租赁交易需要直接获得租赁物的使用价值。若租赁物始终是在建工程、不满足使用功能，则无法实现其"融物"的功能。二是变现价值。出租人需要保留租赁物的所有权以缓释承租人的违约风险。但是，当租赁物为在建工程时，由于其是否最终建成的不确定性，削弱其变现价值。

从法律层面来看，在建工程是否适合作为租赁物的结论目前尚未统一。否定观点认为，根据《最高人民法院关于审理融资租赁合同纠纷案件适用法律问题的解释》第一条：人民法院应当根据《合同法》第二百三十七条的规定，结合标的物的性质、价值、租金的构成以及当事人的合同权利和义务，对是否构成融资租赁法律关系作出认定。对名为融资租赁合同，但实际不构成融资租赁法律关系的，人民法院应按照其实际构成的法律关系处理。实践中，以在建工程作为租赁物的"融资租赁合同"一般不构成融资租赁合同关系，一是因为在建工程尚不具备法律上的所有权，故融资租赁公司作为出租人并不能实际取得项目所有权，此与租赁期间出租人享有对租赁物的所有权的特征相背离；二是在建工程并不属于实质意义上的固定资产，并非合法的融资租赁标的物。肯定观点认为，《国际统一司法协会租赁示范法》第二条规定，未来资产也可以作为租赁物，在建工程虽然尚未建成，但并不影响其作为租赁物的融物属性，售后回租交易的特殊性仅在于出卖人与承租人系同一人，目前司法实践中所要求的在开展售后回租交易之初即要求出卖人（承租人）享有租赁物的所有权并没有法律依据，如在预付款＋售后回租交易中，出卖人（承租人）以其未来购买的物或建成的不动产作为租赁物开展售后回租交易，与直租交易项下法律关系不应有实质性的差异，不应当仅以出卖人（承租人）尚未取得租赁物所有权即否定融资租赁法律关系。因此，不同类型的在建工程应根据实际情况进行分析：

1. 房地产在建工程。从租赁物的特征来看，应具备使用价值和变现价值。不论房地产项目建成之后是用作销售还是自用，在房地产项目竣工之前，则未达到可使用状态，房地产在建工程并不满足租赁物的融物特征，承租人并非使用租赁物，而是以房地产项目获得融资。因此，房地产在建工程非适格租赁物。

从监管角度来看，《关于开展"巩固治乱象成果 促进合规建设"工作的通知》附件1里强调了房地产行业政策的五个方面，即"表内外资金直接或变相用于土地出让金融资；未严格审查房地产开发企业资质，违规向'四证'不全的房地产开发项目提供融资；个人综合消费贷款、经营性贷款、信用卡透支等资金挪用于购房；资金通过影子银行渠道违规流入房地产市场；并购贷款、经营性物业贷款等贷款管理不审慎，资金被挪用于房地产开发"。因此，房地产在建工程被监管机关列为重点审查的对象，其也难以成为适格的租赁物。

2. 非房地产在建工程。对于非房地产在建工程，国家已出台了一系列政策给予基础设施有力的金融支持，《国务院办公厅关于保持基础设施领域补短板力度的指导意见》指出，优化基础设施投资，是加强我国供给侧结构性改革的重要方面。《指导意见》提出了10项配套政策措施，其中，第三项是保障在建项目顺利实施，避免形成"半拉子"工程。坚决打好防范化解重大风险攻坚战，对确有必要、关系国计民生的在建项目，统筹采取有效措施保障合理融资需求。第五项是加大对在建项目和补短板重大项目的金融支持力度。第七项是充分调动民间投资积极性。尽快在交通、油气、电信等领域推介一批投资回报机制明确、商业潜力大的项目，引导社会力量增加学前教育、健康、养老等服务供给，积极依法合规参与扶贫、污染防治等领域基础设施建设。

非房地产在建工程严格按照会计准则要求的情况下，确定已达到预定可使用状态的在建工程，可以作为租赁物。该类工程由于其投资建设已经完成，达到了预定可使用状态，虽然没有办理转固定资产的手续，但实质上已经符合《会计准则第4号——固定资产》中固定资产的特征，只是在财务账面上未发生转变。因此，出租人可要求承租人尽快将在建工程转为固定资产，承租人将在建工程在会计科目里转为固定资产之前，可以用承租人支付租前息的方式解决这一问题。所谓租前息，即从出租人提供资金之日起，到租赁物交付给承租人之日止的融资成本。在此期间，出租人只提供资金，不拥有在建工程的所有权，承租人仅支付租前息；在承租人将在建工程转为固定资产后，及时将所有权转移给出租人，租赁期便从此时开始计算。此种交易安排不但解决了在建工程在达到预期可使用状态前无法作为租赁物的问题，且同时保证了承租人融资的及时性。

（三）结论

目前，监管政策已明确规定禁止违规将在建工程作为租赁物，其中，房地产在建工程不能作为租赁物，非房地产在建工程若确定已达到预定可使用状态则具有可操作空间。可将放款日和起租日分开，在租赁物交付给出租人之前，承租人仅支付租前息，出租人只提供资金，从出租人获得工程完整所有权的时候开始计算起租日。

关于 LPR 形成机制改革政策梳理及对租赁行业的影响分析和建议

杨博钦*

一、改革背景

经过多年来利率市场化改革持续推进，目前我国的贷款利率上、下限已经放开，但仍保留存贷款基准利率，存在贷款基准利率和市场利率并存的"利率双轨"问题。银行发放贷款时大多仍参照贷款基准利率定价，特别是个别银行通过协同行为以贷款基准利率的一定倍数（如 0.9 倍）设定隐性下限，对市场利率向实体经济传导形成了阻碍，是市场利率下行明显但实体经济感受不足的一个重要原因，这是当前利率市场化改革需要迫切需要解决的核心问题。这次改革的主要措施是完善贷款市场报价利率（LPR）形成机制，提高 LPR 的市场化程度，发挥好 LPR 对贷款利率的引导作用，促进贷款利率"两轨合一轨"，提高利率传导效率，推动降低实体经济融资成本。

二、改革要点

（一）新 LPR 六大变化

1. 新的报价原则。要求各报价行根据自身对最优质客户执行的贷款利率报

---

* 杨博钦，航天科工金融租赁有限公司总裁。

价。贷款市场报价利率主要的参照指标是中期借贷便利（MLF）利率，在这个基础上加点报出。中期借贷便利期限以 1 年期为主，反映了银行平均的边际资金成本，加点幅度则主要取决于各行自身资金成本、市场供求、风险溢价等因素，这样 LPR 报价的市场化和灵活性明显提高，充分体现了 LPR 由市场化报价形成的原则。

2. 新的报价方式。报价方式改为按照公开市场操作利率加点形成。新的 LPR 由各报价行于每月 20 日（遇节假日顺延）9 时前，以 0.05 个百分点为步长，向全国银行间同业拆借中心提交报价，全国银行间同业拆借中心按去掉最高和最低报价后算术平均，向 0.05% 的整数倍就近取整计算得出 LPR，于当日 9 时 30 分公布。理想的信贷利率传导渠道是"货币政策利率—银行间市场利率—实体信贷利率"，但实际传导并不顺畅，主要体现在存款利率不能很好反映市场利率变动，而商业银行贷款主要参考贷款基准利率，也脱离了市场利率"轨道"。LPR 采用"公开市场操作利率加点"定价方式后，由 LPR 引导贷款利率，传导路径由原先的"贷款基准利率—贷款利率"转变为"货币政策利率—LPR—贷款利率"，增加了货币政策利率直接影响贷款利率的渠道，有助于进一步疏通货币政策的传导路径。

3. 新的期限品种。在原有的 1 年期一个期限品种基础上，增加 5 年期以上的期限品种。当前人民币贷款基准利率有短期、中长期等多个品种，具有较为完备的期限结构。而 LPR 仅有 1 年期一个品种，增设 5 年期以上品种，完善 LPR 期限结构，将有助于银行中长期贷款，降低企业实际融资成本。

4. 新的报价银行。在原有的 10 家全国性银行基础上增加城市商业银行、农村商业银行、外资银行和民营银行各 2 家，扩大到 18 家（见表 1）。新增加的报价银行都是在同类型银行中贷款市场影响力较大、贷款定价能力较强、服务小微企业效果较好的中小银行，能够有效增强 LPR 的代表性。

表1　　　　　　　　　　　18 家贷款市场报价利率报价行名单

类型	名称
全国性银行（10 家）	中国工商银行、中国农业银行、中国银行、中国建设银行、交通银行、招商银行、中信银行、兴业银行、上海浦东发展银行、中国民生银行
城市商业银行（2 家）	西安银行、台州银行
农村商业银行（2 家）	上海农村商业银行、广东顺德农村商业银行
外资银行（2 家）	渣打银行（中国）、花旗银行（中国）
民营银行（2 家）	微众银行、网商银行

5. 新的报价频率。由原来的每日报价改为每月报价一次。这样可以提高报价行的重视程度，有利于提升 LPR 的报价质量。

6. 新的定价要求。明确要求各银行尽快在新发放的贷款中主要参考 LPR 定价，同时打破银行过去协同设定贷款利率隐形下线，要求将 LPR 应用纳入宏观审慎评估（MPA）和利率自律机制中。

（二）考核要求

1. 考核对象。明确对所有发放贷款的机构进行考核，商业银行、农村合作金融机构、财务公司、金融租赁公司等，主要是发放贷款的金融机构运用 LPR 进行定价。

2. 考核范围。以贷款合约（合同）或授信协议（协定）签订的内容，此前已签订的合同未实际发放的贷款，仍可以按原合同执行，不纳入考核；政策中明确参考基准利率，如民贸民品贴息贷款等，将参考基准利率改为参考 LPR，在政策修订之前，相关带有政策性质的贷款暂不纳入考核。

3. 考评标准。具体如何反映贷款由 LPR 定价，对于浮动贷款利率，要约定以 LPR 作为浮动定价的标准；对于固定贷款利率，要参考 LPR 的形成，对考核来说，需要有具体的、可持续的、可执行的标准。

4. 考核进度。将银行的 LPR 应用情况纳入宏观审慎评估（MPA）中，按照"358"的总体进度推动 LPR 改革。具体来说，截至 2018 年 9 月末，全国性银行业金融机构新发放贷款中，应用 LPR 作为定价基准的比例不少于 30%；截至 12 月末，上述占比要不少于 50%；截至 2020 年 3 月末，上述占比不少于 80%。

（三）推进情况

2019 年 8 月 16 日，国务院常务会议提出运用市场化改革的办法推动降低实际利率水平，缓解企业融资难。

8 月 17 日，中国人民银行发布公告，决定改革完善贷款市场报价利率形成机制，并公布贷款市场报价利率形成机制改革的更多细节，新的 LPR 报价方式已于 8 月 20 日起正式施行，自 20 日起各银行在新发放的贷款中主要参考 LPR 定价，并在浮动利率贷款合同中采用 LPR 作为定价基准。

8 月 20 日，新机制下贷款市场报价利率首次报价结果出炉，1 年期 LPR 为 4.25%，5 年期以上 LPR 为 4.85%。以上 LPR 在下一次发布 LPR 之前有效。

8 月 25 日，中国人民银行发布公告，公布新发放商业性个人住房贷款利率有关细节，自 2019 年 10 月 8 日起，新发放商业性个人住房贷款利率以最近一个月相应期限的贷款市场报价利率为定价基准加点形成。

8 月 26 日，中国人民银行行长、国务院金融稳定发展委员会办公室主任易纲主持召开 24 家主要金融机构贷款市场报价利率工作会议，研究部署改革完善 LPR 形成机制工作。

三、对租赁行业的影响及应对措施

（一）对租赁行业的整体影响

从租赁行业来看，推行 LPR 新机制，有利于提高自主定价能力，推动立足租赁本源加快专业化、特色化转型，促进行业稳健可持续发展。但机遇与挑战并存，新 LPR 也考验着租赁行业的定价能力和风险控制能力。LPR 改革对租赁行业的影响主要表现在以下几个方面：

1. 负债成本影响有限。由于租赁公司的资金大部分均来源于银行借款，其中同业借款占有绝对比例，虽然负债端可能受到货币政策的影响，价格存在波动，从而影响租赁公司的负债成本，但考虑到银行借款成本通常是参考上海银行间同业拆放利率（Shanghai Interbank Offered Rate）执行，市场化程度高，因此原则上对负债端价格影响不大。对于公司的中长期融资（如保理业务等），将受银行合同影响而发生变化，贷款利率调整频率加大，使其利率风险也随之加大，但中长期融资占比较低，因此对整体负债成本影响有限。

2. 风险监测难度提高。利率并轨后银行的信贷利率会有所下降，由于存款利率仍在存款基准利率的基础上确定，带来的"非对称降息"效果会使得银行的存贷款息差收窄，风险偏好差异扩大，LPR 定价机制改革对于降低优质企业信贷利率可能效果更大，而对于信用风险较大的中小企业效果可能存在不确定性。在此情况下，租赁行业涉及的群体将更广。

3. 风险定价面临考验。租赁公司应在自身文件传输协议（File Transfer Protocol，FTP）基础上准确核算自身资金成本、确定客户的信用溢价和期限的风险溢价等，以新基准利率为基础向客户报价，客户报价进一步市场化。租赁公司如何合理定价、管理风险、如何面对行业分化、如何进行战略定位是必须要修炼的"内功"。

4. 存量合同影响加大。存量合同若按原约定执行，在基准利率不变情况下，价格敏感的客户可能会由于原合同约定利率较高而提前还款，或协商使用新的利率定价；若直接以 LPR 替换贷款基准利率，未来利率不确定性加大，LPR 下行则存量合同的利息收入将减少。

5. 租赁利率风险降低。长期来看，租赁行业资产端和负债端虽然定价机制不同，但均为市场化利率，资产和负债利率走势联动，利差趋稳，利率风险降低，有利于租赁行业发展。但同时，以往通过资产负债两端价格和期限不同而赚取利差的空间也逐步缩小。

（二）应对措施建议

1. 密切关注配套改革措施。LPR 改革的顺利推进还需要商业银行、金融监管等各方面的相关配套政策进一步完善，因此，新的 LPR 影响会逐步慢慢释放，租赁公司应密切关注人民银行政策要求及下一步改革动向，同时关注银行及租赁同业定价策略，进一步加强宏观经济金融形势分析研判，提高定价管理前瞻性、灵活性。

2. 强化产品定价能力建设。严格按照人民银行要求建立更加适应市场竞争需要的定价管理体系，进一步研究 FTP 基准利率选择、期限流动性溢价以及调整频率等的必要性，根据市场及客户的偏好和反应进行差别化定价，适当细化基于新基准利率的对于不同客户的定价策略，在 LPR 较稳定的时间段，逐步尝试以 LPR 为基准浮动利率。

3. 提升资产负债管理水平。按照稳中求进的工作总基调，提高对风险的把握能力和溢价水平，进一步规范和优化租赁服务标准、流程，提高风险防控质效，不能为了保住利差而放松风控合规标准；提升适应市场的利率风险和流动性风险管理能力，结合利率周期优化融资结构，重点加强净息差的管理。

4. 做好全面宣传解释工作。由于过去 LPR 市场化应用程度和对 LPR 的了解程度不高，因此需要加强对员工在 LPR 政策方面进行培训，并制订 LPR 政策的客户宣导方案，做好对客户的宣传解释工作，引导 LPR 顺利推广和应用。

5. 确保 LPR 按时落地实施。对 LPR 相关政策文件进行学习和讨论，深入分析相关政策对公司的影响并及时提出应对方案。围绕定价机制、风险偏好、租赁产品、内部流程等方面，明确各部门、各条线的责任分工，指导并协调各部门分步实施，倒排时间进度，定价系统改造和合同文本修订工作可先采取临时附加说明的文本代替，并尽快完成新系统的优化测试，线上线下分步推动，确保 LPR 按时落地实施。

PPP 项目融资的困境与对策建议

严荣杰*

政府和社会资本合作（Public-Private Partnership，PPP），是公共基础设施中的一种项目融资模式。自 2014 年以来，我国在公共服务领域大力推广运用 PPP 模式。根据全国 PPP 综合信息平台管理库项目统计，截至 2020 年 4 月，项目累计 9498 个，投资额 14.5 万亿元；累计落地项目 6436 个，投资额 10.2 万亿元，落地率 67.8%；累计开工项目 3824 个，投资额 5.8 万亿元，开工率 59.4%。落地项目不断增加的同时，PPP 项目融资的困境也日渐突显。

一、PPP 项目的融资模式

（一）股权融资——PPP 产业基金

PPP 产业基金本质上是一种私募基金，是对还未上市的企业进行股权投资，并且提供相应的经营管理服务，目的在于所投资企业成长起来后，以股权转让的形式获得资本的大幅增值。PPP 产业基金的形式与传统融资方式相比具有操作门槛低，资金量有保障、效率高等优势，并且资金募集时间更加自主、资金量大小设置相对灵活。PPP 产业基金是一种非常有效的资金募集方式，拓展了公司合作项目的资金筹集渠道，极大缓解了地方政府的财政支出压力。

（二）债权融资

1. 项目贷款。项目贷款是针对某一指定项目进行资金筹集的一种方式。基于

* 严荣杰，宁波保税区管委会主任、党工委书记。

公私合作的伙伴关系，特殊目的公司（Special Purpose Vehicle，SPV）和地方政府签订特许协议后，即可凭借协议向银行、金融机构或非银行金融机构进行资金借贷，从而为项目筹集资金。PPP 模式下的贷款具有数额巨大、周期长等特点。

2. 债券。与传统的企业债券融资方式不同，PPP 模式下的项目不需要银行间市场发行公司，只要满足发行条件经批准之后即可发行债券。公私合作伙伴关系下，既可以发行企业债券，也可以发行项目收益债券，资金筹集方式变得多样化。社会资本本身融资能力差，通过公私合作伙伴关系进行债券融资可以有效募集资金，突破融资瓶颈。

3. 资产证券化。自《国家发展改革委 中国证监会关于推进传统基础设施领域政府和社会资本合作（PPP）项目资产证券化相关工作的通知》发布以来，PPP 项目融资的资产证券化发展迅速，从操作层面上看，资产证券化是以政府和社会资本合作的权威性和收益性为保证，将私营机构在 PPP 项目未来的应收款和收益权以资产证券化的方式进行融资。目前，高速路收费权、使用者付费以及纯公益类项目政府补贴等都涉及资产证券化的运用。

二、PPP 项目融资的困境

（一）融资渠道较为单一

理论上，PPP 项目融资模式有股权融资和债权融资两种，但实际中却以债权融资为主，股权融资占比较少。股权融资的方式本意是吸纳更大范围的社会资本参与到 PPP 项目上来，但是 PPP 项目的融资必须在我国的资本金制度下进行，自 2018 年资管新规发布以来，一些通过银行理财资金"期限错配""多层嵌套"的股权融资方式被界定为"名权实债"，不属于合规的 PPP 项目股权融资方式，再加上股权融资存在股权转让限制、投资退出路径不畅、风险与收益不匹配等问题，导致政府引导基金对金融机构配资的吸引力不足，而产业资本发起设立的 PPP 基金相比而言不具备成本优势，所以 PPP 项目的股权融资未能得到广泛应用。

（二）PPP 项目本身对资本吸引力不足

首先，PPP 项目的投资周期长，最低年限为 10 年，最长一般可以达到 30

年，项目又大多涉及市政工程、交通运输、城镇综合开发等难度大且复杂的工程，项目投入资金高，合作期限长，并且需要资金贯穿 PPP 项目建设的全过程，很少有企业能维持长期的大规模资金投入。其次，PPP 项目的投资回报率低，大多数项目的回报率在 8% 左右，有些甚至低于 6%，以私募基金为例，其年化收益率多在 10% 左右甚至更高，PPP 项目的收益率相较于社会资本来说偏低，加之投资时间长、通货膨胀等不确定因素可能导致其收益率更低，无法满足投资人利益最大化的初衷。最后，PPP 项目退出渠道尚未完全打通，资产流动性差，严重影响了资本投入 PPP 项目的积极性。

（三）相关法律法规不完善，政策变动风险大

我国自 2014 年开始大力推广 PPP 项目，与欧美国家几十年的发展期相比，还处于发展初期，虽然近几年各部委关于 PPP 模式的政策文件层出不穷，但上位法仍然缺失，对于 PPP 的规定尚停留在宏观指导层面，实操过程中的很多细节还未涵盖，并且公私合作一般依赖于《合同法》和《特许经营法》来限定，导致大量的时间用在调整合同条款以规避可能存在的法律风险，甚至一些项目虽然具备公私合作的条件但是因为企业法、固定资产投资规定等导致无法立项，或在调解纠纷上存在重大隐患。除此之外，随着《关于规范金融机构资产管理业务的指导意见》《关于规范政府和社会资本合作（PPP）综合信息平台项目库管理的通知》《关于加强中央企业 PPP 业务风险管控的通知》的发布，禁止资金池、多层嵌套、错配期限等措施逐一落地，大规模整改后项目有出库风险，政策变动带来的风险严重影响了 PPP 项目的资本注入，制约了 PPP 项目的发展。

（四）专业化人才缺乏导致融资水平低

从政府部门角度看，政府在项目股权搭建过程中希望通过少量的资金来撬动更多的社会资本，导致股权比重向国务院规定的最低标准看齐，缺乏专业人才视项目具体情况灵活规划融资方式从而提高结构效益。除此之外，在已签订的 PPP 合作项目中，还存在外商利用政府监管漏洞和合同条款漏洞谋取利益的情况，公众权益受到了损害。从企业角度看，由于 PPP 模式下项目融资的实际规模较大，需要准备详尽的材料并处理好各项融资事务，目前多数企业在处理

相关问题时较为依赖传统财务人员，然而，在 PPP 模式下开展的融资活动，传统财务人员并不具备成熟的经验，导致融资过程中存在诸多问题，直接影响到 PPP 项目的建设开展。

三、PPP 项目融资困境解决的相关建议

（一）加强顶层设计，完善政策法规

要解决 PPP 项目融资存在的问题，首要任务就是为 PPP 项目的开展提供强有力的政策法规支持。从立法层面上，加快出台 PPP 项目相关法律，配套出台资本市场管理的相关规定，借助国际经济组织的力量，例如亚洲开发银行和世界银行等，结合国外政府和组织的 PPP 项目融资经验，推动出台适合我国现状的 PPP 项目融资法规。从地方政府层面上，要结合中央精神和地方实际情况制定地方性法规和部门规章，实现项目全生命周期管理的有法可依、有规可循。

（二）创新融资方式，拓宽融资渠道

积极发挥金融机构作用，优化债务结构，实现融资期限与项目周期相匹配。政府和监管部门应该协同起来建立健全各类资金参与 PPP 项目的投资机制，在采用合规债务融资方式的同时放宽股权融资限制，鼓励信托、基金、IPO 等参与到 PPP 项目中去。金融机构对于符合融资条件的 PPP 项目可以提供多样化的融资形式支持，指导其通过发行债券融资以及再融资等形式解决 PPP 项目融资的问题；同时，金融机构可以综合利用债券、保险、信贷、产业投资基金等方式为 PPP 项目提供支持，改变以银行贷款为主的单一融资结构。

（三）制定合理规划，优化管理模式

PPP 项目融资应按照政府和社会资本共同出资、共担风险、共享受益的原则制订先进化、科学化的融资实施方案，要对杠杆比例下限、融资成本上限、融资合理期限、增信方式等内容进行系统设计，达到协调各方利益的效果。同时，应根据项目融资的性质，把融资风险的防范与管理提前到项目审查阶段，

可以通过聘请行业专家对项目的政治风险、技术可行性和先进性以及环境风险进行评定的方式，从而优化项目融资管理模式。

（四）建立防范机制，强化风险管控

PPP 项目由于其投资周期长、资金投入大、政策变化频，受到各种风险因素的影响和制约，亟须建立风险防范机制。首先，在项目融资前要充分论证 PPP 模式运作的适用性，通过前期优质项目筛选达到一定程度上规避风险的目的；其次，对参与 PPP 项目融资的各方要进行风险评估，预测可能发生的风险并制订应急风险解决方案；最后，融资风险防范需要成为常态化工作，政府部门和企业应实时关注项目进程，加强风险识别，提高契约精神。

（五）培养专业人才，提高融资水平

PPP 项目融资的实践需要专业化融资团队来保障，一方面政府部门可以通过与高校合作，从人才培养的角度出发，积极培育具备金融融资理念、理论和实践的一体化融资人才；还可以通过完善招贤引才政策，吸引海外人才回国，充实国内金融融资人才库，提高行业整体水平。另一方面企业可以选拔部分人员进行定期学习和专业化培训，为 PPP 项目融资活动的进行储备人才。

国资国企混改工作难点和重点问题简析

徐世湘*

党的十八大以来，国资国企改革不断取得新的进展，《中共中央国务院关于深化国有企业改革的指导意见》提出，到"2020 年在国有企业改革重要领域和关键环节取得决定性成果"，在 2020 年时间表"倒逼"下，2020 年是实现国企改革目标的关键之年、国资改革的攻坚年，任务很重，责任很大，社会及各方面期待很高。

中央全面深化改革委员会第十四次会议审议通过了《国企改革三年行动方案（2020—2022 年）》，指出"今后 3 年是国企改革关键阶段，要坚持和加强党对国有企业的全面领导，坚持和完善基本经济制度，坚持社会主义市场经济改革方向，抓重点、补短板、强弱项，推进国有经济布局优化和结构调整，增强国有经济竞争力、创新力、控制力、影响力、抗风险能力"。这次会议进一步明确了深化国有企业改革的工作重点、工作方向和工作目标等重要问题，是深化国有企业改革的行动指南。如何提高混改工作的质量和效率，是我们共同面临的问题。

一、混合所有制改革思路梳理

国资企业作为中国特色社会主义经济的"顶梁柱"，是推进国家现代化建设、保障人民共同利益的重要力量，是党和国家事业发展的重要物质基础和政治基础。改革开放以来，国企改革取得许多重大进展，总体上已与市场经济相融合，但在布局结构和治理结构层面仍然存在一些问题亟待解决。2013 年，党

---

* 徐世湘，北京九汇华纳财务顾问有限公司董事长。

的十八届三中全会通过的《中共中央关于全面深化改革若干重大问题的决定》（以下简称《决定》）指出，"国有企业改革不仅要遵循我国基本经济制度，更重要的是要符合社会主义市场经济发展需求"。《决定》强调，国有企业改革重点在于"规范经营决策、资产保值增值、公平参与竞争、提高企业效率、增强企业活力、承担社会责任"。《决定》对于国有企业改革提出的新要求、新任务，也说明新时期我国国有企业改革思路已经由"活化机制"逐渐转向"综合能力提升"，在此目标指引下，混合所有制改革成为本轮国资国企改革的重要突破口。

2015 年 8 月，中共中央国务院下发的《关于深化国有企业改革的指导意见》指出，"推进国有企业混合所有制改革，以促进国有企业转换经营机制，放大国有资本功能，提高国有资本配置和运行效率，实现各种所有制资本取长补短、相互促进、共同发展"。可见，国企混改不仅仅是在股权层面进行集团内部与外部、公有与民营、中央与地方的混合，更在于以股权多元化为切入点，带动国有企业在内部管理体制与外部经营机制层面的变革。

作为本轮改革重点方向，混合所有制改革清晰地串起了到目前为止国有企业各项改革手段，形成了体系化的国企改革思路，以混改为中心可以梳理国企改革基本思路和任务链条，如图 1 和图 2 所示。

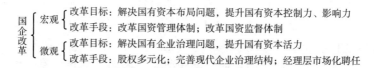

图 1　国企改革基本思路

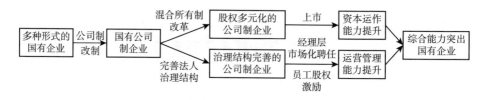

图 2　国企改革任务链条

二、国资国企混改的难点问题

混改工作看似简单，却存在许多操作难点，如果前期不重视，后期就会愈发觉得困难，真是千头万绪。在总结既往改革实践中，笔者发现混改工作有以下几大难点。

（一）思想认识问题

思想认识问题，就是上下是否思想统一的问题。为什么要混改，与谁混，怎么混，什么方式混，混后怎么改等问题，都是主管机关、一级集团、二三级单位包括混改企业本身、意向投资人、企业高管及员工关心的话题。

在混改工作中，沟通成本有时往往很高，方案审批有时变数很大，还经常出现"拉抽屉"现象（某些已经同意的决策又反复）。如某项目已经完成国有产权交易和工商变更半年之久，但上级单位不同意改革，又将所有新进股东退出；也有方案基本没有问题，但审批迟迟下不来，事后了解得知，主要是混改企业开展员工持股，而审批承担责任的人没有股权，导致方案批不下来；有的混改企业寻找战略投资人时，因为上级单位出让比例出现反复，导致意向投资人退出甚至全部退出等情形。

之所以产生这些问题，主要是各级企业及主管领导、分管领导、经办审批人员在关键问题上没有统一，大家理解、认识和推动有不协调一致的地方；有时主要领导意见摇摆不定；还有混改企业领导班子成员思想也迟迟不能统一；员工持股宣贯不足造成思想上一些混乱；引战投给予股权比例太低，战略投资人迟迟定不下来。

企业一旦要启动混改工作，混改企业的主要领导要担主要责任，混改企业主要领导要到上级单位、集团与关键领导沟通，交流想法，获得上级单位支持非常重要；混改工作启动时组织一次混改工作培训会，了解国家混改政策、借鉴一下其他混改成功案例；员工持股要及时做好宣贯；引战投时充分听取意向投资方意见并给予足够的尊重等；央国企集团主要领导对混改也要给予足够的重视支持，集团主要领导越支持越敢于决策，该集团的混改工作推进就较快。

（二）投资人选择

参与国企改革的投资人主要分为战略投资人、财务投资人和产业投资人三类，企业应视需求选择适合投资人。投资人的选择要反复沟通、谈判，通过多家投资人参与形成竞争态势,有利于混改公司处于优势地位。

商业类国企混改比较彻底的混改模式是以增资扩股的方式,引进 3~5 家合作方,扩充企业资金,引进业务资源,增强企业竞争力,促进企业发展,目标锚定上市。其中,原国有企业持股比例最低可降至 35% 左右,对混改后的企业不并表、不控股、不实际控制,同时员工持有一部分股权或实现股权激励。

(三)股权比例结构设计

根据企业自身主营业务与在所处国资体系内的定位,国有股东可选择绝对控股、相对控股、参股,甚至完全退出。各中央及地方国有企业应依据自身考核、并表等需求,设计出符合自身混改企业的股权结构。股权结构决定企业内部众多事项,如控股股东、表决权、表决程序、股权强弱、管理决策等。

一个合理的股权结构,一定要有承担责任的大股东,还要有关键资源、发挥协调监督作用的二股东、三股东,最好还要有员工持股。很多国有上市公司,除了国有第一大股东绝对控股外,其余股东均为参股,基本上是国有股东唱"独角戏",其他股东对大股东可能造成侵害小股东利益的决策、监督、制衡很有限。

(四)历史遗留问题

改革开放以来,国有企业历经多轮改革,也经过了多轮次的重组、并购,留下了很多历史遗留问题,包括产权归属不清、土地房产性质用途复杂、三供一业移交未完、社会功能公益事业剥离难、僵尸企业清理难、企业资不抵债想要债转股、离退休人员补贴及社会化管理复杂、同集团同业竞争多、表外资产大量存在等。这些遗留问题解决的确需要时间,有些问题需要很多部门协调配合。如果说国资国企改革缓慢,剔除主观原因,客观原因往往是因为历史遗留问题,尤其是土地房产问题很难短时间内解决。

目前国家正在逐步探索历史遗留问题的解决方式,并对许多问题提出了"时间表"。根据国务院、国资委 2019 年 7 月 4 日召开的中央企业压减工作三年收官总结会议宣布,截至 2019 年 5 月,中央企业累计减少法人 14 023 户,存量压减比例达 26.9%,超额完成三年压减 20% 的目标任务;离退休人员社会化也正在进行。历史问题的逐渐解决,对下一步加快推动混改工作奠定了很好的基础。

（五）资产对价问题

不管是股权转让、增资扩股，还是员工股权激励，大家都关心资产（股权）的对价。资产评估涉及众多因素，评估方法、取样、判断、未来预期都会影响评估值，此外通过交易所挂牌对于市场价值的重新发现，也会影响最终交易的对价。总体来说，通过正规机构评估、有权机关备案、市场公开交易的项目，更能经得住历史考验。

（六）员工激励方式的选择

根据激励的时效不同，员工激励可以分为短期激励和中长期激励。短期激励以绩效分配、岗位分红等方式为主，中长期激励以股权激励方式为主。企业开展员工激励时，应注重短、中、长效激励机制有机组合，打"组合拳"，以推动企业增长、保持团队黏性、提升员工积极性。

（七）混改后新老股东文化融合的问题

混改后新老股东的融合主要涉及混改后的决策体制、授权体系、管理模式等。混改企业在选择战略投资人时，要进行大量沟通，找到"投脾气"、给予混改企业赋能的股东，并在混改后加强文化融合，多沟通多交流相互尊重。我们不止一次遇到国企反向混改控股民营企业，混改后文化融合不成功导致并购失败的案例，也遇到国企混改后因股东之间产生的矛盾让企业发展举步维艰的案例。建议在混改前签订"投资协议"和"章程"时，为避免股东之间的矛盾造成企业的损失，拟订相应的"预警"条款。

三、国资国企混改的重点问题

国资国企混改这几年一直稳步推进，一个企业的混改成功除了要注意以上难点问题，还要重视工作中一些关键问题，下面对混改工作需要注意的几个问题简单做个分析。

（一） 发展战略问题

企业战略问题是企业面临发展方向的重大问题。战略是指一个企业为了实现长远目标和重要使命而做出的长期计划。企业要在复杂多变的环境中求得生存与发展，必须对自己的经营管理行为进行长期、通盘的谋划。

因此，国企混改时，企业定位和发展战略应当作为国企混改时须思考清楚的问题。首先对混改企业进行诊断，分析混改企业当前存在的问题，结合国资监管机构和集团赋予混改企业的定位要求，用好用足混改的"1＋N"政策，结合企业所处行业市场情况与对标企业情况进行综合考量，还要结合引进战略投资人的想法，对企业进行全方位剖析，形成新的混改后的战略，当企业形成包括以上内容新的战略报告时，混改的范围、混改的方式、是否要引入外部投资者、建立怎样的治理模式、是否开展员工激励、选择怎样的经理人等问题的答案也就呼之欲出了。

（二） 法人治理问题

当企业完成股权多元化混改操作，外部体系基本构建完毕之后，首要面对的问题即法人治理结构的设计。完善法人治理结构、落实董事会职权作为国企改革"十项重点任务"之一，主要涉及法人结构设置和制度建设两方面内容。

混改企业要健全以公司章程为核心的企业制度体系，严格规范各类治理主体的权责，尤其明确党组会、股东会、董事会、监事会、经理层"四会一层"的权责边界，并写进投资协议和公司章程。

（三） 职业经理人选聘问题

企业发展运行离不开人的因素，作为战略方针与经营策略的执行者，经理层在企业中发挥着至关重要的作用。选聘理解企业发展愿景、熟悉企业运作机制、兼具管理力和执行力的经理人，是混合所有制企业面临的重要任务。当前企业经理人主要由两种方式产生，一是社会化招聘，二是内部选拔培育。社会化招聘产生的经理人中，有一类被称为"职业经理人"，职业经理人主要面向资产经营运作，股东资产保值增值是职业经理人开展工作的主要目标；相较于职业经理人而言，内部选拔培育的经理人对于企业自身经营模式和行业特征有更加深刻的了解。

目前混改企业要全面推行经理层成员任期制和契约化管理，或直接实现职业经理人制度，严格任期管理和目标考核，通过考核和任期管理，真正形成"能者上、平者让、庸者下"的用人导向。

（四）员工股权激励问题

人才是第一生产力，企业在拥有优秀的经理人之外更需要保有一支业务能力突出的骨干团队。通过多种方式开展员工激励，有利于企业更好吸引人才、增强团队凝聚力。2016 年，国资委、财政部分别下发国有混合所有制企业和国有科技型企业员工激励相关文件，为国有企业开展员工激励提供了途径，企业可根据自身实际情况和需求，探索实施员工激励。到目前为止，已有众多企业和员工享受到了政策带来的福利。

混改企业制订员工股权激励方案时，应充分区分和利用好相关政策、高新技术企业股权与分红激励办法、科技成果转化法、国有创业投资企业、创业投资管理企业"三新"（新产业、新业态、新商业模式）企业跟投制度等政策，做好方案设计与执行工作。

（五）混改引资方式的选择问题

混改引战时，新进股东采取什么方式进入是非常重要和有相当技巧的。当前国有企业引入外部资本主要有增资扩股、股权转让、股权置换和投资新设四种方式。混改工作中，要依据实际情况，灵活运用，可用一种方法，也可采用多种方法同时使用。需要注意的是，采用股权置换时，国资置换民资股权，对国资来说是一种投资行为，要符合《中央企业投资监督管理办法》规定；增资扩股时，如出现标的企业的净资产低于注册资本金时，要么采用减资，要么采用意向投资方不低于注册资本金（高于净资产）入资。对于新设公司能否同时进行员工持股，目前各家央企掌握的政策尺度稍有不同。

（六）混改引发的税费问题

企业改革只要涉及资产变动，必然产生税费问题。精准筹划改革路径，能够帮助企业和个人合理避税，减轻企业改革负担。混改时根据具体工作需求，可能会产生各种税收问题，符合相关政策的情形，可享受相应的财税政策支持。因此，需要参与混改工作各级机构和人员熟练运用各类财税优惠政策，保证混改工作既兼顾成本效益又能顺利进行。

（七）全面加强党的领导

中央企业混合所有制改革要把建立党的组织、开展党的工作作为必要前提。根据不同类型混合所有制企业特点，明确党组织的设置方式、职责定位和管理模式。推动混合所有制企业党组织和工作有效覆盖，设置党的工作机构，确保党的活动能够正常开展，使混改企业党委发挥领导作用制度化、规范化、具体化，确保党委把方向、管大局、保落实。

（八）制度建设和机制转化

创新是企业发展面临的永恒主题，混改后的企业，体制机制都得以理顺，这为公司新的发展提供了良好的土壤。因此混改企业要下决心、大力度地在制度建设和机制转化方面积极创新。

（九）上市工作筹划

借助资本市场平台推进国企混改，可以让"老树发出新芽"。具体来看，一方面可以充分利用各类资本市场，大力推进国有资产资本化、证券化等；另一方面，通过借助资本市场实现国企改革目标，在提高相关企业竞争力和效益的同时，也可以让上市公司质量得到改善。

资产重组、增资扩股、上市三部曲往往成为非上市混改企业的必选动作，混改、员工持股、上市（分拆）是深化企业改革尤其是高新技术企业深化改革的重要标志，登陆资本市场是混改企业的阶段性终极目标。在混改整体方案设计时，就要在股权权属、资产、人员、机构、财务、业务独立性、同业竞争、关联交易等重大问题提前做好统筹规划，以符合上市监管和信息披露要求。而对于已上市公司，可以通过并购重组或分拆子公司上市等手段，深化资本市场资源配置的功能。因此要积极利用好资本市场的资源配置平台。

　　混合所有制作为改革的重要突破口，已在央地各级企业中全面铺开实践，在混改高歌猛进的局势中，企业如何确保自身发展需求得到满足、战略目标得到落实，需要进行充分论证，因此，做好系统性设计混改方案非常重要。党的十九大以来，国资国企改革力度不断增加，各类试点工作有序推进，《国企改革三年行动方案（2020—2022 年)》表明今后 3 年是国企改革关键阶段，混改工作将是重中之重的工作。

　　混改工作因政策繁多、战略需求点多、涉及利益主体多、平衡各方利益难、周期长，监管要求越来越高、越来越细，因此，混改在推动过程中面临各种压力和很多困难与挑战，要有充分的思想准备，理性面对难点，提前谋划精心布局，做好各种预案，抓住混改工作的重点，积极沟通，群策群力，积极依靠第三方专业机构的力量，争取少走弯路，打好混改攻坚战！持久战！

PPP 项目融资路径探讨及案例分析研究

梁 舰 李孝广 郭 航*

PPP 项目是政府和社会资本方合作，参与公共基础设施建设的一种项目运作模式。PPP 模式理论研究最早源于国外（Nicholas P. Lovrich，1999；D. R. Burnham，2002），国内对 PPP 模式理论方面的研究有王守清（2016），李秀辉、张世英（2002），杜亚丽、袁正伦、李大光等（2020），近年来商业银行参与 PPP 基础设施项目的研究较多（吴善东，2019；赵聪莉，2019；胡一芃，2019）。

采用 PPP 模式政府可以降低地方债务，借助社会资本方的资金能力和运营能力来实现区域发展；社会资本方可以获得合理施工利润和运营收益。自 2014 年 PPP 项目大规模开展以来，"落地难"一直是 PPP 项目的一大顽疾，而融资成功率是 PPP 项目能否成功落地最关键因素之一。2017 年下半年开始，"融资难"已经成为我国 PPP 项目普遍面临的问题，所以金融机构起到的作用越发重要。

一、PPP 项目融资难的主要原因

（一）项目资本金不足

《国务院关于调整固定资产投资项目资本金比例的通知》及《国务院关于加强固定资产投资项目资本金管理的通知》对固定资产投资项目资本金比例提

---

* 梁舰，中建政研集团董事长；李孝广，北京华鼎睿诚投资管理有限公司副总经理；郭航，北京华鼎睿诚投资管理有限公司。

出最低要求，且适当调整基础设施项目最低资本金比例。项目资本金是项目贷款融资的硬性要求，一般的资本金比例至少占项目总投资的 20% 以上，此外资本金来源不能是债务性资金，要经得起穿透性审查。目前，项目公司股东特别是民营企业控股股东，难以凑足符合要求的最低资本金。

（二）股权结构设计不合理，且股权存在锁定期

目前，银行特别是政策性银行对借款人——项目公司的股权结构要求必须国有控股，且控股方应当是央企、国企或上市公司。股权结构设计中一般民营企业控股的项目公司，难以获得银行融资贷款。

政府和社会资本方签订 PPP 合同中存在股权锁定期，例如，3～5 年锁定期、合作期内全部锁定。政府需要社会资本方把 PPP 项目建设完成，合作期内社会资本方要具有一定的运营水平。所以，在招投标阶段项目公司股权设计一旦确定，将难以进行调整。

（三）项目未来现金流难以覆盖贷款本息

PPP 项目基于其特殊性，常常是公益性的基础设施项目，未来现金流大多来源于政府付费、使用者付费或可行性缺口补贴，在目前地方财政困难的情况下，项目收益具有不确定性，难以覆盖银行贷款本息。

（四）项目担保能力不足

担保问题是制约 PPP 项目融资的最重要原因。国家严禁地方政府为 PPP 项目出具还款承诺函、保证函等保证措施，大多数央企不能为项目公司进行保证担保，同时基于 PPP 项目的公益性特征，大多数 PPP 项目即使建成以后，也难以进行抵押担保。

二、金融机构参与 PPP 项目的主要方式

2017 年以前金融机构主要通过以下几个方式参与 PPP 项目的融资，即银行

融资、债券融资、基金融资、融资租赁和资产证券化等。2017 年以后随着 PPP 相关政策的调整及市场需求变化、收益不足、政府换届、法律变更等风险，防控和化解风险就成为金融机构面临的首要问题。特别是原先社会资本方的主力央企受政策影响基本退出后，地方国企和民营企业就作为社会资本方的主要组成部分，其综合实力与信用，让各金融机构对参与 PPP 项目谨小慎微。

三、金融机构对 PPP 项目贷款的关注点

（一）社会资本方要求

社会资本方必须同时承担项目建设和运营责任。开展业务时应优先选择综合实力强、资信状况好的社会资本方，确保实质性风险可控。本级政府所属的各类融资平台公司、融资平台公司参股并能对其经营活动构成实质性影响的国有企业不得作为社会资本参与本级 PPP 项目。如本级政府（含政府方总投资代表）与社会资本方成立项目公司，其在项目公司中的持股比例应当低于 50%，且不具有实际控制力及管理权。

（二）项目资本金要求

项目资本金不低于国家规定的最低比例标准，来源符合国家有关规定，按照穿透性原则对资本金进行审核，不得以债务性资金作为资本金。

（三）贷款还款来源

贷款偿还应综合考虑 PPP 合同确定的项目收入情况审慎合理确定还款计划，PPP 项目专项债券募集资金也可作为还款来源。使用者付费及可行性缺口补助项目综合偿债备付率原则上不低于 1.1，政府付费项目综合偿债备付率原则上不低于 1.0。

（四）贷款担保方式

PPP 项目贷款原则上采取担保方式，如抵押、质押、保证担保，并可采用

组合担保。根据项目实际情况，按照实质性风险可控原则积极争取担保资源，充分设定担保条件。

四、金融机构为 PPP 项目融资提供的支撑

（一）银行提供贷款支持

金融机构在 PPP 项目融资中扮演着重要角色，其中最重要的是银行机构，银行主要是为 PPP 项目提供贷款支持。基于 PPP 项目贷款期限长、额度大、可承受融资成本不高的特性，目前国家开发银行、中国农业发展银行等开发性和政策性金融机构是 PPP 贷款融资的重要支持银行。

（二）信托、基金补充项目资本金

在项目资本金方面，信托、基金等金融机构发挥着不可或缺的作用，信托和基金通过参与项目公司股权，补充项目资本金。虽然基金和信托目前是认可的资本金总投资形式，但由于 PPP 项目周期长，导致信托和基金不能在短期内退出项目公司股东，限制了其参与的积极性，如信托和基金通过直投项目或以资管计划投资 PPP 项目，后期通过多个批次产品来实现有限合伙人（Limited Partner, LP）优先级投资者退出。另外，PPP 项目本身收益低的特点，对信托和基金也没有太大的吸引力。

（三）融资担保公司提供专业担保

基于担保能力不足问题是 PPP 项目融资难的最重要限制因素，融资担保公司是解决这一问题的重要途径。融资担保公司是专业担保公司，对外担保能力 8~10 倍于其注册资本，也是目前银行较为认可的融资担保方式。

（四）保险公司提供项目保险

保险公司也可参与对一些 PPP 项目进行保险，有些银行出于贷款安全考虑

也要求某些 PPP 项目建设及运营全过程必须投保。

五、PPP 咨询项目融资案例研究

鉴于 PPP 项目涉及 19 个领域，涵盖范围广、项目种类多，本次仅选取了部分行业项目的融资案例进行研究，如水库、产业园、公路、污水处理厂和文教领域案例。

（一）河北省张家口市怀来县官厅水库国家湿地公园（一期）建设项目

1. 项目概况。该项目为新建建设项目，主要以湿地公园科普宣教区为核心，并在其周边开展多项生态综合治理工程，建设面积约 3 万亩，计划总投资 11.50 亿元。建设期运营期 20 年，项目回报机制为政府全额付费。

2. 项目公司情况。项目公司名称为怀来县亿奥生态有限公司，注册资本 24 000 万元，占项目总投资的 20.87%。公司股东如下：怀来县奥泽生态建设投资有限公司（政府方代表）总投资 4 800 万元，股权占比 20%；内蒙古金威路桥有限公司（社会资本方）总投资 15 360 万元，股权占比 64%；亿利首建生态科技有限公司（社会资本方）总投资 3 840 万元，股权占比 16%。项目公司为非国有控股。

3. 融资情况。通过银行融资 91 000 万元，占项目总投资的 79.13%。贷款银行为中国农业发展银行怀来县支行，融资利率 4.90%，担保方式为组合担保：合同项下应收账款质押＋亿利资源集团保证担保。

4. 时间节点。项目发起时间为 2016 年 12 月 2 日，项目公司成立时间为 2017 年 8 月 10 日，银行贷款发放时间为 2018 年 6 月 20 日。

（二）山西省山西转型综合改革示范区潇河产业园区太原起步区小牛线管廊及人民路 PPP 项目

1. 项目概况。本项目为综合管廊及市政道路基础设施建设项目。静态估算投资额为 193 973.19 万元，资本金比例 20%，合作期限 20 年，其中建设期 2

年，运营维护期 18 年。项目回报方式为使用者付费 + 可行性缺口补助。

2. 项目公司情况。项目公司名称为山西转型综改示范区小牛管廊项目管理有限公司，注册资本 38 794.64 万元，占项目总投资的 20%。山西转型综合改革示范区投资开发控股集团有限公司（政府方代表）总投资 5 819.20 万元，股权占比 15%；北京建工集团有限责任公司（社会资本方）总投资 32 965.44 万元，股权占比 84.97%；北京建工京信基金管理有限公司（社会资本方）总投资 10 万元，股权占比 0.03%。项目公司为国有控股。

3. 融资情况。通过银行贷款融资 155 178.55 万元，占项目总投资的 80%。国家开发银行银团贷款正在走流程，贷款期限拟设宽限期 3 年，还款周期 18 年，利率未定，担保方式为信用贷款。

4. 时间节点。项目发起时间为 2017 年 4 月 12 日，项目公司成立时间为 2019 年 6 月 27 日，银行贷款暂未签订合同，贷款暂未发放。

（三）山东省德州市宁津县道路改造 PPP 项目

1. 项目概况。宁津道路改造 PPP 项目为改建项目，项目总投资 39 282 万元，项目资本金比例 20%，项目合作期限 17 年。投资回报机制为使用者付费 + 政府可行性缺口补助。

2. 项目公司情况。项目公司名称为宁津县德通公路工程有限公司，注册资本 7 856.36 万元，占项目总投资的 20%。公司股东如下：宁津县通达工程有限公司（政府方代表）总投资 785.64 万元，股权占比 10%；邢台路桥建设总公司（社会资本方）总投资 7 070.72 万元，股权占比 90%。项目公司为国有控股公司。

3. 融资情况。拟通过银行融资 31 425.64 万元，占项目总投资的 80%。拟申请贷款银行为中国农业发展银行宁津县支行，融资利率未定，担保方式为组合担保：存单质押 + 邢台路桥建设总公司保证担保。

4. 时间节点。项目发起时间为 2017 年 4 月 10 日，项目公司成立时间为 2018 年 4 月 11 日，项目公司大股东垫资建设，银行暂未发放贷款。

（四）河北省石家庄市栾城区两个污水处理厂 PPP 项目

1. 项目概况。栾城区污水处理厂和绿源污水处理厂两个存量污水处理厂，评估资产 12 041 万元，拟以转让 - 运营 - 移交（Transfer-Operate-Transfer，TOT）模式运作。项目总投资 12 041 万元，项目资本金比例 20%，项目合作期限 30 年。投资回报机制为使用者付费 + 政府可行性缺口补助。

2. 项目公司情况。项目公司名称为德威华泰石家庄市栾城水务有限公司，注册资本 6 000 万元，实缴 2 408.14 万元，占项目总投资的 20%。公司股东如下：德威华泰科技股份有限公司（社会资本方）总投资 6 000 万元，股权占比 100%。项目公司为非国有控股公司。

3. 融资情况。通过银行融资 9 632.86 万元，占项目总投资的 80%。申请贷款银行为中国农业发展银行栾城区支行，融资利率 4.90%，担保方式为已建成原有项目资产抵押 + 收益权质押担保。

4. 时间节点。项目发起时间为 2015 年 6 月 25 日，项目公司成立时间为 2018 年 9 月 12 日，银行发放贷款时间为 2019 年 3 月 29 日。

（五）蒙城县文教及客运枢纽站建设项目 PPP 项目

1. 项目概况。本项目包含 9 个子项目，分别为蒙城县商城西路幼儿园项目、蒙城县许疃镇第二小学改扩建项目、蒙城县板桥镇第三小学建设项目、蒙城县王集乡中心学校项目、蒙城县楚村中心小学建设项目、蒙城二中新校区扩建项目、蒙城县职教产业园建设（一期）项目、蒙城县广播电视台整体新建项目、蒙城县综合客运枢纽站及城乡公交换乘点项目。估算总投资为 127 500 万元，项目资本金比例 20%，合作期限 15 年，包括建设期 2 年和运营期 13 年。项目回报机制为政府全额付费。

2. 项目公司情况。项目公司名称为蒙城交航建设投资管理有限公司，注册资本 25 500 万元，占项目总投资的 20%。公司股东如下：安徽省交通航务工程有限公司（社会资本方）总投资 23 100 万元，占项目公司总投资比例的 90.59%；蒙城县城市发展投资控股集团有限公司（政府方总投资代表），总投资 2 400 万元，占项目公司总投资比例的 9.41%。项目公司为国有控股公司。

3. 融资情况。蒙城文教项目拟通过银行融资 102 000 万元，占项目总投资的 80%。于 2019 年 7 月底完成融资交割，其中国开行安徽省分行授信 10 亿元，建行蒙城县支行授信 9.70 亿元，融资利率 4.90%。担保方式为应收账款质押。

4. 时间节点。项目发起时间为 2017 年 1 月 16 日，项目公司成立时间为

2017 年 11 月 27 日，目前已有部分融资到位。

六、总　结

由于近两年来 PPP 政策的不断规范与调整，加上 PPP 项目贷款周期长、金额大，一般商业银行难以应对。目前大部分项目公司都是与政策性银行对接。政策性银行成为 PPP 项目融资路径的主力军。

结合实际案例，PPP 项目提供担保措施中，担保方式为组合担保融资成功率较高，仅提供纯信用、收益权质押等担保措施的效力相对较弱。融资放款期限 6～10 个月。融资利率不超过中国人民银行公布的同期同档次基准利率上浮 20%。

期望 PPP 项目在招标阶段及之前，综合考虑社会资本方的资金能力和运营能力，从项目融资成功、项目落地出发，社会资本方可以提前沟通金融机构贷款放宽条件，充分发挥社会资本方的自我造血能力。

基于新型城镇化背景下的房地产基金融资模式研究

薛四敏　张　衡[*]

新型城镇化在发展重点城市群、推进城市更新、深化户籍制度改革等多个方面提出了新的发展任务和目标，我国的城镇化程度与发达国家相比至少仍有20%的差距。如何应对城镇化带来的机遇和挑战，创新筹融资模式，推动房地产市场健康发展，是房地产行业变革的重中之重。本文从新型城镇化带来的发展机遇、房地产企业融资路径、私募基金发展现状和操作模式等方面，系统阐述了对当前经济背景下房地产融资模式的思考，并提出了满足合规要求、具备实操基础的创新融资模式。

一、新型城镇化发展战略提供房地产行业发展机遇

（一）宏观政策背景

2020年4月9日，《2020年新型城镇化建设和城乡融合发展重点任务》提出了28项重点方向，包括户籍改革、改善空间格局、提升综合承载效能等方面，其中与房地产行业相关的重点方向包括：加快布局重点城市群，促进区域一体化协同发展；改造老旧小区、老旧厂区、城中村，引导商业步行街、文化街、古城古街建设，开展城市更新改造试点，提升城市品质和人居环境质量；以放宽落户限制为路径，打破阻碍劳动力自由流动的不合理壁垒，促进人力资源优化配置。

---

* 薛四敏，中交房地产集团有限公司总会计师；张衡，中交鼎信股权投资管理有限公司。

全国政协委员肖钢在 2020 年全球金融论坛上指出，我国城镇化空间还很大，不仅未来发展新增量的潜力大，而且存量的潜力也很大，我国当下城市化率为 59.2%，未来 10~15 年我国城镇化率有望提升到 70%。

（二）稳定政策支撑行业需求

在 2020 年全国两会的《政府工作报告》中，房地产行业的相关表述为："深入推进新型城镇化，发挥中心城市和城市群综合带动作用，培育产业、增加就业。坚持房子是用来住的、不是用来炒的定位，因城施策，促进房地产市场平稳健康发展。完善便民设施，让城市更宜业宜居。"整体来看，坚持"房住不炒、因城施策"的政策主基调没有变化。

1. 农民"市民化"驱使主动置业。农民"市民化"之后，消费行为更加长期化，将考虑在城市置业生活，有利于增加房地产需求。此外，户籍人口城市化也会推动商业地产和办公产业、旅游度假、养生养老类等非传统房地产的发展。

2. 城市更新带来存量资产改造机遇。大量的老旧不良存量资产迎来升级改造机会，房企可通过"收购－改造－运营－卖出"模式，为城市更新赋能，提高资产附加价值，更新改善居住环境。

3. 城市群发展创造新增空间。2020 年《政府工作报告》提及加快落实区域发展战略，明确京津冀、粤港澳、长三角城市群的深入推进，同时强调"推进长江经济带共抓大保护、编制黄河流域发展规划纲要、推动成渝地区双城经济圈建设"。未来五个重点都市圈的发展仍然是新型城镇化发展的重要区域，结合此前土地制度和户籍制度改革相关意见，重点区域的人才流入预计将为其辐射范围内的房地产市场创造新增需求。

二、房地产行业融资概况及面临困难

（一）房地产企业开发资金来源概况

房地产属于资金密集型行业，投资规模大，开发流程耗时较长，这使得房地产企业通常通过融资获取资金开展生产经营。根据国金证券研究所发布的信息

（见表1），2019年房地产企业开发到位资金220 492.90亿元，同比增长7.6%；2020年1~5月，房地产企业开发到位资金62 654亿元，同比减少6.0%。

上文所述的房地产开发到位资金是指房地产企业实际拨入的、用于房地产开发的各种货币资金，并不是房企通过各种渠道取得的融资总量。根据国家统计局分类，房地产开发到位资金可分为国内贷款、利用外资、自筹资金和其他资金。此外，房企应付未付给施工单位的工程投资款等各项应付款也是房企开发资金的重要来源（见表1）。

表1　　　　　　　2019年统计局口径房地产开发企业资金来源

房企资金来源大类	房企资金来源分项	融资方式	2019年房地产开发企业本年资金来源金额（亿元）	2019年房地产开发企业本年资金来源金额占比（%）
国内贷款	银行贷款	银行开发贷、并购贷、经营性物业费、流动资金贷、棚户区改造贷款等	25 228.77	11.44
	非银贷款	信用社、保险公司、信托公司、证券公司、账务公司、金融租赁公司等		
利用外资	对外借款	外国银行商业贷款、对外发行债券等	175.72	0.08
	外商直接投资	外商独资企业、中外合资经营企业等的投资		
	外商其他投资	补偿贸易、国际租赁、外商投资收益的再投资资金		
自筹资金	自有资金	企业折旧资金、未分配利润、企业盈余公积金、发行股票筹集的资金等	58 157.84	26.38
	股东投入资金	从股东处融入的资金，股东资金来源非金融机构贷款		
	借入资金	从其他单位（不包括股东）筹集的资金		
其他资金	定金及预收款	—	61 358.88	27.83
	个人按揭贷款	—	27 281.03	12.37
	其他到位资金	社会集资、个人资金、无偿捐赠的资金及其他单位拨入的资金	6 406.34	2.91
各项应付款	工程款	应付未付给施工单位的工程投资款	41 884.30	2.91
	其他应付款	应付器材款、应付工资、其他应付款、应交税金等非工程款外的应付数项		19.00
合计		—	220 492.90	100.00

资料来源：国金证券研究所。

（二）房地产开发流程及常规融资方式

从房地产开发流程（简单划分）来看，可分为拿地、施工、预售和竣工四个阶段，对应的资金来源和融资渠道也不尽相同（见图1）。

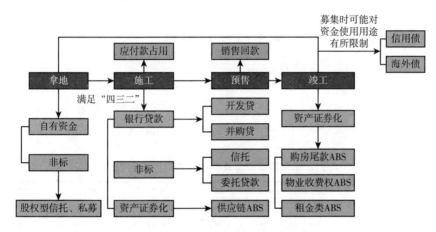

图1　房企开发流程主要融资方式

1. 拿地阶段。房企资金来源主要是自有资金、合作开发、非标融资（股权融资，如信托、私募基金）。该阶段房企的资金压力最大，同时如果采取信托、私募基金的方式引入股权投资，资金成本通常较高，同时部分开发商、机构往往采用隐性增信的方式，在房地产行业去杠杆、降负债的背景要求下，"明股实债"的融资方式受到严厉监管。

2. 施工阶段。房企在满足"四三二"① 要求之后可获得银行的开发贷、并购贷和非标融资（以信托为主）。此外，房企可占用与施工单位的应付款，也可以通过资产证券化发行供应链资产支持证券（Asset-backed Securities，ABS）来缓解房企上下游企业应收账款压力。该阶段，房企也有一定的资金压力，但信用良好的大中型房企可通过获取资金成本较低的银行贷款大大缓解资金压力。对于中小型房企，其获取银行开发贷难度较大，依旧面临较大的资金压力。

3. 预售阶段。房企在获取预售证以后，便可以开始商品房销售，获取销售回款。该阶段房企的资金压力较小，若项目运行情况良好，则现金流可迅速回正。

---

① "四"指地产企业四证齐全；"三"指项目中房地产企业至少要有30%的自有资金；"二"指房地产企业或其控股股东具备二级以上（含）开发资质。

4. 竣工阶段。房企可将购房尾款和物业收费权作为底层资产进行证券化发行 ABS，同时若为商办类项目也可发行租金类 ABS。

此外，海外债和信用债获得的资金可能在各阶段使用，但现在对发行债券的募集资金用途也有了进一步的限制，发行的海外债和信用债主要用于偿还到期的债务，针对单一项目，较难实现现金流支持。

（三）房地产企业融资面临的困难

自 2017 年以来，随着地产行业的调控升级及"资管新规"等一系列监管政策的出台（见表 2），行业整体承压，地产资管类融资产品逐步进入负增长阶段，通道类业务大量减少，地产项目后续融资面临较大障碍。

表 2　　　　　　房企各主要融资渠道及相应监管部门近期表态

房企主要融资渠道		监管部门	2020 年最新表态
间接融资	银行贷款	人民银行	2020 年金融市场工作会议（2.21）：保持房地产金融政策的连续性、一致性和稳定性，继续"因城施策"落实好房地产长效管理机制，促进市场平稳运行。 金融支持疫情防控和经济社会发展座谈会（3.3）：保护房地产金融政策的连续性、一致性、稳定性
		银保监会	国务院联防联控新闻发布会（2.24）：企业贷款目前把握三个原则：一是企业是不是诚实守信的企业；二是企业生产经营活动是不是有市场、有订单的；三是银行贷款是不是真正用于生产经营活动，而不是违规流向房地产、违规流向资本市场
	非标融资	银保监会	银保监会通气会（2.25）：房地产金融政策目前没有调整和改变，银保监会对房地产情况进行监测，包括对房地产融资进行监测和动态掌握，但总体政策没有改变。过去就是"一城一策"，由各地根据自身情况作出安排，只要不违反房地产政策，包括房地产融资政策
直接融资	信用债	证监会/交易所	金融系统全力支持抗击疫情和恢复生产新闻发布会（2.15）：简化手续、特事特办，支持疫情严重地区相关企业发行公司债券、资产支持证券等，未提及地产
	海外债	发改委	目前尚无最新表态
	股权融资	证监会	金融系统全力支持抗击疫情和恢复生产新闻发布会（2.15）：合理延长股票、债券融资等相关许可的有效期，适当放宽并购重组业务时限，未提及地产

资料来源：恒大研究院。

根据 2019 年房地产上市公司年报数据，主流房企融资主要以银行借款为主，大多数主流房企银行借款占比在 50% 以上，其中国企背景的房地产公司相较于民营房企更容易获得银行贷款。债券融资的占比仅次于银行借款，占比约 10%~65%。从融资成本来看，2016~2019 年随着融资渠道逐步趋紧，主流房企融资成本整体呈上升趋势，2019 年融资成本均值为 6.08%/年。

三、房地产私募基金发展的挑战和机遇

自 2016 年以来，房地产金融领域的调控愈加全面、细化，监管层通过出台政策、窗口指导、现场检查等方式不断加大房地产金融领域的调控力度，对房地产私募基金影响巨大（见表 3）。

表3　　　　　　　　　房企各主要融资渠道的规模管控情况

渠道	融资渠道	时间	政策	要点
债权融资	银行贷款	2019 年 8 月	银保监会"窗口指导"	多家银行近期收到窗口指导，自即日起收紧房地产开发贷额度，原则上开发贷控制在 2019 年 3 月底时的水平
	信托贷款	2019 年 8 月	银保监会《中国银保监会信托部关于进一步做好下半年信托监管工作的通知》	加强房地产信托合规管理和风险控制，房地产信托业务余额在 9 月 30 日前每日时点均不得超过 6 月 30 日
	海外债	2019 年 8 月	发改委《关于对房地产企业发行外债申请备案登记有关要求的通知》	房企发行外债只能用于置换未来一年内到期的中长期境外债务
	公司债	2019 年 8 月	交易所窗口指导	房企发行公司债仅限用于偿还原有公司债 交易所地产供应链 ABS 也只能在有旧债到期时发行同额度的新 ABS
	交易所 ABS	2019 年 8 月	窗口指导	交易所地产供应链 ABS 也只能在有旧债到期时发行同额度的新 ABS
股权融资	IPO	2010 年 4 月	《国务院关于坚决遏制部分城市房价过快上涨的通知》	对存在土地闲置及炒地行为的房企，证监部门暂停批准上市、再融资和重大资产重组
	再融资	2016 年 7 月	证监会保荐机构专题培训会议	不允许房企再融资补充流动资金、拿地和偿还银行贷款

资料来源：中国人民银行，中国银行保险监督管理委员会，恒大研究院。

（一）房地产私募基金面临的挑战

监管持续加码，房地产私募基金"双向"受限。对房地产私募基金影响较大的政策包括：《证券期货经营机构私募资产管理计划备案管理规范第4号——私募资产管理计划投资房地产开发企业项目》限制私募基金参与热点城市住宅项目，"资管新规"对于私募基金的产品设计和交易结构提出严苛要求，"基金备案细则"对于借贷性质资产及其收（受）益权产品不予备案，2019年5月17日中国银保监会发布的《关于开展"巩固治乱象成果 促进合规建设"工作的通知》对参与前端融资的信托资金全面封锁等。跨行业监管力度的加强，非标准化债权投资、表外资金运用、多层嵌套结构、"假股真债"模式、不动产开发项目资本金融资和土地款融资等业务从金融机构配资基本全面封锁。在现行监管环境下，房地产私募基金的募资渠道、投资方式受到较大限制。

（二）房地产私募基金的发展优势

1. 股权投资符合监管趋向。过去房地产投资对绝大多数投资机构来说属于债权性投资，而近年来传统债权融资方式逐步受限，"真股权"式地产私募基金政策刺激不断，如何把握政策机遇，转换投资观念，将成为地产基金未来发展的制胜之道。

2. 投资期限、资金使用更加灵活。2018年4月，中国人民银行、中国银行保险监督管理委员会、中国证券监督管理委员会和国家外汇管理局联合发布《关于规范金融机构资产管理业务的指导意见》，提出了禁止期限错配要求，而房地产基金由于其期限机动、体量可控、价值投资等特点，可完美匹配不同期限的金融产品，真股权的运作模式符合新规中打破刚性兑付的投资要求，同时可间接对不同类别、不同需求的资金需求方提供多元化、个性化的资金支持。

3. 有利于优化财务报表。私募股权基金由于其参与主体多元、控制权判定可控、投资方式灵活的特性，在完成资金融通功能的同时，可同步实现增加权益资本，满足降低高负债房企资产负债率的要求。

四、房地产私募基金路径探析

房地产私募基金与房企之间从简单依附关系形成的债权投资，逐步转向独立合作关系形成的股权投资。同时，从流动性和安全性方面看，房地产私募基金通过"集合投资制度"间接从事房地产投资，具有流动性高、变现能力强、集合投资、分散风险、降低交易成本、运作规范特点等。

（一）不符合现行监管政策的操作模式

1. 借贷性质投资。融资方持有底层资产项目，私募地产基金通过委托贷款、信托贷款、直接放款模式将募集的资金给到融资方，或其他贷款/借款的收益权进行转让，融资方和地产基金之间属于借贷关系，后随着"委贷新规"、基金备案须知等制度出台，借贷性质投资模式的地产基金产品无法开展。

2. 明股实债、明基实贷。明股实债模式是指表面上基金将募集的资金对融资方以股权形式进行投资，但实际操作中，融资方的实际控股股东负责对该项目或投资方持有的基金份额进行回购，该模式有变相从事借贷活动的嫌疑，目前产品备案给予否定。

3. 小贷/保理/融资租赁/典当/收益权让渡。该模式通过转让资产或收益权实现融资方向私募地产基金支付租金，但本质上依旧没有改变底层资产的借贷性质。彼时，监管层虽然并没有把融资租赁和典当的收益权转让纳入被禁止的范围，但随后的实际操作中，这两种通道也被予以禁止。

（二）房地产私募基金的可行之道

1. 股权投资/并购基金。该模式为目前较为典型的私募地产基金模式，在该模式下，私募地产基金属于真正的股权投资，私募地产基金通过受让股权或者增资形式获取标的公司底层资产，在该模式下，产品能否备案成功的重点在于基金投资人的退出途径是否和股权性质相匹配，假如产品最终是按照固定明确收益回购退出，则很容易被中基协否定，但若最终退出方式为根据最后的模拟清算实现浮动收益退出，则可通过备案。

　　基金管理人引入外部投资者，同时为控制风险，通常要求开发商跟投一定比例，投入符合投资标准的项目中。在该模式下，如开发商为基金管理人实际控制人，通过决策体系的设置，可以实现将基金合并在开发商合并报表范围内，外部出资可计入少数股东权益，增加开发商权益资本；同理，也可将基金计入开发商合并报表范围外，从而实现底层资产的"出表"（见图2）。

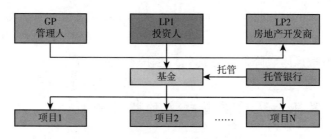

图 2　房地产私募基金简易交易结构

　　2. 股权投资＋对赌或模拟清算。该模式常见于"盲投基金"，即先不确定底层资产项目，等基金设定后再确定项目，最终结果采用对赌或模拟清算方式退出，该模式重点在于对对赌条款具体设定以及模拟清算退出计算方式设定。

　　3. 股＋债夹层投资。该模式下须以股权投资为目的，即股权部分为真股投资，该模式下有两种类型的股债搭配：一种是常规房地产股权基金项目，股债比为8∶2，即债权投资比例不超过基金总规模的20％；另一种是类REITs项目，对底层资产要求较为严格，底层资产需为成熟物业，且有稳定的现金流，则可以按照资本弱化限制，可以配套股东借款，最终实现股债比1∶2。

五、总　　结

　　综上所述，新城镇化为房地产企业发展提供了前所未有的机遇创造和发展空间，受限已久的房地产企业融资通路被进一步打开，以多元房地产基金为例，在现行政策限制下可行的创新融资模式有股权投资/并购基金、股权投资＋对赌或模拟清算、股＋债夹层投资等多种方式，如何充分利用政策窗口期、把握新城镇化提供的历史发展机遇，创新融资模式，改变发展思路，将成为房企新一轮竞争发展的新赛道。

供应链金融篇

"科技＋产业"双驱动　供应链金融破解中小企业融资难

刘　江*

新冠肺炎疫情对全球经济造成了巨大冲击，引发了全球供应链的连锁反应。2020 年第一季度，中小微企业营业收入不及上年同期 50%，超过 80% 的中小企业正面临着现金流问题。为此，国家出台了相应的信贷和财政纾困政策，"金融支持"和"减税降费"两项政策共安排资金超过 6.03 万亿元，但金融机构向小微企业发放贷款仍面临挑战①。

面对中小企业在融资过程中的痛点，中企云链以"科技＋产业"双轮驱动，创新提出的"N＋N＋N"供应链金融平台，通过联通产业端与资金端，构建起全新且富有活力的产融互联网生态体系，有效解决中小企业融资难、融资贵的问题。

一、产融结合：供应链金融成为破解融资难的现实路径

中小企业是国民经济的毛细血管，也是建设现代化经济体系、推动经济高质量发展的重要基础，在支撑就业、稳定增长、改善民生等方面发挥着重要作用。国家对中小企业发展高度重视，党的十八大以来，中央和地方先后出台财税金融、营商环境、公共服务等各项支持政策，中小企业迎来空前的发展良机。但是，由于中小企业存在轻资产、无抵押、企业数据可获得性差等问题，使其在传统金融体系中很难获得资金支持。信息不对称和服务成本高犹如两块巨石，挡在了中小企业融资路上。要切实解决这个问题，产融结合成为一个重

---

* 刘江，中企云链董事长、总裁。

① 陈根. 中小微企业在疫情之后，如何面对破题困境［EB/OL］. 搜狐网，https：//www.sohu.com/a/404022173_124207？_trans_＝000014_bdss_dkgyx.

要的解题思路，通过资源合理配置推动经济增长，有助于实现经济社会向高质量迈进。在产业端和资金端之间，供应链金融是最佳纽带。

供应链金融实质是围绕供应链条上的核心企业，依托产业链运营，通过管理其上下游的资金流、物流、信息流来为整条产业链条上的企业授信。供应链金融将单个企业的不可控风险转变为供应链企业整体的可控风险，让银行敢贷、能贷、愿贷，从根本上变革了风险管理模式，为中小企业获得门槛较低、成本合理的融资开启了大门，成为破解中小企业融资难题的突破口。

以中企云链首创的"N+N+N"供应链金融平台为例，它将多家实体企业、金融机构高效整合，打造产融结合的生态系统。银行等金融机构不再直接面对单个中小微企业，而是通过抓住核心企业，再由核心企业带动产业链上中小微供应商。参与各方以真实的贸易为背景，以供应链金融平台为"基础设施"，通过互联网这条"高速公路"，让核心企业信用在产业链上实现多级流转。"N+N+N"的供应链金融模式，能够更大程度上消弭信息不对称，以核心企业为中心的上下游中小企业能够获得更高效的融资服务，节省时间成本，提高效率，创造更多效益。

二、技术创新：打破信息壁垒实现信用价值化

供应链金融为解决中小企业融资难提供了思路，但理想与现实之间却还有一段路要走。以应收账款融资为例，2018年只有1万亿元融资需求得以满足，且主要是大银行服务超大型核心企业的一级上游供应商，而处于长供应链尾端的中小企业仍存在融资难题，融资缺口近12万亿元①。

在传统的供应链金融模式下，信息难以穿透，信用无法覆盖多级上下游企业，是造成中小企业融资难的重要原因。同时，在线下交易模式中，信息跟踪难、审核难，也造成了信用评估难、成本高、效率低。上游中小企融资难，反过来又会推升核心企业的上游采购成本，影响下游回款速度，降低整个供应链效率。

信息不对称是横亘于产业端与资金端之间的"铜墙铁壁"，要真正破解这一问题，核心就是"科技"。目前，走在供应链金融行业前沿的企业，也纷纷

---

① 王蓓蓓. 实招频出 力保中小企业资金链"生命线" [EB/OL]. 新华网，http：//www. xinhua-net. com/money/2020－07/22/c_1126268823. htm.

布局金融科技，引入物联网、区块链、大数据、人工智能等技术，打破信息壁垒，实现"产业＋科技"双驱动，构筑起链属产融生态圈。

供应链金融行业的领军者中企云链，深耕金融科技，以区块链＋供应链金融打破核心企业、中小微企业和银行之间的信息孤岛，架起资金、资产两端的新桥梁，赋能产业链，端到端解决中小微企业融资难。中企云链核心产品"云信"，通过金融科技将非标准化的应收账款，转化为标准化"电子付款承诺函"，实现大企业被动确权到主动确权，为企业间应收应付往来款清理提供新选择。同时，通过"云信"的拆分和流转，实现了大企业优质信用在供应链的传递，有效纾解银行与企业之间的信息不对称、贸易真实性难核验等难题，提高银行风控能力，降低贷款风险和审核成本。云链平台充分发挥互联网长尾效应，让传统金融无法涉足的供应链末梢企业也能享受到核心企业的优质信用，惠及供应链上下游的广大中小企业。这个过程中，不仅清理企业间账款，同时也实现了大企业信用价值化。

在技术加持下，传统供应链金融的弊端被一一打破，随着供应链金融和技术的深度融合，供应链金融4.0时代已经来临。未来的供应链金融平台，将实现供应链资产端商流、信息流、资金流的三流合一，保证供应链优质数据资产高效汇集，为资产深度应用奠定基础。

三、场景金融：打破产业壁垒带动大中小融通发展

在技术创新打破了供应链上信息壁垒的同时，也在产业端引发一场革命。通过多种技术手段的应用，快速提升了产业端在业务流程当中的数字化、在线化、移动化，带动了产业场景的透明化。过去只在银行等传统金融机构下完成的供应链金融业务逐渐前移，即直接触发并完整结束于产业交易场景中。以场景为入口，可以精准地为实体经济注入金融资源，推动产业价值传导，从而更高效地解决产业链上中小微企业融资难题，实现大中小融通发展。

以中企云链打造的"云租"为例，其深入融合到工程机械设备租赁场景中，利用数字技术赋能机械设备和管理人员，搭建"人机通话渠道"；基于"互联网＋""物联网""区块链"技术，联通施工现场工程机械设备，构建云端管控网络，有效提升建筑施工现场工作效率。同时，以此为入口结合云链平台供应链金融优势，形成设备租赁价值洼地，助力租赁企业拓宽融资渠道，降

低融资成本，构建以平台为中心，涵盖建筑施工企业、设备供应商、资金方的"供应链金融生态体系"，有效解决了建工行业中小微企业融资难题。

同时，中企云链还推出了云证、云单、云签、云保等多款产品和服务。目前，云链中间件也完成了和云南某大型国企 ERP 系统的直连，以场景为抓手，直连企业内部 ERP、OA、WMS、SRM 等系统，通过科技手段，打通金融服务的"最后一公里"。在产融结合的过程中，以场景为切入口将成为践行普惠金融，实现在风险可控前提下资金"精准滴灌"的重要通道。

四、科技赋能：升级产融互联网引领行业新风向

2018 年中国应收账款规模达近 13 万亿元①，预计 2020 年将超 20 万亿元，从银行到企业，纷纷将目光聚焦于此，在激烈的竞争中，抓住供应链金融的产业场景化趋势，并以此为抓手及导向，变革自身的风控体系、产品形态、营销触客、科技系统及运营管理，将成为供应链金融发展的重要方向。在这个趋势下，产业与金融不断深度融合，专业的第三方供应链金融服务平台的优势愈发明显。

中国银行业协会副秘书长白瑞明在 2019（第七届）江苏互联网大会产融对接成果发布高峰论坛曾表示，很多大银行发展金融科技，都是从自建平台、自搭场景进行，通过自身团队建造移动金融平台、信息缴费平台、供应链平台等吸引客户，但都还是延续银行系统内自建生态的固有方式。银行作为金融行业的重要部分，如果要实现服务实体经济能力的提高，就需要从理念上构建开放共赢的金融生态圈，由单一主导者转化为开放协同创新，与其他主体合作构建供应链金融生态圈。中国人民大学教授、供应链金融专家宋华也多次表示，中国应该做的既不是大型垄断企业自己搞的供应链金融，也不是金融机构自己搞的供应链金融，而是平台化的供应链金融。

同时，在政策层面也对第三方供应链平台的发展模式予以支持。2019 年 12 月中共中央、国务院发布的《中共中央 国务院关于营造更好发展环境支持民营企业改革发展的意见》中提出："健全民营企业融资增信支持体系。推进依托供应链的票据、订单等动产质押融资，鼓励第三方建立供应链综合服务平

---

① 区块链＋供应链金融：为小微企业融资推开一扇窗［EB/OL］. 新华网，http：//www. xinhua-net. com/fortune/2018－11/06/c_1123668064. htm.

台。"2020 年 1 月，商务部等 8 部门发布了《关于推动服务外包加快转型升级的指导意见》，提出"支持鼓励企业特别是国有企业依法合规剥离非核心业务，购买供应链、呼叫中心、互联网营销推广、金融后台、采购等运营服务"。

中企云链顺应供应链金融发展趋势，2015 年上线至今，以核心产品"云信"为突破口，陆续打造五大板块，18 条产品线，覆盖企业发展的全生命周期。目前，中企云链合作银行超 50 家，并完成 20 余家银行系统直连。同时，服务五大行业超过 1 000 家核心企业，并针对不同行业特性，打造供应链金融解决方案，带动超过 60 000 家中小企业共同发展。截至 2020 年 7 月底，实现"云信"确权超 1 700 亿元；累计清理企业三角债超 5 000 亿元。

作为独立的第三方供应链金融平台，中企云链以金融服务穿针引线，打破了行业之间的壁垒；依托强大技术实力，打破了产业端与资金端的信息不对称；将平台上企业、金融机构充分整合，打造了一个以场景为入口，以产业为基础，以金融科技为动能的全新生态模式——产融互联网大生态。

未来，随着越来越多企业和金融机构加入云链平台，这个全新的产融互联网生态模式将更加生机勃勃，中企云链也将始终秉承金融科技领域一贯的宗旨，场景为王，以大数据、云计算为手段发现信用，用区块链连接信任，构筑资金、资产高效汇集的产业高地，实现产业链融通发展。

基于供应链的建筑企业融资方式探析

刘　鹏*

近年来，面对持续下行的经济形势，货币政策持续保持稳健，中国人民银行先后出台了一系列办法指引，加强了银行的风险防范意识，加大了监管力度，对贷款等高风险传统融资业务的审批更加严格，导致传统的融资模式不能满足企业需要。建筑企业在面临银行融资难的同时，上游材料供应商、分包方、劳务方需要及时付款，下游工程发包方要求垫资施工，资金压力日益增大。如何充分整合以建筑施工企业为核心的供应链各个环节的资源，通过金融资本与产业资本的协作，实现整个供应链的良性运转，是亟待研究和解决的问题。本文基于对建筑企业金融工作的研究和实践，从供应链金融产品的发展状况、建筑企业应用供应链金融业务的必要性、供应链金融的具体应用以及风险控制等方面进行了阐述，希望为同行业金融工作的进一步改善和发展提供新的思路。

一、基于供应链的金融产品发展现状

供应链是由核心企业、供应商、制造中心、仓库、配送中心、分销商、零售商和最终用户连成的一个整体。供应链金融是指商业银行以特定产品供业链的真实贸易为基础，以其核心企业的信用水平为条件，以未来供应链中因企业贸易产生的现金流为还款来源，对供应链中企业的资金需求提供的融资业务。供应链金融的最主要特点是用"链"的观点看待企业的生产经营和金融活动，将供应链上相关企业视为核心企业外部价值链的组成部分，由单一关注核心企

---

* 刘鹏，北京建工集团有限责任公司财务部部长。

业的价值转变为对整个供应链及其交易整体的价值关注，从而更真实反映相应业务的风险，而且又将银行的范围扩大至更多的企业。

市场经济的竞争已经不仅仅是企业与企业的竞争，更多地体现为供应链之间的竞争。供应链金融也因这种竞争的需求应运而生。国外供应链金融起步较早，也发展得较为成熟。在国外供应链金融开展的各环节中，除商业银行外，供应链中的物流企业和核心企业也是资金的重要提供者。目前，我国供应链金融无论是理论还是实践都还处于起步阶段，供应链金融的资金提供者主要是商业银行。银行在融资中通过更多质押品来控制融资风险，对融资企业选择较为苛刻，并且对供应链本身没有参与控制能力。

目前我国供应链金融的融资模式主要有四种。一是基于应付账款的融资模式。作为付款方的核心企业为融资提供担保，供应链上游企业将核心企业未到期的应付账款质押给银行申请贷款。二是基于应收账款的融资模式。供应链的核心企业将未到期的应收账款质押给银行申请贷款，根据应收账款权利是否全部转移，分为有追索权和无追索权。三是存货质押融资模式。生产企业将自己的存货交付第三方物流仓储公司，银行以存货为质押向企业发放短期贷款。四是预付账款融资模式，这种模式又称为保兑仓融资模式。下游企业为向供应链中核心企业支付预付账款，向银行申请以核心企业的仓单为质押品，由银行控制提货权为条件为其提供贷款支持。基于以上四种融资模式衍生出多种融资业务品种，其中与建筑企业密切关联的融资方式包括：应收账款保理、应付账款保理、国内信用证和商业汇票等。

二、建筑企业应用供应链金融业务的必要性

供应链金融作为一种新型的融资模式，在国际范围内得到迅速发展，其功能是依托产业供应链对单个企业或上下游多个企业提供融资、结算和保险等全面的金融服务，近几年，供应链金融在国内也引起了各类企业的重视，不仅有效地解决了中小企业融资难的问题，还成为建筑企业必要的融资方式。

（一）解决资金兑付压力

受宏观金融政策收紧，特别是对地产开发项目和地方政府平台针对性收紧

的政策影响，建筑企业产业链下游企业（工程建设方）的资金状况日趋紧张，建设资金不足，工程款支付不及时、不到位，工程垫资施工成为常态。建筑企业的上游企业，由于政策明确要求企业按时支付农民工工资，而材料供应方自身融资困难，要求不付款不供货，使得建筑企业资金压力转嫁的能力日益削弱，伴随着劳动力和资源价格的上涨，建筑企业利润空间萎缩，垫资能力随之下降，资金兑付压力明显上升，所以必须寻求新的融资方式解决问题。

（二）解决融资难，控制财务成本

对建筑企业来说，供应链金融是一种非常有效的全新融资模式，不仅可以充分发挥供应链上下游企业融资便利的优势，降低企业对流动资金的需求，还能够使企业在面临传统流动资金贷款额度受限时，获得必要的资金支持。并且，供应链金融产品期限一般不超过半年，综合成本一般低于流动资金贷款利率，因而可以有效地控制财务成本。

（三）解决资金流动性不足

在当前激烈的市场竞争中，资金的健康流动对企业的发展非常重要。由于建筑企业的行业特点，拥有大量的应收账款和应付账款，一旦资金回收不及时，企业很可能面临流动资金短缺的风险。如果还需大量付款，则加重了企业的流动性不足，如何通过供应链融资盘活应收账款并延迟付款已经成为一个亟待解决的重要议题。

三、基于供应链的建筑企业融资方式具体应用及建议

随着供应链金融在企业经营活动发挥的作用越来越重要，一部分实力较强的大型建筑企业也开始关注并参与到供应链金融中。基于建筑企业的行业特点以及在多年建筑企业资金管理工作的实践经验，总结出以下建筑企业常用的基于供应链的几种融资方式并提出几点建议。

（一）建筑企业应用供应链金融的融资方式

处于供应链中核心地位的大型建筑企业常用的几种融资模式主要包括应收

账款保理、应付账款保理、国内信用证和商业汇票等,银行根据本身的业务特色和建筑企业的行业特点,分别开发了各种产品,尽管名称各异,但基本原理相似。

1. 应收账款保理业务。应收账款保理是核心企业将赊销形成的未到期应收账款在满足一定条件的情况下转让给银行,以获得银行的流动资金支持,加快资金周转。应收账款保理按照是否可以向核心企业行使追索权,可以分为有追索权保理(非买断型)和无追索权保理(买断型);按照是否通知应收账款的债务人,可以分为明保理和暗保理。建筑企业在承揽工程的过程中,由于工程款支付存在时间差,会形成一定量的应收账款,银行会基于建筑企业的信用,对建筑企业应收账款核准一个应收账款保理业务的授信额度,针对每个工程的每一笔应收账款保理业务,均须核查工程建设方的支付能力、工程项目情况、应收账款的证明文件等。一般情况下,银行更支持有追索权的保理业务,如果建设方到期不及时付款,则建筑企业承担到期还款义务。通过应收账款保理业务,建筑企业提前获得了货币资金,保证了生产经营的顺利开展。

2. 应付账款保理业务。应付账款保理业务是指核心企业将本公司的应付账款转让给银行,银行基于核心企业良好的信用,以应付账款的收款方为贷款主体,发放流动资金贷款,核心企业提供担保。建筑企业的应付账款的收款方一般为中小型供应商、分包商等,间接地解决了中小企业融资难的问题,建筑企业也实现了延迟付款的目的。

3. 国内信用证。国内信用证是适用于国内贸易的一种支付结算方式,是开证银行依照核心企业(购货方)的申请向受益人(销货方)开出的有一定金额、在一定期限内凭信用证规定的单据支付款项的书面承诺。建筑企业购买材料、支付分包款时,可以采用开具国内信用证的方式,同时在银行申请国内信用证贴现额度,销货方拿到国内信用证后可以在开证银行进行贴现,及时获得流动资金。

4. 商业汇票业务。商业汇票是出票人签发的,委托付款人在指定日期无条件支付确定的金额给收款人或者持票人的票据。商业汇票包括银行承兑汇票和商业承兑汇票两种。银行承兑汇票是由在承兑银行开立存款账户的存款人出票,向开户银行申请并经银行审查同意承兑的,保证在指定日期无条件支付确定的金额给收款人或持票人的票据。商业承兑汇票保贴是指对符合银行条件的企业,以书函的形式承诺为其签发或持有的商业承兑汇票办理贴现,即给予保贴额度的一种授信行为。商业承兑汇票按交易双方约定,由销货企业或购货企业签发，但由银行以外的购货企业承兑。建筑企业基于自身的信用，可以在银行申请银行承兑汇票额度或商业承兑汇票保贴额度，用于支付贸易项下的分包款或材料款等。目前，电子的银行承兑汇票可以做到一年期，延长了延迟付款的时限。

（二）建筑企业应用供应链金融的建议

国内的供应链金融有效地扩大了商业银行的业务范围，提升了商业银行的业务能力，但有些方面不能完全体现这种融资业务的优势和特点，与建筑企业的生产经营结合得不是很紧密，所以在实践的基础上，本文提出以下几点建议：

1. 设置应收账款、应付账款资金池，实现池内资金的滚动使用，提高审批效率。大型建筑企业承揽的工程数量较多，形成了大量应收账款和应付账款，如果就单个工程，单笔应收账款或应付账款办理相关保理业务，就会形成巨大的业务量，也给银行造成很大的压力。借鉴银行授信的模式，在企业良好信用的基础上，形成资金池，应收账款资金池中的应收账款到期后会有新的应收账款入池补充，形成了源源不断的资金流，银行可以基于资金池开发较长期限的应收账款保理业务，在风险可控的情况下，保证企业流动资金的充足。应付账款资金池则需以建筑企业的集中采购为基础，将集中采购涉及的材料供应商一次性入池，形成应付账款资金池，银行可以对供应商进行一次性审核，以后办理业务时，无须对供应商进行资质审核，直接按照合同办理业务，节约时间成本和人工成本，加快放款速度。

2. 采用分离式业务模式，便于发挥集团型建筑企业的整体优势。集团型建筑企业一般拥有大量的下属企业，其中集团公司本部的资质最强，更易于获得银行的支持，但下属公司才是供应链金融的实际使用者，下属公司由于自身实力不够强大，单体申请授信额度，难以获得银行支持。建议采取分离式的方式，将集团公司和下属企业看作一个整体，允许集团公司将获得的大额供应链金融业务的授信额度与下属公司进行共享，下属公司办理业务占用集团公司的授信额度并由集团公司提供担保，既控制了业务风险，又增加了业务范畴，扩大了业务量，也解决了集团下属公司融资难的问题。

3. 以信息化推动供应链金融平台建设，提升融资业务的系统性和效率性。供应链金融是一种短期融资，随着抵押品在供应链中的转移，融资额在变化。为了掌握融资节奏，做到及时发放和收回贷款，建议搭建一个电子化的融资平台，使信息可以快速传递。供应链金融平台由征信系统、供应链交易系统、物流仓储系统、电子商务系统等构成。银行在融资时通过网络进入征信系统将可以方便获得融资企业的信用数据，有利于风险控制和融资效率的提高。供应链交易系统和物流仓储系统及时反映供应链的运动状况，方便供应链融资的实时提供与收回。电子商务系统则将供应链的交易直接表现为线上交易，有利于提高供应链金融的效率。在不同系统融合为一个平台的过程中，银行与各个系统实现对接，可以对链内企业提供系统性、全流程的各种金融服务，更好地满足企业金融需求。

四、建筑企业应用供应链金融业务的风险控制

正确识别供应链金融各个环节和主体所面临的风险，才能有的放矢地采取有效措施进行风险的防范和处理。在供应链金融业务中，建筑企业作为核心企业深入供应链的各个环节，扩大了经营范围，提高了融资能力，但是风险也随之加大。从工程建设单位到银行、供货商等的接触过程中，风险无处不在，同时法律制度不完善、运营环节较多，也增加了风险系数。因此，对于建筑企业而言，供应链金融是一项有着较高风险的业务，需从事前防范、事中控制和事后跟踪三个方面严格控制各类风险。

1. 事前防范。建筑企业在办理供应链金融业务之前，要做好风险防范工作，对供应链上的相关企业做好信用分析，尤其是中小型供应商和分包商的选择上，要综合考虑该企业的经营业绩、企业发展前景、设备及人力资源配置、技术开发、质量管控、客户满意度、交货协议和成本控制等潜在影响供应链合作关系的要素；在合同谈判和合同签订环节，建筑企业需充分考虑办理供应链金融业务，将对合同条款、价格以及流程的影响，按照法律程序在事前做好落实。

2. 事中控制。在供应链金融业务的操作过程中，建筑企业需严控相关法律文件的真实性，根据工程进度和采购量办理相关业务，尤其是应付账款保理业务，建筑企业实质上为供货商或分包商提供了担保责任，一旦出现逾期情况，建筑企业面临索赔风险，所以建筑企业要配合银行落实业务审查，完善相关法律文件，做好事中控制。

3. 事后跟踪。业务办理后，建筑企业作为供应链的核心企业仍需定期对资

金的使用情况进行跟踪，尤其在到期前，需及时督促各企业履行还款义务，将事后跟踪工作落到实处，在保持企业自身良好信用的基础上，也保证了供应链金融业务的可持续性。

五、结　　论

随着经济全球化和市场化趋势的不断加强，企业间的经济合作也越来越趋于网络化、整体化和链条化。银行等金融机构加大了对供应链金融的推广力度，建筑企业也在逐步接纳并参与到供应链金融中。在实际工作中，供应链金融业务的应用成为建筑企业解决资金兑付压力大、解决融资难和财务成本高、解决资金流动性不足问题的必要措施。建筑企业在不断的探索和研究如何更好地应用供应链金融业务，为企业的发展注入新鲜的活力。但是目前，从理论到实践仍需经历较为漫长的过程，但我们可以看到，在全球化经济和信息化发展的今天，供应链金融项目在建筑行业的发展必将迎来广阔的发展前景和发展空间。

供应链金融之变

李新彬[*]

随着我国新冠肺炎疫情防控取得阶段性成效，社会经济活动快速复苏，企业复工复产统筹推进。产业链协同是实现企业正常生产经营活动重启的重要条件，这也必将给商业银行供应链金融带来新的契机。

一、供应链金融适逢新机遇

（一）需求端：复工复产催生供应链金融需求增长

当前，企业加快复工复产。但全社会经济活动从阻隔停摆到逐步恢复正常，不是单个企业自身就可以独立完成的。诸如订单履约、原燃料采购、产品销售、物流仓储等各环节经营活动的实现，均依赖整条产业链各企业的协同配合。但疫情冲击导致企业经营收入锐减，疫情防控又持续增加了额外的成本支出，资金面持续紧张。

据中国企业联合会对中国制造业 500 强企业的定向问卷调查[①]显示，2020年第一季度疫情给 50.73% 的企业带来很大损失，53.28% 的企业营业收入明显减少，82.12% 的企业运营成本增加，97.08% 的企业盈利下滑。正由于疫情之下企业应收账款增加，回款周期普遍拉长，违约支付风险加大，导致整个产业链面临着资金断裂的可能，核心企业积极配合银行供应链金融的意愿明显增强。因此，商业银行将信贷资金及时注入供应链企业体系中，能够充分发挥资

　＊　李新彬，中国工商银行总行公司业务部副总经理。
　①　中国企业联合会课题组. 中国制造业 500 强企业受疫情影响分析报告［J］. 中国经济报告，2020（2）.

金的"血液"功能，带动物流与服务在企业间顺畅流通和运转。总体来看，由于复工复产拉动供应链企业资金需求非常强烈，这将点燃商业银行供应链金融市场。

（二）供给端：商业银行在加快向供应链金融进行战略转型

银行在场景金融的构建上，前期主要聚焦于个人和普惠金融领域，场景金融已成为个人金融发展的重要商业模式创新。而公司信贷领域的场景金融则一直没有获得较大变革与突破。这固然有企业信贷需求额度大、决策流程更加复杂等现实情况，但本质上是商业银行一直没有寻找到最佳的场景入口。随着大型企业融资渠道日趋多元化，金融脱媒趋势进一步加剧。同时，贷款利率趋势性下行，银行负债成本上升而资产率收益下降，这都将促使银行实施下沉客户战略，加大对中小微企业的金融支持。但这类企业的融资风险普遍相对较高，又缺乏合格抵押品等风险缓释手段，因此在掌控信息流、物流、资金流的前提下开拓供应链市场，成为一种必然选择。

从国家层面和金融监管层面进一步明确以产业链金融方式助力企业复工复产，这为商业银行加快这项业务发展提供了更加清晰的政策导向。商业银行开始着力布局供应链金融领域，有利于批量获客和有效管控风险，从金融供给端为供应链金融的发展创造了必要条件。

（三）技术端：互联网技术广泛应用为供应链金融提供保障

将供应链金融需求和供给进行高效连接，必须依靠互联网技术。据2019年12月国家统计局第四次全国经济普查数据显示，我国规模以上企业信息化基础稳步增强，信息化管理持续拓展，互联网应用不断深化。一方面，互联网应用的本质是信息有效传递。互联网推动了企业内部和产业链企业间信息高效流转，降低了交易成本，提升了管理效率。另一方面，也使银行能借助这项新技术快捷获取有价值信息，进行客户筛选、风险决策和信贷监控。

银行供应链金融风险结构表现为：低信用风险与高操作风险并存（见图1），其痛点在于如何有效"防假和反假"。在供应链融资风险成因中，假供应链融资风险占比超过 70%①。银行一直缺乏有效的应对手段：一是如识别企业伪造买方公章、贸易合同、增值税发票、仓单等，通过信贷人员人工调查，成本高昂或难以落实；二是无法有效监控销售回款，应收账款融资对应的货款资金往往被企业挪用；三是因业务烦琐核心企业配合意愿低，银行无法与核心企业签订供应链融资三方协议，或在协议中未约定核心企业配合确认应收账款并保证履约付款等条款。正是由于当下企业互联网技术应用的发展，使得银行与供应链企业能够实现信息数据的自动对接，并辅之以外部大数据校验，这为银行拓展供应链市场提供了利器。

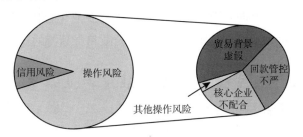

图1 供应链金融风险结构

二、供应链金融展现新特征

（一）银行与企业的供应链金融专业分工不断深化，从竞合走向合作共赢

商业银行具备较为雄厚的资金实力和专业化风控体系，而核心企业则依靠在产业链中的枢纽地位，掌控着整条产业链庞大的上下游配套企业群相关信息。但近年来，随着核心企业供应链经营意识的提升，核心企业通过自建保理公司等平台方式跨界进入供应链金融领域，使得商业银行与产业龙头企业转变为合作竞争关系。实践中，核心企业多倾向自主发放供应链融资，而更希望商业银行成为其低成本资金渠道；商业银行关心的是客户获取及避免被管道化，如何平衡双方核心利益诉求、实现合作共赢成为制约业务发展的"瓶颈"。

---

① 李新彬. 后疫情时代供应链金融之变 [J]. 银行家，2020（5）.

近年来，这种"瓶颈"开始被打破。企业在理性回归主业，并通过强化与银行合作来提升供应链金融服务能力。当然，央企和民企这两类主体的动机存在差异：一方面，央企希冀借助供应链金融实现"行政化"考核任务。在供给侧结构性改革背景下，国企"去杠杆""降两金"考核压力增大。一些央企成立供应链金融信息平台，整合内部数据资源，与银行开展供应链金融深度合作。另一方面，当前民营企业供应链融资需求普遍强烈，更具有鲜明的"市场化"特征。特别是一些大型民营企业经过初创期和多元化扩张阶段后，在经济新常态下对涉足金融高风险和过度多元化经营风险的认知越来越深刻。因此，其能以更加理性和开放的心态，谋求与银行进行专业化合作，以保障供应链资金稳定，进而构筑在未来不确定经营环境下企业自身独特的竞争优势。

（二）银行供应链金融服务触及产业链末端小微客户，呈现生态化发展

传统供应链金融思维模式下，银行供应链金融服务对象与核心企业需求出现错配。出于规避风险的考虑，银行的供应链金融服务更愿意围绕核心企业的上游供应商来开展，主要以应收账款类的保理业务为主，即依托核心企业履约信用和付款能力，融资风险相对可控。较之上游供应商，核心企业则更关心下游经销商的融资可获得性，一方面这样能够有利于扶持经销商发展，健全销售渠道；另一方面可以缩短下游企业账期，加速自身的资金回流，提高企业流动性，优化财务结构。体现在银行存量融资结构上，品牌乘用汽车等耐用消费品、钢铁等大宗商品领域曾是我国银行供应链金融拓展的主要板块。但下游经销商融资更依赖商家自身还款能力，即使以采购货物质押或核心企业承诺回购、调剂销售，对商业银行来说控货成本及信用风险仍相对较高。

目前这种状况呈现新的变化，核心企业从更高视野审视供应链体系的构建。在注重经销商融资获得的同时，也更加注重上游客户融资便利性与稳定性，而且将这种管理思维延伸到整个产业链的末端，推动了供应链金融朝着生态化发展。实践中，在产业终端市场中孕育着庞大的中小微企业及个人客户资源。无论是银行还是核心企业，都希望供应链金融服务能向产业链终端延伸，使得融资服务能够覆盖上上游和下下游，以及产业链全量客户。但在传统模式下，核心企业能够提供的数据、信息资源只能覆盖到直接服务核心企业的一手交易对象，而这些一级、二级供应商或渠道商多为实力较强的大中型企业，具有相对较高的议价能

力，不愿意配合办理相对复杂的供应链融资。供应链最末端的供应商或经销商融资需求又因银行缺乏有效的信息甄别或风控手段，面临融资难、融资贵的现实窘境。近年来，随着企业信息化管理水平的跃升，供应链信息全链条直接穿透，使得供应链金融结构能够朝着更加普惠的方向发展（见图2）。

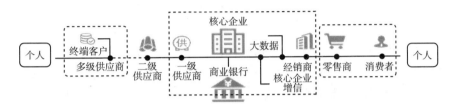

图2　供应链金融全链条穿透服务

三、供应链金融演化新趋势

（一）从供应链向产业链金融升级

供应链金融是以核心企业为中心节点，为众多上下游企业提供融资服务。传统模式下，核心企业会向金融机构提供和确认合格的供应商名单以及真实的交易、物流和资金支付信息。在一些紧密型供应链关系中，核心企业甚至可为这些企业提供融资担保、现金付款折扣、贷款贴息补助等措施，甚至允许其占用核心自身待用的授信额度。这些手段避免或者减少了核心企业自身直接向银行融资，降低了有息负债水平或财务成本。由于供应链融资期限普遍较短，具有依靠核心企业支付能力的自偿性特征。所以，只要核心企业能够正常支付交易款项，就能保障供应链融资的有序运转。但在疫情之下，核心企业正常经营的条件发生了重大逆转，经营非常态化使资金压力凸显，增加了供应链融资风险。所以，务必要将供应链提升到产业链金融的新高度，银行要加大对核心企业融资保障，才能够保证整个供应链资金和融资的安全循环。

（二）从个性化向标准化融资升级

供应链金融是应对疫情对企业资金冲击的重要方式，但传统供应链金融具有个性化和差异化特征，影响了业务可持续发展。实践中，同一行业内部规模体量相差不大的核心企业，由于各自内部管理的差异，也会导致供应链金融模式千差万别。所以，银行需要根据核心企业的需求来设计个性化融资方案和产品。这种个性化方案或产品具有专属化特征，很难在其他企业进行简单复制，与银行现有的体制模式出现了一定偏差。因为供应链金融的主要客户群为广大中小企业，银行基层机构是提供这项服务的主力军。而过于个性化融资需求，对基层信贷人员专业能力要求较高，且不容易产生规模效应，这就难以调动基层机构和人员的积极性。所以，银行要真正推进供应链金融快速发展，就要通过创新方式实现适度标准化。在前期经历了大量的个性化实践后积极总结基本规律，商业银行已具备了将个性化产品向模组化管理进行过渡的现实基础，即未来可通过不同模块功能的组合来满足个性化的需求。

（三）从线上化向智能化融资升级

"无接触"式线上银行成为疫情时期金融服务主渠道，也必将进一步推进未来银行加速线上化变革。但在企业融资方面，真正实现智能化发展仍有不小差距。从技术上看，我国供应链金融的发展整体经历了线下（1.0 版本）向线上发展（2.0 版本），再到智能化（3.0 版本）的历程，目前正处于由线上向智能化转型的初期阶段。由传统线下供应链到线上化发展时，是将供应链金融业务一系列流程环节进行细分，然后根据条件成熟度逐步迁徙到网络上。最容易推进线上的业务环节，一般是非涉及风险决策的部分，比如客户可以通过网银或 App 客户端进行在线申请融资，银行则可以进行线上业务受理。但在银行融资风险决策环节，则仍采取线下专家审贷方式，影响了全线上处理的效率。随着供应链数据平台化的发展，传统的融资风控模式已越来越不适应新型业务发展的需要，商业银行开始创新数据模型进行智能审批决策，这将是供应链金融发展重要趋势。可以判断，新冠肺炎疫情对银行加快信贷业务线上化发展是催化剂，会加快信贷核心领域智能化发展的速度。而且，相比社会上诸多供应链金融平台公司，商业银行具有供应链金融风险控制的专业优势。如对智能化审批的融资业务，银行可发挥各机构专业信贷队伍的资源条件，辅助进行贷后监督管理，进而实现"天网"与"地网"的有机结合。

（四）从国内链向全球链金融升级

尽管当前经济全球化发展趋势受阻，但全球产业链深度融合已是不可逆转的客观事实。全球疫情快速蔓延态势下，美国、欧盟、日本、韩国等我国主要贸易伙伴均受到冲击，主要经济体的休克将会通过产业链进一步影响我国企业生产经营活动。所以，以供应链金融方式支持企业复工复产，要统筹兼顾境内和境外两个市场，努力推进境内供应链与全球供应链健康有序运行，才能切实保障国内经济活动的可持续性。当然，面对更加复杂多样的全球环境，银行需要创新服务手段。大型银行要充分发挥已形成的遍布全球的机构布局优势，加强境内外分支机构间的协同联动，客观审慎评估疫情下供应链境外交易对手的资信状况与履约能力。对国外订单暂时取消和推迟、基本面稳定的境内企业，要着重长远重新安排融资结构与期限，支持企业渡过难关。对境外较稳定的交易对手，重点为企业提供信用担保、应收账款管理、催收、融资等综合金融服务，力保供应链上下游不断链。创新针对核心企业自身的应收款类融资产品，帮助其及早修复财务报表，保持资信水平和筹融资能力。此外，要进一步加强与信用保险机构的合作，通过为境外供应链融资提供信用保险，将供应链融资风险分散化。当前，尤其要注重稳定全球高新技术领域供应链关系，逆向思维，转危为机，通过供应链金融服务的紧密介入，提升我国在全球高技术产业价值链中的地位。

供应链金融业务的主要模式
与信托公司介入思考

程 红 周 萍 张明玺 王 涛[*]

随着信息技术的发展，供应链已发展到与互联网、物联网深度融合的智慧供应链的新阶段。供应链金融是对现有企业供需链进行优化，利用物流、信息流和资金流，通过资产端与负债端的深度穿透融合，形成稳定并自我优化的供应链金融体系循环，进而实现对核心企业上下游整体供需链运行效率的优化与提升。

供应链金融包括五个核心要素：一是结构设计。供应链金融需要控制和优化交易链条但不改变现有业务链条。二是责权定义。在交易过程中，债务的权责主体存在不一致问题，需要对主债务人进行界定。三是在线化和数据化。为便于业务批量处理，需实现数据的在线化，并基于此建立自有风控模型与风控策略。四是现金管理。供应链部门应以结算体系为基础，实现交易下的结构化设计和融资，并根据客户需求进行相应的财富配置。五是成本控制，加强供应链主体层面的物流、资金流与信息流的协调，降低授信成本。

一、传统供应链金融的三种业务模式特点

传统供应链金融的业务模式主要包括三种模式：应收类融资、存货类融资、预付类融资。中信信托研究认为三种模式的共同特点有：（1）金融机构对融资项下的资产及其产生的收入有相当的控制权；（2）借款人可以没有其他实质性资产或业务，偿付债务的主要来源是融资项下的资产，其次是企业的综合

---

* 程红、周萍、张明玺、王涛，中信信托金融实验室。

偿付能力；（3）融资项下的资产是第一还款来源；（4）结合借款人的资信水平，金融机构重点考察这笔融资业务自我清偿的特征以及借款人组织该笔交易的能力，对该笔业务进行授信。

二、不同参与主体主导供应链金融的典型模式对比

目前供应链金融业务主要包括四类参与主体：供应链核心企业、商业银行、电商平台与商贸物流企业。中信信托研究认为，根据主导企业的差异，供应链金融业务可区分为：核心企业主导、银行主导、电商平台主导、供应链管理公司主导等多种模式。在多元主导的供应链金融市场环境中，由于不同主导企业开展供应链金融业务条件与能力的差异性，导致业务特征的不同，继而形成主导企业不同的适用场景与特定模式风险管理要求。其中，基于模式特点、盈利点、核心资源、模式风险等维度进行横向比较分析，发现不同主导企业所开展的供应链金融业务在市场空间、资金实力、供应链成员关系、数据基础、融资效率、风险控制手段等方面具有较大的差异性，需要综合判断，进而确定业务开展的模式，本文对上述主导企业特征分析的概要如表1所示。

表1　　　　　不同参与主体主导的供应链金融业务模式比较

主体	市场空间	资金实力	供应链成员关系	数据基础	融资效率	风险控制手段
核心企业	有限	差异较大	紧密	贸易沉淀	低	产业链贸易控制、第三方担保
银行	一般	雄厚	不足	贸易沉淀第三方	较快	过往信用评价、平台沉淀信用、抵押
电商平台	大	差异较大	一般	贸易沉淀	快	基于平台贸易的大数据分控体系
供应链管理公司	较大	不足	紧密	贸易沉淀	一般	产业链贸易控制、平台沉淀信用

由于供应链金融主导企业在业务模式的差异性，使其在不同的供应链形式与融资客户中具有不同的匹配性，继而产生了不同主体所特有的异质性适用场景。在供应链形式方面，体现为对供应链的稳定性和协调性具有不同的匹配度；在融资客户方面，体现为对客户企业资产特征具有不同的匹配度。通过上

述维度的对比分析，核心企业、电商平台和供应链管理公司三者的适用场景具有较大差异性；银行与核心企业主导模式的适用场景具有一定相似性，而这也是业务实践中，银行与强势核心企业建立供应链业务合作关系后，屡遭边缘化的原因之一。

从供应链金融风险的角度来看，主要的评估指标包括：宏观与行业风险、信用风险、核心企业风险、供应链关系风险、质押物风险与操作风险。在不同的业务特征与适用环境下，不同参与主体主导的业务模式中具有特定的业务风险管理需求。

三、信托公司参与供应链金融业务的思考

虽然近几年供应链金融在我国发展迅速，但是，目前各金融机构所提供的融资服务大多是同质化高、较为单一的产品，还未能很好地满足中小企业的融资需求。因此，从信托公司视角出发，应把握供应链金融的发展机遇，将其作为转型的重要方向之一，从搭建业务平台、风控设计和业务开展模式等领域深耕，发挥信托的比较优势，找到自身的业务定位与发展方向。

（一）信托公司参与供应链金融的主要模式

信托公司属于供应链金融的后加入者，随着金融监管的变化，供应链金融作为主动管理业务，受到各公司的重视。当前开展的业务模式主要有以下两种：

1. 资产证券化供应链金融业务。主要开展形式为应收账款证券化。如对房地产企业上下游供应商应收账款、医药流通企业的保理应收账款的证券化，降低资金成本。在业务中，信托公司作为发行载体管理机构，以受托基础资产的现金流为支持，在公开市场发行资产支持票据。

2. 资产端的供应链金融服务。小微企业信用贷通过供应链金融企业，借助供应链交易数据对小微企业进行信用评估，对其进行授信放款，解决信用风险。

（二）信托公司开展供应链金融的业务流程

信托公司的供应链金融业务开展一般流程为：

1. 资产导入。在合适开展供应链金融的行业中明确融资方资金需求，分析信托自身融资服务特征与融资方匹配度，确定合适的业务开展方式与合作伙伴。

2. 资产形成。通过结构化安排，形成可交易信托资产，通过制度安排吸引具有比较优势的其他投资机构和第三方机构进入，比如券商和夹层资本作为资产购买方；银行和物流公司提供业务闭环支持。

3. 贷后管理。主要针对资产的风险管控和资产的可交易，实现资产透明、完成风险定价和征信数据的积累。

4. 资产盘活。独立在银行间市场发行资产支持票据（Asset-Backed Medium-term Notes，ABN）或与券商特殊目的公司（Special Purpose Vehicle，SPV）交易所发行 ABS，实现基础资产的盘活。

（三）信托公司如何参与供应链金融业务

信托公司在供应链金融业务中，首先需要搭建较为完善的基础设施，识别不同模式下的业务风险，建立相应的管控机制，其次结合行业背景、融资方特征与合作伙伴的筛选，确定具体的业务开展模式，形成基础资产。

1. 基础设施。建立与客户高效对接的大数据管理系统，对供应链上的"四流"进行全方位监控。供应链金融企业的主体资质较弱，单笔借款金额不大，为了保证交易数据的真实性，监控贷款资金用途，便利还款方式，提高业务效率，信托公司需建立完备、高效的 IT 系统。

大数据管理系统是未来供应链金融业务线上化与实施数据型风控的必要条件，涉及数据采集、数据存储与管理、数据挖掘与分析、数据运维等多个环节：（1）数据搜集平台，利用物联网和云计算技术，获得供应链运营企业、相关金融信贷机构、政府管理部门、关联服务组织和经营服务部门的财务、库存、渠道、物流等标准化数据；（2）数据挖掘与分析，从大量的结构化和半结构化数据中识别出有效数据，建立供应链金融业务的闭环，对链上的信息流、物流、资金流、商流进行全方位监控，以保证交易的真实性，评估供应链融资风险。

2. 风控逻辑。从以抵质押物为主的"重资产型"思维转向依赖数据的"轻资产型"思维。过去信托公司的风控手段往往是要求交易对手提供抵质押物、高评级企业提供信用担保，是一种典型的重资产型风控逻辑，这导致信托公司的交易对手多集中在主体资质较高的地产商、国有企业、上市公司等，极大地限制了信托公司的展业范围。而在供应链金融业务中，交易对手往往是中小微企业，缺乏充足的抵质押物。

信托公司应转变风控逻辑，以供应链上产生的"四流"数据为基础，考察贸易往来的真实性，通过对企业销售收入或贸易产生的现金流历史数据的分析，结合融资企业信用，综合考察交易对手的履约能力。建立轻资产型风控逻辑主要包括：（1）风控分析对象的转变。传统业务信托的风控分析对象主要为企业财务报表，融资期限相对较长；而供应链金融业务中，融资期限一般较短，风控分析对象主要为实时动态的供应链大数据。（2）风控方式的转变。传统信托业务的风控方式更依赖于风控人员的长期经验积累与个性化判断；而供应链金融业务的批量、同质化授信特征，使得风控方式需要转向以大数据模型判断与统计特征分析。

3. 行业选择。市场规模大、弱上下游、供应链控制力一般的细分行业。供应链金融业务的行业考察重点是市场规模及风险、产业链条及运营情况、核心企业资信及供应链管控能力三个方面，这导致大市场、弱上下游、强控制力的行业是各类金融机构重点抢占的领域。由于融资规模与融资成本均弱于商业银行，信托公司难以在最优质的行业与商业银行展开竞争，但凭借信托资金运用的灵活性、运营管理经验较丰富的特点，可重点聚焦大市场、弱上下游、供应链控制力一般的细分行业，如医药流通、大宗商品采购、快消品消费、农产品流通等行业。从当前行业开展供应链金融的现状来看，信托公司先期更适合开展医药流通与农产品流通行业的供应链金融业务。因为其行业市场格局尚未完全形成，业务开展的空间和选择较广。

4. 合作伙伴。次优生产型核心企业与垂直采购电商平台作为重点合作对象。选择供应链金融的合作伙伴，需要考虑信托机构与主导企业合作能否实现优势互补，主导企业在融资需求规模、风险分析能力以及产业链控制能力方面具有差异性，信托机构在挑选合作伙伴时需要从上述三个维度进行考虑。

（1）生产型核心企业。信托机构适合围绕次优生产核心企业开展供应链金融服务，上下游融资企业成本承受能力较强的企业作为目标业务客户。其中在企业筛选中，核心企业与次优核心企业的判断划分主要基于：核心企业经营实力（主营业务、行业地位、信用记录、或有债务等指标）、上下游管理能力（供应商和经销商的准入和退出管理、排他性优惠政策、激励与约束机制）、核心企业对金融机构的协助能力。

（2）电商平台。信托机构可以重点关注垂直采购类电商平台作为合作伙伴。筛选依据主要基于：电商平台实力（平台建设情况、营销情况、商品品质、影响力与知名度、财务风险水平），行业特征（融资需求大小、利润水平、竞争强度），供应链维护能力（数据供应链上下游企业合作密切程度、入驻企业经营能力、交易双方违约情况、操作风险管控、数据获取能力、数据维护与管理水平），物流管控能力（产品属性、标准化程度、物流能力、仓储保管条件、质押物商业保险）。

5. 业务模式。次优核心企业主导且多方参与模式与平台助贷模式作为突破口。在信托公司适合开展的供应链金融业务中，有不进入场景与进入场景两类，其中不进入场景业务中，当前信托适合开展的主要为应收账款的资产证券化业务；在进入场景的业务中，又可区分为自建供应链金融体系方式与嵌入既有的供应链金融业务方式，其中自建方式成本较高但业务控制力较强，嵌入方式成本较小但业务控制力较弱。

在具体的业务模式选择中，一方面需要明确核心企业与上下游企业间交易所形成的融资需求；另一方面需要分析金融机构自身特征对融资方的匹配度，明确各资金方之间差异化能力带来的目标客户区别，进而选择业务开展模式。综上所述，信托机构在先期开展供应链金融业务中，推荐的业务模式有以下两种业务：

（1）次优核心企业＋供应链管理公司主导的细分行业供应链金融业务。以医院主导的医药流通供应链金融为例，在建立业务合作关系之后，信托公司在业务开展前期，可以引入供应链管理公司或物流公司加强对采购药品的实时数据监管，利用金融科技公司搭建线上数据集成与交易结算平台，汇集物流、资金流与信息流、商流等数据建立业务闭环管理，提高信息处理速度，加快融资效率；导入第三方数据加强数据的交互验证。在交易过程中，建立风险评估体系，对不同信用水平的上游医药流通商建立甄别机制与准入名单；在医院应收账款确认数据上传后，基于风险评估模型，对符合资质的医药流通企业的当前信用风险进行评估，经审核通过后再通过指定账户系统对企业给予放款。

（2）垂直采购电商平台助贷业务。以农产品物流电商平台为例，在建立业务合作关系之后，可要求物流企业提供担保增信，完善物流网实施数据的上传制度，加强对质押物的监管。同时，信托公司应建立相应的农产品企业信用评估体系，加强对农产品价格的预测分析能力，提高授信标准，降低授信风险。

商业保理业务模式以及保理
资产证券化融资

薛 贵*

保理在我国是一种新兴的类金融业务，保理行业在我国还处于初期发展阶段。近年来，保理业务在我国蓬勃发展，融资、管理、担保是当前保理三大核心业务，其主要业务为应收账款融资。按从事业务的主体不同，保理分为银行保理和商业保理，商业保理是银行保理的有益补充。商业保理是非银行机构从事的保理行为，作为传统金融服务的补充，商业保理在产融结合以及服务实体经济方面有着独特的作用，发展潜力巨大。

一、商业保理行业发展概况

（一）行业概况

2012 年 6 月，商务部出台了《关于商业保理试点有关工作的通知》，我国商业保理行业步入了快车道，呈现迅猛发展势头。截至 2019 年末，全国商业保理公司共计 10 724 家，是 2012 年商业保理公司总数的 223.41 倍；根据最新公开数据，2019 年国内商业保理业务量已达到 1.38 万亿元①。

商业保理的本质是供货商基于商业交易形成的应收账款融资。应收账款的总额直接影响商业保理业务的规模，截至 2019 年末，全国规模以上工业企业应收账款及应收票据 17.4 万亿元。近年来，应收账款总额在逐年递增，商业

---

* 薛贵，中国国新控股有限责任公司金融事业部副总经理、国新资本有限公司副总经理、正高级会计师。

① 中国服务贸易协会商业保理专业委员会. 中国商业保理行业发展报告 2019 ［R］. 2019.

保理业务量占工业企业应收账款余额的比重依然较低，未来仍存在较大发展空间。

（二）商业保理行业总体发展趋势

一是商业保理发展前景广阔，是服务实体经济发展的重要类金融业务。在当前经济环境下，随着供给侧结构性改革的不断深入，金融去杠杆的监管政策不断深化，商业保理公司若能抓住政策契机，依托风险信用转移机制、具有贸易自偿性以及逆经济周期的特点，将在化解高杠杆、高负债，服务实体经济的进程中发挥重要作用。

二是在商业保理纳入银保监会管理以后监管趋严的政策环境下，商业保理公司将出现分化。2019 年 10 月 18 日，银保监会下发《关于加强商业保理企业监督管理的通知》，从依法合规经营、压实监管责任、优化营商环境等方面提出了更加具体、严格的监管要求。商业保理行业新一轮洗牌已经开始，未来实力较弱的商业保理公司将会出局，实力较强的商业保理公司竞争优势会更加明显。

三是商业保理数字化、智能化转型加快，金融科技促进商业保理创新发展。不断发展的互联网技术和逐步成熟的去中心化区块链技术，为依托于真实贸易背景的应收账款保理行业提供了强有力的技术支撑。未来，商业保理公司将充分运用区块链、人工智能、大数据、云计算等前沿科技手段，构建高效的供应链金融服务，丰富数据获取渠道，实现保理融资服务的多样化、个性化和精准化。具有完备大数据风险识别能力和专业行业链条融合能力的商业保理公司将成为行业领军企业。

四是商业保理是产融结合的重要形式之一。当前许多大型企业已纷纷设立自己的商业保理公司，促进企业产业发展。另外，一些支付公司、电商平台、物流公司也结合自身的业务场景进军保理市场。

五是商业保理的资产证券化逐步成为商业保理公司的重要融资渠道。资产证券化使资产端与资金端紧密相连，形成商业保理公司资金和资产的顺利转换和良性循环，促进保理公司的直接融资比例不断上升，融资结构不断优化。

六是围绕核心企业应付账款开展的反向商业保理为供应链上游的中小微企业解决了融资难、融资贵的痛点，空间广阔。

二、商业保理的主要业务模式

（一）有追索权保理业务

有追索权保理业务又称回购型保理业务，是指公司不承担债务人信用风险的保理业务，即若债务人于应收账款到期时拒绝付款或无力付款，公司有权向债权人进行追索，要求其无条件回购。根据公司实际业务特点，按照融资申请人的不同可划分为传统有追索权保理业务和以央企参股企业为融资申请人，核心企业提供有效增信的有追索权保理业务。

1. 产品优势。

（1）有利于卖方扩大销售规模，增加销售收入；有利于拓宽融资渠道；该产品操作便捷，有利于卖方快速实现应收账款的变现，改善企业资金状况。

（2）有利于买方改善其上游客户的现金流，增强上游客户资金周转能力，增加合作黏性；在卖方缺少抵质押担保等情况下，基于优质买方的信用获得融资，对促进买卖双方合作关系以及供应链体系的发展有积极意义。

2. 适用范围。

（1）债权人主要以融通资金为目的；

（2）债权人可提供符合公司受让条件的合格应收账款；

（3）债权人的信用评级一般高于债务人；

（4）融资期限一般不超过 3 年。

3. 准入要求。

（1）客户应符合商业保理公司的业务及授信准入条件；

（2）除符合商业逻辑外，原则上债权人、债务人不得存在关联关系；

（3）债权人、债务人有良好、稳定的合作关系，原则上过往履约情况良好，且无未决商业纠纷或争议；

（4）基础交易背景真实合法；

（5）应收账款权属清楚，没有瑕疵，买方未将其转让给任何第三方，也未为任何第三人设定任何形式的担保和其他优先受偿权；

（6）债权人已履行了商务合同项下的相应义务；

（7）应收账款账期一般不超过 3 年；

（8）其他条件。

4. 交易架构详见图1（以有追索权明保理为例）。

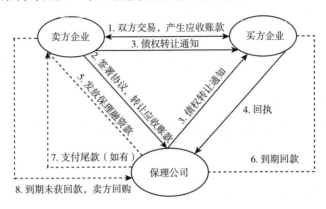

图1　有追索权的保理业务交易架构

5. 审查要点。

（1）重点关注应收账款的真实性、债权转让的有效性、到期回款的确定性；

（2）融资比例的确定应参照买方付款能力及卖方履约能力、商品质量及价值的稳定性、交易双方的历史交易记录和回款情况；

（3）对拟受让的应收账款债权在中国人民银行征信中心动产融资统一登记公示系统中进行查询并办理转让登记；

（4）融资期限应与应收账款期限相匹配；

（5）一般应为债权人回购应收账款增设宽限期；

（6）对贸易类客户融资，应厘清完整贸易链条，审核上下游交易习惯、垫款账期是否符合行业惯例，融资期限一般应控制在1年以内，鼓励开展有追索权明保理业务。

（二）无追索权保理业务

无追索权保理业务又称卖断型保理业务，是指应收账款在无商业纠纷等情况的前提下，由保理公司承担应收账款坏账风险的保理业务。

1. 产品优势。

（1）可有效压降应收账款，改善财务结构；

（2）有利于债权人及时回笼资金，提高资金周转效率；

（3）有利于改善现金流情况，提升企业活力。

2. 适用范围。

（1）债权人主要以实现应收账款出表为目的；

（2）债权人可提供符合保理公司受让条件的合格应收账款；

（3）债权人可配合签署附有回购义务的补充协议或可提供其他有效增信措施。

3. 准入要求。

（1）客户应符合保理公司的业务及授信准入条件；

（2）除符合商业逻辑外，原则上债权人、债务人不得存在关联关系；

（3）债权人、债务人有良好、稳定的合作关系，原则上过往履约情况良好，且无未决商业纠纷或争议；

（4）基础交易背景真实合法；

（5）应收账款权属清楚，没有瑕疵，买方未将其转让给任何第三方，也未为任何第三人设定任何形式的担保和其他优先受偿权；

（6）债权人已履行了商务合同项下的相应义务；

（7）应收账款账期一般不超过3年；

（8）其他条件。

4. 交易架构详见图2（以无追索权暗保理为例）。

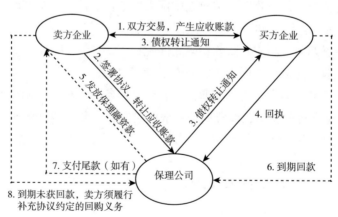

图2　无追索权的保理业务交易架构

5. 审查要点。

（1）原则上公司不得开展无有效风控措施的无追索权保理业务；

（2）重点关注应收账款的真实性、债权转让的有效性、到期回款的确定性；

(3) 对拟受让的应收账款债权在中国人民银行征信中心动产融资统一登记公示系统中进行查询并办理转让登记；

(4) 融资期限应与应收账款期限相匹配；

(5) 鼓励开展债务人配合确权的无追索权明保理业务，或综合运用买卖双方签署补充协议、对账函，或联合向债务人发函等方式对应收账款金额、账期等要素进行确认的保理业务；

(6) 注意审核债权人签署附回购义务的补充协议的真实性、有效性。

（三）反向保理业务

反向保理业务又称买方保理业务，是指公司向资信水平较高的买方（核心企业、债务人）推荐的卖方（供应商、债权人）提供保理融资服务的保理业务。在反向保理业务中，保理公司主要承担买方信用风险，占用买方在保理公司的授信额度，公司为卖方提供应收账款保理融资，买方为卖方应收账款及转让进行书面确认或保理公司认定的其他方式确认并承诺到期无条件付款。反向保理业务细分模式：对债权人有追索权的反向保理业务、对债权人无追索权的反向保理业务；线上反向保理业务、线下反向保理业务；以商票为增信措施的反向保理业务、以其他方式为增信措施的反向保理业务等。

1. 产品优势。

(1) 核心企业可以延长付款账期，缓解短期付款压力，增强资金管控力度，通过与供应商共摊融资费用，降低财务成本；

(2) 供应商可以依托核心企业解决融资问题，提前收回资金、加速资金周转、提高资金使用效率，借助核心企业的信用，往往可以大幅降低融资费用；

(3) 有助于核心企业建立稳定的供应链关系，提高产业链竞争力；

(4) 有助于逐步培育核心企业的商业信誉及企业形象；

(5) 有助于提高保理公司业务合规性，优化风险控制模式。

2. 适用范围。

(1) 核心企业的信用评级远高于供应商的信用评级；

(2) 债务人有管理应付账款的需求；

(3) 核心企业可配合向公司推荐或确认供应商客户。

3. 准入要求。

（1）核心企业应符合保理公司规定的准入条件，经营及盈利情况良好，履约能力强，且信用评级不低于 A；

（2）核心企业符合公司授信客户的准入条件；

（3）核心企业向保理公司推荐经其认定的优质供应商，并可配合对供应商转让给公司的应收账款进行确权；

（4）供应商应符合保理公司规定的相关准入条件，原则上不能为自然人；

（5）供应商与核心企业有良好、稳定的合作关系，原则上过往履约情况良好，且无未决商业纠纷或争议；

（6）应收账款权属清楚，没有瑕疵，买方未将其转让给任何第三方，也未为任何第三人设定任何形式的担保和其他优先受偿权；

（7）供应商已履行了商务合同项下的相应义务；

（8）应收账款账期原则上不超过 1 年；

（9）其他条件。

4. 交易架构详见图 3。

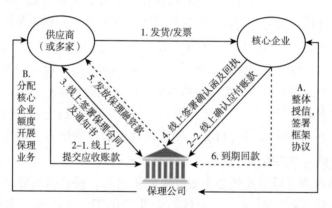

图 3　反向保理业务交易架构

5. 审查要点。

（1）反向保理业务中，买方及基础资产是反向保理业务审查的重点，其中基础资产的尽调应重点核查交易的真实性，防止准入融资性贸易保理业务；

（2）买卖双方应向公司提供商务合同及相应的证明材料，证明材料具体形式可遵循行业惯例，根据业务实际提供如货运及质检单据、验工计价、发票或其他辅助材料；

（3）融资期限应与应收账款期限相匹配；

（4）融资费用原则上应在公司发放保理融资款之前一次性收取。

三、保理资产证券化融资

资产证券化起源于美国，自 20 世纪 60 年代后期诞生后，被誉为金融领域最为重要的金融工具，是 50 多年来金融界十分重要的金融创新。中国的资产证券化还处于起步阶段，虽然最早出现于 2002 年，但真正得到政策支持始于 2005 年，而后随着美国次贷危机的爆发在 2008 年停滞。我国对资产证券化的分类主要是按照信贷资产证券化和企业资产证券化进行分类的，其区别主要在于发起人的身份不同。从发起人身份的角度来看，保理资产证券化属于企业资产证券化。2014 年 11 月 19 日，中国证监会发布了资产证券化系列法规，明确了关于资产支持专项计划备案管理办法及负面清单，将资产证券化由审批制改为备案制，简化了有关流程和备案文件，使企业资产证券化进入"常态化"发展阶段。资产证券化在我国方兴未艾，根据保理行业的特点，保理资产非常适合进行资产证券化，通过资产证券化可以实现融资，在满足一定条件下还可以出表，压降"两金"，优化财务报表，降低资产负债率，因而保理资产证券化具有广阔的发展前景。

（一）保理资产证券化的参与主体

保理资产证券化的运作涉及的主体主要有：

1. 原始权益人。也称为发起人，指保理公司，其为获得资金周转，负责确定将来用于证券化的资产，组建资产池，把从供应商处受让过来的应收账款再次转让给特殊目的载体（SPV）从而获得对价。

2. 特殊目的载体（SPV）。SPV 是一个专门为资产证券化而设立的独立的法律主体，其拥有一定民事权利并承担相应民事义务，其目的是实现与原始权益人的风险隔离，在资产证券化过程中处于核心地位。广义上 SPV 类型包括信托计划、资产支持专项计划（券商、基金子公司资管）、项目资产支持计划（保险公司资管）、资产支持票据、银行资管、私募基金等。狭义上企业资产证券化就是指由券商设立的"专项资产管理计划"。SPV 负责从企业购买适合于证券化的资产池后发行资产支持证券（ABS）。传统的 SPV 的组织形式主要包括信托型、公司型和合伙型三种，而"专项计划"是证监会为回避信托模式而开创的具有中国特色的"类信托"型载体。

3. 计划管理人。计划管理人的职责包括：负责专项计划的发起与设立；代表 SPV 从原始权益人处购买资产；委托银行进行资金托管；委托计划服务商管理基础资产；定期审查计划服务商提供的有关资产组合的相关信息，确定报告的真实性和充分性并向投资者及时披露；当服务商不能履行其职责时取而代之等。保理资产证券化中的计划管理人一般由证券公司及基金子公司担任。

4. 服务商。服务商也称为计划服务机构，证券化操作中，多数情况下资金管理人由原始权益人向 SPV 收取管理费后继续担任，这一安排对于保理资产证券化具有重要意义。考虑到保理公司是专业提供应收账款管理和催收服务的机构，对资产组合的情况比较熟悉，对风险的控制更具专业化，因此由其在证券化资产出售后继续为服务商来管理资产是比较适宜的做法。

5. 资金托管人。资金托管人是指接受 SPV 委托向其收取托管费后对基础资产进行资金托管的机构，一般由商业银行担任。托管人依据 SPV 发出的指令接受从资产管理人处收取的现金流偿付给证券化投资者；对资金流转情况进行监督管理；定期向 SPV 和投资人出具资产管理报告等。

6. 承销商。承销商在 ABS 发行中，充当包销人或代理人的角色，负责证券的发行和销售。另外，还兼具充当财务顾问的角色，确保发行结构和发行方案符合法律法规及财会、税务等各方面的要求，同时还与信用增级机构、信用评级机构及受托人等进行合作。承销商可以由证券公司及基金子公司自己担任。

7. 信用增级机构。信用增级机构是指以提高资产支持证券对投资者的吸引力，减轻资产信用风险为目的，为发行的证券提供额外的信用支持，保证资产支持证券的信用评级达到投资级以上的风险管理人。信用增级包括内部增级和外部增级，内部增级是指由发起人自身通过设置利差账户、购买从属证券、超额担保等方式来提供信用支持；外部增级主要是发起人之外的第三方（保险公司、政府机构、金融担保公司等）来提供信用增级。

8. 信用评级机构。信用增级机构是指负责确定信用等级和提高信用质量的机构，其通过信用评级对信用风险进行评估。除发行前的初始评级之外，还需进行后续的追踪评级来保证监测到任何潜在的新风险。

9. 投资者。投资者主要包括个人投资者和机构投资者，其根据对在金融市场上证券信用等级高低的判断来决定是否购买资产支持证券。投资者不得主张分割专项计划资产，也不得要求专项计划对资产支持证券进行回购，但可以分享专项计划收益，获得资产管理报告等专项计划信息披露文件等。

（二）保理资产证券化流程

一般来说，一个完整的商业保理专项资产管理计划的交易结构流程通常包括以下几个重要环节：

1. 原始权益人与多个债权人（供应商）签订保理合同，就债权人因提供货物买卖或境内工程承包/分包服务等基础交易而享有的应收账款债权提供保理服务，并受让该等未到期的应收账款债权。若商务合同有要求，则通知债务人债权转让行为。

2. 管理人通过设立专项计划向资产支持证券投资者募集资金，与原始权益人签订《资产转让协议》并运用专项计划募集资金购买基础资产，即原始权益人根据保理合同对融资人、债务人拥有的保理债权及其关联权益，同时代表专项计划按照专项计划文件的约定对专项计划资产进行管理、运用和处分。

3. 管理人与国新保理签订《资产服务协议》，委托国新保理作为资产服务机构，为专项计划提供与基础资产及其回收有关的管理服务及其他服务。国新保理作为资产服务机构，应于专项计划设立日之前以国新保理名义在监管银行开立监管账户。

4. 管理人与托管银行签订《资金托管协议》，聘请其作为专项计划的托管人，在托管人处开立专项计划账户，对专项计划资金进行保管。

5. 当发生差额支付启动事件时，由差额支付承诺人根据《差额支付承诺函》履行差额支付义务。

6. 专项计划设立后，资产支持证券将在中证登进行登记和托管。专项计划存续期内，资产支持证券将在深交所或者上交所综合协议交易平台进行转让和交易。

7. 直接债务人到期按时偿还到期应付款项后，管理人根据《计划说明书》《标准条款》《托管协议》及相关文件的约定，向托管人发出划款指令；托管人根据管理人发出的划款指令，将相应的专项计划资产扣除专项计划费用和专项计划税费等可扣除费用后的剩余资金划拨至登记托管机构的指定账户用于支付资产支持证券投资人的投资收益。

8. 在专项计划终止清算且将该期优先级资产支持证券持有人的全部本金和

预期收益都兑付完，若该期专项计划仍留存有剩余资产，次级资产支持证券持有人方可获得分配，且分配总额限于该期专项计划账户中届时留存的剩余资金总额。

（三）保理资产证券化基础资产要求

1. 基础资产池应当具有一定的分散度，至少包括 10 个相互之间不存在关联关系的债务人且单个债务人入池资产金额占比不超过 50%。

2. 基础资产中关联交易占比不超过 50%。

3. 专项计划设置担保、差额支付等有效增信措施的可以豁免上述要求。

4. 根据交易所应收账款资产支持证券挂牌条件确认指南，基础资产回款归集至专项计划账户的周期应当不超过 1 个月。

5. 原始权益人资信状况良好，且专项计划设置担保、差额支付等有效增信措施的，现金流归集周期可以适当延长，但最长不得超过 3 个月。

（四）基础资产合格标准

1. 入池应收账款已经形成，合同约定的付款条件已满足。

2. 入池应收账款不属于预付款，且债务人对其付款义务不存在抗辩事由和抵销情形。

3. 基础资产不属于违约基础资产。

4. 债务人不属于地方政府或地方政府投融资平台（入库 PPP 项目或满足交易所"单 50%"要求除外）。

5. 债权人与债务人无正在进行的或将要进行的诉讼、仲裁或其他纠纷。

6. 入池应收账款基于真实、合法的交易合同而产生，交易对价公允，且不涉及《资产证券化业务基础资产负面清单指引》。应收账款系原始权益人从第三方收购的，原始权益人已经支付转让价款，且转让价款应当公允。

7. 应收账款上未设定抵押权、质权或其他担保物权。

8. 应收账款存在担保权益的，担保权益将一并转让。

9. 应收账款转让需债务人同意的情况下，需得到债务人同意转让的确认文件。

10. 基础资产不涉及国防、军工或其他国家机密。

11. 基础资产不涉及诉讼、仲裁、执行或破产程序。

四、保理资产证券化案例——国新保理央企供给侧结构性改革供应链ABS

（一）发行方案

1. 注册规模：不超过人民币 50 亿元（含 50 亿元）。最终的注册额度以交易所注册通知书中载明的额度为准。

2. 发行模式：本次采取储架发行模式。先期以存量保理资产模拟入池，注册储架额度；后期在储架额度内分期发行。此次储架额度可用于正向保理资产或反向保理资产入池发行，方式较为灵活，具有一定的开创性。

3. 发行时间：2019 年 6 月月启动注册程序，首期发行计划在 2019 年三季度。

4. 发行期限：原则上不超过 1 年，以入池的底层资产期限为准。

5. 还本方式：过手摊还。

6. 募集资金用途：用于保理项目投放，偿还有息债务，补充流动资金等。

7. 发行成本：发行利率按照市场情况确定。预计综合成本不高于 4.5%，其中，票面利率预计为 3.5% ~ 4.2%，考虑承销费等费用后的综合成本处于 3.8% ~ 4.5%。

8. 增信方式：国新资本提供差额补足或流动性支持（或反向保理模式下，若核心企业为 AAA 评级，则无须国新资本提供增信）。

9. 交易结构详见图 4。

（二）发行的必要性

1. 有利于发挥功能定位，助力央企降两金、去杠杆。国新保理以传统应收账款保理业务为基础，以供应链反向保理和增值服务为抓手，助力央企提质增效，取得了良好的效果。国新保理依托主体信用和专业服务发行资产支持证券，能够进一步打通央企资产变现通道，提升央企资产运营效率，助力央企降两金、去杠杆，为供给侧结构性改革提供强有力支持。

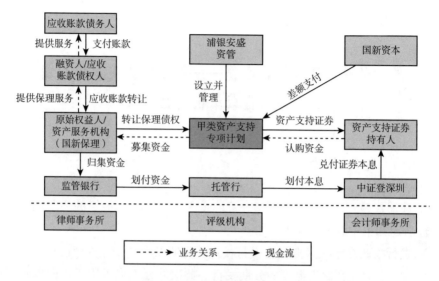

图4 保理资产证券化交易结构

注：反向保理模式下，若核心企业为 AAA 评级，则无须国新资本提供增信。

2. 有利于拓宽融资渠道，提升自主融资能力。国新保理目前的资金主要来源于银行等金融机构的间接融资，受制于成立时间相对较短、自身评级相对不高等因素制约，直接融资渠道尚未完全打通。发行资产支持证券能够进一步拓宽融资渠道，通过盘活存量资产的方式，有效提升自主融资能力，摆脱单一融资渠道对业务拓展范围的限制。

3. 有利于实现产品创新，打造国有金融服务平台。国新保理发行资产支持证券，将保理资产与直接融资市场有效结合，有利于充分利用各类金融产品，在既有应收账款保理及供应链反向保理产品的基础上进一步创新保理产品，更好地服务中央企业。探索发行资产支持证券，将央企资产与资本市场有效对接，有利于摆脱重资产模式对公司可持续发展的限制，有利于通过平台化的运营模式，打造更加高效的国有金融服务平台。

（三）发行风险因素及防范措施

1. 兑付风险及防范。在资产支持证券的存续期内，如果由于不可控的市场及环境变化，公司经营现金流与预期可能发生一定偏差，由此导致到期无法兑付风险。为防范兑付风险，公司在注册总额度内采取分期发行的方式，有效降低集中到期兑付的风险。另外，通过合理利用银行贷款、超短期融资券等直接融资产品及股东借款等融资渠道，防范到期兑付风险。

2. 利率风险及防范。资产支持证券的发行利率受国际、国内宏观经济环境变化以及国家经济政策变动等因素影响。相关因素变化将直接影响发行成本。为防范利率高企风险，公司将在注册审批通过后综合分析经营需要及市场流动性情况，选择合适时机发行，最大限度降低发行成本。

3. 监管政策变化引发的风险及防范。当前环境下，交易所对于资产支持证券的监管态度趋于中性。在宏观环境仍处于调结构、控风险、去杠杆的背景条件下，监管部门的政策是否会发生变化，资产支持证券的审核要求是否发生变化，均存在一定的不确定性，由此导致发行进度存在不确定性风险。由于监管政策的不可预计，公司将保持与监管部门的密切沟通，各参与机构也将合理安排工作计划，确保项目尽快落地，避免延期面临的监管政策变化风险。

（四）国新保险业务发展情况

国新商业保理有限公司（以下简称国新保理）于 2019 年 9 月 16 日取得了深交所批复的《关于浦银安盛资管"国新保理－浦银安盛资管央企供给侧改革供应链 1－10 号资产支持专项计划"符合深交所挂牌条件的无异议函》，批复金额 50 亿元。2020 年 1 月 7 日，国新保理在深圳证券交易所成功发行"国新保理－浦银安盛资管央企供给侧改革供应链 1 号资产支持专项计划"，发行金额 8.69 亿元，信用评级 AAA，发行利率 3.60%，此次发行的专项计划为国内首单不限定核心企业、不限定原始权益人、不限定债务人的"正向＋反向保理资产"创新模式，进一步拓宽了国新保理的多元融资渠道，在盘活存量资产的同时，延伸了国新保理的优质主体信用，降低了融资成本。2020 年 4 月 3 日，国新保理在深圳证券交易所成功发行"国新保理－浦银安盛资管央企供给侧改革供应链 2 号资产支持专项计划（疫情防控）"，发行规模 19.13 亿元，其中优先级规模 18.2 亿元，分为三层，信用评级均为 AAA 级，发行利率分别为2.9%、3.2%、3.5%，自持次级规模 0.93 亿元，占比为 4.86%。

2020 年 4 月 23 日，国新保理获东方金诚国际信用评估有限公司给予主体信用等级 AAA 的最高评级，成为国内首家在银行间市场、交易所市场披露的获 AAA 主体评级的商业保理公司。国新保理首次主体评级即获得资本市场最高信用等级，充分体现了国新保理在资本实力、盈利能力、抗风险能力及运营能力等方面的综合竞争力，有利于国新保理进一步降低融资成本、拓宽融资渠道，将更多便捷高效低成本的资金对接到央企实体产业。国新保理将以此为契机，坚持服务央企战略，抓好 2.0 升级发展，精耕央企商业保理市场，科技赋能央企供应链金融服务，有效构建"央企核心企业＋上下游＋生态圈"经营模式，为央企提供更加专业、优质的金融服务。

国新保理自成立以来，借助强大的股东背景，依托团队经营管理优势，业务快速发展。自 2016 年成立至 2019 年末，国新保理累计投放保理融资款 888.59 亿元。其中，中央企业累计业务规模 824.40 亿元，占总业务规模的 92.78%；地方国企业务规模 13.60 亿元，占总业务规模的 1.53%；中间业务规模 50.59 亿元，占比 5.69%。国新保理累计收回保理融资本金 651.42 亿元，截至 2019 年末，保理业务余额 237.17 亿元，其中，67.26% 保理款的期限在 1 年以内，7.06% 保理款的期限在 1～2 年内，25.69% 保理款的期限在 2～3 年内。截至 2019 年 12 月末，国新保理所有保理合同未发生逾期、涉诉或损失事项。

国新保理以专业的保理产品和服务能力为基础，核心的技术支持为引领，高效的运营为保障，借助强大的集团网络优势与保理行业金融科技及风险管理能力这两大核心能力，致力于为客户提供基础的保理融资服务和综合的供应链金融服务，为打造国有资本运营公司升级版再创佳绩。

资本运作篇

价值重塑，民营 AMC 的另一种生存之道

孙国强[*]

2019 年是中国不良资产行业从无到有的第二十个年头。1999 年，中国银行系四大金融资产管理公司（AMC）成立；2014 年，第一批 5 家地方 AMC 获批；截至 2019 年末，获得银保监会批复开展不良资产业务的地方 AMC 达到 56 家。2018 年 6 月，银保监会对银行系金融资产投资公司（AIC）进行统一定位，不良资产行业市场格局由原来的"四大 AMC"寡头市场逐步分化为多元化格局。伴随着行业的快速发展，民营 AMC 从服务商开始做起，也实现了快速发展。特别是近年来，随着民间资本和外资的涌入，一些民营 AMC 实力不断增强，其中几家发展迅速的 AMC 有望成为未来民营 AMC 的行业翘楚，通过打造自身的核心竞争力，实现可持续的快速发展。

一、行业整体发展趋势

（一）从供给端看

在金融端的防风险、去杠杆政策和资产端的环保、住房不炒政策相互叠加作用下，一些企业因现金流短缺发生流动性危机。2018 年以来，企业信用违约频繁出现，加之监管从严，原来被美化的不良资产进一步浮出水面。审计署发布的《2018 年第四季度国家重大政策措施落实情况跟踪审计结果》中提及，23 家金融机构掩盖 72 亿元不良资产。地方性金融机构存在不良贷款率高、拨备覆盖率低、资本充足率低、掩盖不良资产等问题。在经济下行压力的形式

---

[*] 孙国强，甲乙丙资产管理公司创始合伙人。

下，不良资产供给会有所增加。

（二）从购买端看

四大 AMC 回归主业，增加购买不良资产包的动力；银行系 AIC 组建，加大了内部购买能力，购买不良资产包一级市场竞争将更加激烈。随着民营资本和外资加快涌入，单项与二级市场的购买能力也将进一步提升。总体来看，不良资产的供给将持续增加，市场参与者数量也会增多，市场竞争将进一步加剧。

二、不良资产行业业务模式

（一）行业传统模式

1. "批发"模式。四大 AMC 拥有不受地域限制的 AMC 牌照和其他金融牌照，同时还具有资金成本低和人才资源优势，但因体制、机制方面的约束，导致其存在市场化动力不足的困难。同时，四大 AMC 还面临国有机构特有的短期业绩要求，加快周转和去库存的压力。

2. "救火队"模式。地方 AMC 大多数具有地方国资背景，对于地方经济运行、产业结构以及国资、国企情况较为熟悉，借助其背后的地方国资平台，能够最大限度调动、整合当地资源，但也受到人才、机制、地域等方面的制约。

3. "清收处置"模式。民营 AMC 处于产业链的下游，承担了大部分资产包的最终清收与处置。传统的民营 AMC 大都源于法律、财务金融背景的创始人，受到团队、资金、牌照和政策方面的限制，多数以传统诉讼、催收为手段做服务商，利用信息不对称，低买高卖赚差价。部分民营 AMC 也试图在资产价格下行时通过收购持有，获取跨周期的被动获益。2019 年以来，不良资产价格泡沫破裂，高价抢购的机构出现流动性危机，出现了不良、爆仓甚至跑路的现象。

（二）行业价值重塑模式

1. 价值重塑的要素整合。资产管理公司是以管理人和投资人的身份，根据困境企业产生不良的原因，针对其在市场、资金、技术、管理和体制机制方面存在的问题，导入资源，以重组、重整的方式，重新进行相关要素配置；根据不同情况，进行财务、债务、资产、股权、业务、人员甚至产业方面的重组，通过重建困境企业的商业模式，重塑企业内在价值，帮助企业脱困。价值重塑是帮助困境企业主动创造价值的模式，是不良资产行业的真正魅力所在。通过这种模式，资产管理公司可以获得不良资产行业中的资产自身修复、企业内生成长、资产管理和并购重组的重塑价值收益。

在当前经济下行，处置难度加大及和谐要求的形势下，这种模式符合政府和最高院提倡不良资产和困境企业要多兼并重组，少破产清算的处置方式，现实意义重大。

2. 价值重塑的行业机会。一是深圳、北京、上海破产法庭组建，大大加强了破产重整的力度，对不良资产行业从法制到营商环境将得到较大改善；二是房地产行业已经进入成熟期，新的优质土地来源缺乏，不良资产行业通过对不动产的盘整，使得历史凝结的土地红利有了可以释放的退出渠道；三是当前一些市场化的大公司和集团公司也出现流动性危机，如海航、万达、金立等企业，为中国的阿波罗出现提供了市场机会；四是政府对产业、就业和社会稳定的关注，使得政府和负责盘整的 AMC 有可能成为利益共同体，以此可获得政府的更大支持。

3. 价值重塑的关键问题。AMC 应关注四大关键问题：一是要有价值理念，具备价值重塑的思维能力，"心中有价值，才能看见价值"，不能只赚快钱，对债务人要有终极的关怀情怀，要善良；二是要建立跨界的团队，具备法律、金融、房地产、资本运作和丰富企业管理经验的团队；三是要有耐心的投资人朋友圈，有较长期的、跨界资本支持；四是建立战略联盟，与品牌房地产企业、产业基金、脱困基金以及长期的外资形成战略联盟，并取得政府支持，形成利益共同体。

4. 价值重塑的能力储备。价值重塑的能力在行业内称为特殊机会投资的能力，是由特别的人组成的特别团队，以特别的效率、用特别的方法、解决特别的问题、达到特别的效果。特殊机会投资需要具备四项能力储备：一是洞察能力，搞清委托人的目的，这种洞察力来源于实践，是经验与教训的大数据，是对人性的洞察，是系统解决问题的战略能力；二是尽调能力，即还原真相的能力，包括勤奋、人脉、创造力；三是职业能力，强调价值贡献，全力以赴，不屈不挠。不达目的不罢休的坚持精神；四是跨界能力，包括跨业界、跨地界、跨时界，以及综合量化分析能力。

三、行业探索与案例分享

（一）慎重选择标的资产

1. 重组盘活资产。经济下行可能变为新的常态，最大的机遇就是重组盘活成了最佳的选择之一。最大的挑战是流动性和跨界能力，非标产品，每一个项目的逻辑可能都不一样。单纯熟悉法律、金融、财务还不足以应对现有的挑战。新的测算逻辑：流动性为王，思考如何解决流动性。

2. 标的资产选择。不良资产方面应优先选择一线城市等有土地抵押的不动产或土地，困境企业方面可优先选择因行业周期性波动的困难企业，快速扩张造成的高负债企业，要避免介入失去市场前景的僵尸企业、恶意逃废债的失信企业、过剩产能企业、债权债务过于复杂的企业。

3. 标的资产进入方式。重组、重整往往涉及股、债联动，而股权价值容易变动，也不容易定价，有条件时可以先以债权进入或先对困境企业进行托管，从而全面了解情况，以提高重组、重整的成功概率。

（二）案例分享与实践

1. 佛山创意园和丽清花园项目。甲乙丙资产管理公司（以下简称甲乙丙）目前已初步形成了法律、房地产、管理、金融等多元化的合伙人团队。在佛山创意产业园和丽清花园项目的实践中，采用价值重塑的模式取得了一些成功，具有一定的代表性。其中佛山创意园项目占地 180 亩，建筑面积约 25 万平方米。甲乙丙在 2007 年购入后，导入园区运营商业资源与能力，历经 12 年时间打磨，如今已吸引 1 100 多家企业入园，年租金收入已达到 2 亿元，可以算得上是一个经典之作。丽清花园项目曾是一个烂尾了七八年的楼盘，甲乙丙通过债权介入后，注入资金解决了部分债务，以此为契机，解决了多年已售房不能竣工验收和办证问题，取得了 1 000 多户业主的信任和支持，并在政府的支持下，取得两块存量未开发地的商改住成功调规，提升了存量土地的价值，使得投入资金和预期收益可以安全足额退出。

2. 中房地产项目。2015 年底，原中房地产（000736）通过市场化改造，将原中房地产的控股股东中住地产的资产以划拨方式并入中交房地产集团，获得控制权。2016 年 8 月，引入市场化高管团队（包括总裁在内的核心高管），并实施项目跟投等市场化激励机制，改造后的业务取得跨越式发展，2017 ～ 2018 年销售、营收和利润增长数十倍，价值重塑的效果非常显著。

3. 中交并购绿城。2014 年下半年，融绿之争陷入僵局，中交集团把握机会，果断出手。先后于 2014 年 12 月和 2015 年 6 月分两次出手耗资约 80 亿港币收购绿城中国约 28.9% 的股份，成为第一大股东，并通过改组董事会取得多数席位，实现了对绿城的控制和并表。成功并表后，一方面通过中交集团的信用支持，绿城成功化解了当时绿城面临的流动性困难；另一方面，中交以较小的代价通过对绿城的收购并表，获得了房地产行业的著名品牌和团队，并在规模上一跃进入行业十强。这是一次经典的价值重塑的特殊机会投资的案例。

综上，我国经济发展战略已转变为"以国内大循环为主体，国内国际双循环相互促进"的新型经济模式。内循环下的价值重塑的特殊机会投资，对于扩大内需、扩大投资、促进消费、推动实体经济发展起着重要作用。

并购整合

——血液制品行业研究

齐 力*

一、概　　述

国际血制市场经过多年发展，整体迈入成熟期，在保持持续高增长的同时，寡头竞争格局稳定。国内血制行业市场表现强劲，产业龙头溢价持续提升，带动行业并购活跃，形成以天坛生物为第一梯队，华兰生物、上海莱士和泰邦生物为第二梯队的行业竞争格局。未来，随着金融资本更多地参与行业并购，资源进一步向行业龙头集中，行业继续向集中度提高的方向发展，带动行业生产效率和估值同步提升，并培育出属于自己的全球行业领导者。

二、血制品兼具公益性及战略性

血液制品属于特殊的医药细分领域，主要以健康人血浆为原料，采用生物学工艺及分离纯化技术将其中有效成分分离出来而制备成各种生物活性制剂，包括白蛋白、免疫球蛋白（丙种球蛋白）、各种凝血因子等。血液制品是在临床输血的基础上发展起来，较好地解决了全血不易运输和大量、长期贮存的问题。在医疗急救、战伤抢救以及某些特定疾病或重大灾害的预防和治疗上，有着其他药品不可替代的重要作用，属于国家战略性资源。

---

* 齐力，乾能投资管理有限公司总经理。

（一） 捐献血浆是为守护人民健康事业做贡献

20世纪70年代，英国学者理查德·蒂特马斯在其代表作《礼物关系》中提出"必须坚持血浆供应是一种社会馈赠关系，是一种生命的赠予，而不是市场买卖关系，献浆可增加给贡献者的荣誉和软性福利。"该书奠定了全球血液采集和血液制品伦理基石，在此基础上建立了全球的献血（浆）者与补偿献血制度体系，北美、欧洲等大国血液制品行业得以繁荣发展。

（二） 我国血液制品供给不足，刚性需求激增

中国参照美国模式建立了全国性的单采血浆体系，但是与美国相比，中国目前血液制品的供应量依然无法满足日益增长的临床需求。原料血浆用于制造高度专业化的血浆制品是一个长达数月的过程，包括献浆者评估、筛选和化验；（血浆）混合后投入生产大罐以及随之进行检测、加工制造、病毒灭活和纯化处理，最终分装检定合格后作为处方药，经过国家和国际监管机构的评估与许可，用于治疗某些罕见、慢性和威胁人类生命的疾病，比如原发性免疫缺陷、血友病等，而且针对这些疾病而言，血液制品是不可替代的孤儿药。

（三） 传染病中发挥的防疫和治疗作用

静丙作为浓缩免疫球蛋白制剂，大剂量的使用可在短期提高IgG（血清中含量最高的一类免疫球蛋白，也是目前国内唯一被工业提纯制成医疗产品的一类免疫球蛋白）水平2~3倍，可在人体中起到防御感染、防止自身抗体对自体的损伤、提高人体免疫力功能等作用。相比较具有长研发周期的疫苗，静丙应对突破事件的效果更佳。

（四） 血制品行业是雄心大国的战略性产业

高度安全监管的特性，要求献浆员捐助血浆具备可溯源性，再加上血浆采集的大样本属性，势必导致企业及行业会掌握大量献浆员的个人信息及健康相关的生物数据，未来这些信息的合理使用可以产生巨大的价值，由此可见我国

血制品行业亟须大力发展。同时血液制品是救灾、防疫、战略、战备和反恐防控的重要物资，是雄心大国必须做大做强的产业。

三、全球血制品行业迈入成熟期

20世纪90年代至今，全球血制品行业三大发展阶段。

（一）第一波黄金期（1990~1999年）

血制品行业量价齐升。90年代初期，白蛋白、免疫球蛋白及高纯凝血因子三大品类制备工艺已经基本成熟，血液制品的现代化产品线雏形初现。随着产能不足的问题的凸显，全球范围内，血制品公司快速涌现，销量、价格同时增长，行业发展迎来一波小高潮。

（二）调整期（2000~2004年）

产能过剩，行业洗牌，并购整合促进巨头扩张。1998年，有关学术论文指出人血白蛋白提高了低血容量症和烧伤病人的临床死亡率。随着事件的发酵，民众对白蛋白的安全性产生了质疑，加之关停企业复产，血制品供过于求，竞争加剧导致行业出现分化，大型制药企业 Aventis、Bayer 等出售血制品业务，CSL、Grifols 等公司选择坚守，并积极扩张。

（三）第二波黄金期（2004年至今）

行业回暖，静丙放量，寡头格局形成。2004年，研究发现人血白蛋白的使用没有造成增加死亡率的风险，人血白蛋白市场开始复苏，同时静丙适应症的不断扩展，成为带动血制品行业发展的新引擎。此外，FDA 着手对混乱的血制品行业进行整顿，导致血制品价格回升，在此背景下，血制品行业的发展二度迎来黄金期。截至目前，全球血制品公司除中国外仅剩十余家，其中四家龙头公司 CSL、Grifols、Baxalta、Octapharma 合计占据市场份额达53.4%。血制品行业虽已迈入成熟期，竞争格局趋于稳定，然而巨头间的并购整合仍在继续，全球市场有望进一步集中。

四、国内血制品并购重组活跃

（一）市场格局仍以白蛋白静丙为主

2020 年新冠肺炎疫情的发生，一方面短期内明显提振终端对静丙等品种的需求，另一方面有望大幅加强全国政府部门、医护人员及患者对静丙等品种的认知度，同时有望推动血制品上游单采血浆站审批政策适度放开，血制品行业长期景气度将进一步提升。同时期上市公司分化明显，天坛生物和华兰生物大幅跑赢沪深 300，上海莱士坠入深渊。血制品上市公司股价相对于沪深 300 指数变动幅度如图 1 所示。

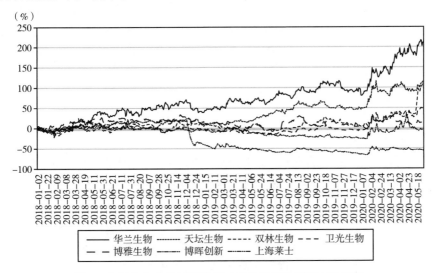

图 1 血制品上市公司股价相对于沪深 300 指数变动幅度

资料来源：Choice 数据，乾能投资。

（二）通过并购整合，行业持续向集中度提升方向发展

1. 市场集中度逐渐提升。根据上市公司年报统计国内血制品公司的 2018 年血制品业务销售额数据，其中天坛生物、泰邦生物、华兰生物与上海莱士分列行业前 4 位。2018 年我国血制品行业出厂口径市场规模约 259 亿元，8 家上市公司的市场份额约 47.34%；不考虑进口白蛋白，则 2018 年我国国产血源性

产品合计市场规模约 160 亿元，8 家上市公司的市场份额约 76.63%。

2. 国内行业大规模并购整合接近尾声。目前，全国共有血液制品生产企业 31 家。通过第一阶段的行业并购，大多数已经纳入上市公司体内。

天坛生物作为行业第一梯队和绝对龙头现有 5 张血制牌照和 58 个浆站（其中 52 个在采），2019 年总采浆量 1 708 吨，正在全力占据行业资源，力争实现采浆量翻倍，向国际巨头靠拢。公司完成重组后，效率提升，规模效益显著。同时天坛生物通过多渠道并购正在加大领先优势。

华兰生物、泰邦生物、上海莱士作为第二梯队采浆量约 1 000 吨左右，增速相对变缓，其中华兰生物与泰邦生物各拥有 2 张血制品牌照，上海莱士拥有 4 张血制品牌照。华兰生物在维持千吨采浆量的基础上将重心转向疫苗和治疗制品，泰邦生物回 A 暂还未定盘，上海莱士困于前期不当的资本市场运作影响其主营发展，目前正在经历控制权变更的角逐。

博雅生物、卫光生物、双林生物目前采浆量在 300~400 吨，正在努力冲击千吨规模，其中博雅生物及其控股股东拥有 2 张血液制品牌照，卫光生物与双林生物各拥有 1 张血液制品牌照。目前，双林生物正在并购派斯菲科并托管新疆德源 5 个浆站将快速冲击第二梯队千吨规模。

博晖创新下属大安药业在多次股权转让和对赌过程中始终未达到承诺业绩，面临继续减值的风险。并购河北中科并在云南开设浆站的计划迟迟未能落地，业务面临挑战。

3. 主要公司并购整合路径。通过整理血制品行业的国内上市公司重组并购资料，国内主要上市公司包括天坛生物、泰邦生物、上海莱士、科瑞集团、华兰生物、博辉创新等 13 家企业的并购主要集中于 2014 年以后，特别是在 2017~2019 年近三年中并购交易数增大，且交易估值高。具体的并购整合路径总结如表 1 所示。

表 1   国内血制品行业并购与整合

公司	时间	事件	交易金额	交易估值
天坛生物及其相关	2008 年 7 月	收购成都蓉生 90% 股权	5.53 亿元	6.14 亿元
	2012 年 12 月	盈天医药集团收购贵州中泰 51% 股权	0.818 亿元	
	2013 年 8 月	收购盈天医药持有的贵州中泰 51% 股权	1.01 亿元	1.98 亿元
	2017 年 3 月	收购贵州中泰 80% 股权	3.61 亿元	4.51 亿元
	2017 年 12 月	收购成都蓉生 10% 股权	6.228 亿元	62.28 亿元
	2017 年 12 月	收购武汉、兰州、上海血制 100%	27.37 亿元	27.37 亿元

公司	时间	事件	交易金额	交易估值
泰邦生物	2008 年 1 月	收购西安回天 35% 股权	4 400 万元	
	2009 年 4 月	收购贵阳大林生物科技 90% 股权，持有贵阳黔峰 54% 股权	1.94 亿元	
	2011 年 1 月	收购贵阳大林生物科技 10% 股权	5 000 万元	
上海莱士	2013 年 7 月	收购郑州邦和 100% 股权	18 亿元	18 亿元
	2014 年 9 月	收购同路生物 89.77% 股权	47.5 亿元	53.01 亿元
	2016 年 11 月	收购同路生物 10.23% 股权	5.5 亿元	53.76 亿元
	2016 年 12 月	同路生物收购浙江海康 90% 股权	3.69 亿元	4.10 亿元
科瑞集团	2016 年 8 月	收购英国 BPL100% 股权	10.59 亿欧元	10.59 亿欧元（约 72 亿元人民币）
	2017 年 4 月	收购 Biotest	97 亿元	
华兰生物	2007 年 4 月	收购重庆益拓	4 360 万元	
博雅生物	2013 年 6 月	博雅生物收购浙江海康 32% 股权，高特佳恒富、高特佳瑞富、高特佳瑞佳、顾维艰、沈荣杰 6 个自然人受让 36% 股权	3 643 万元	1.14 亿元
	2014 年 12 月	转让浙江海康 32% 股权给海螺集团	5 751 万元	1.8 亿元
高特佳	2017 年 4 月	收购广东丹霞，前海优享占 99%，王海蛟占 1%	45 亿元	45.45 亿元
人福医药	2010 年 12 月	收购中原瑞德 70% 股权	1.64 亿元	2.35 亿元
	2011 年 6 月	收购中原瑞德 15% 股权	3 520 万元	2.35 亿元
	2013 年 2 月	收购中原瑞德 15% 股权	5 250 万元	3.5 亿元
	2017 年 6 月	转让中原瑞德 80% 股权给 CSL	24 亿元（3.51 亿美元）	28.5 亿元
沃森生物	2012 年 9 月	收购河北大安 55% 股权	5.29 亿元	9.62 亿元
	2013 年 6 月	收购河北大安 35% 股权	3.36 亿元	9.62 亿元
	2015 年 7 月	收购广东卫伦 21% 股权	1.05 亿元	5 亿元
博晖创新	2014 年 10 月	博晖创新董事长杜江涛收购河北大安 46% 股权	6.3 亿元	13.8 亿元
	2014 年 12 月	收购杜江涛、卢信群持河北大安 48% 股权	6.62 亿元	13.8 亿元
	2015 年 6 月	收购广东卫伦 30% 股权	1.5 亿元	5 亿元

公司	时间	事件	交易金额	交易估值
博晖创新	2016年12月	收购广东卫伦21%股权	1.1亿元	5.24亿元
	2018年1月	杜江涛先生将其所持大安制药29.72%股权向博晖创新履行股份补偿义务		
	2019年4月	杜江涛先生将其所持大安制药0.28%股权先行代沃森生物向博晖创新履行补偿义务、云南沃森将其所持大安制药14%股权继续履行剩余股权赔付义务		
汉森制药	2012年4月	收购汉森制药36%股权	1.82亿元	5.06亿元
中国医药	2018年5月	收购上海新兴26.61%股权	2.52亿元	9.48亿元
双林生物	2017年12月	浙民投收购ST生化（振兴生化）27.49%股权	26.97亿元	98.11亿元
	2020年7月	双林生物收购派斯菲科100%股权	31.47亿元	31.47亿元

资料来源：上市公司公告，乾能投资。

（三）金融资本参与行业并购

随着行业以龙头企业并购小牌照为主的第一轮并购整合进入尾声，血制品行业的并购与整合开始由产业资本独立进行开始迈向产业资本与金融资本结合共同完成，其中以浙民投参与双林生物控制权争夺及后续相关资产的持续注入为其中最典型的代表。

随着行业并购整合的持续深入，下一步血制品企业将面临多牌照企业及上市公司之间的并购与整合。血制品企业本身属于轻资产企业，通过企业自身资产负债表完成整合面临诸多困难。金融资本的进入帮助血制品企业合理规划资本市场的发展路径，并提供包括资金支持、持续资产并购、优化公司治理等多方面的全面服务，加速行业资源进一步向龙头聚拢，形成新的、更适宜行业发展的竞争格局。

（四）并购整合塑造国际龙头企业

血制行业天花板高，可承载大体量、大市值的上市公司，目前国际前三大血制企业CSL、Baxalta、Grifols的采浆量超过5 000吨、3 400吨、8 000吨，市值分别超过 3 000 亿元、2 000 亿元和 1 000 亿元。且国际成熟血制品企业规模效应显著，可生产的产品均达到 20 余中，主要产品静丙的适应症更是远超中国。

近年来，随着国内血制品市场集中度不断提高，行业龙头的采浆量不断提升并向国际具体靠拢。以天坛生物为例，公司完成内部整合后拥有 58 个浆站，1 706 吨年采浆量较整合前的 700 吨增长显著，未来随着公司在云南、甘肃及其他战略区域布局的逐步落实，公司的采浆量将进一步提升，并冲击国际前 5。随着公司采浆量的逐年提升，为解决扩大产能问题，成都蓉生在成都投资 14.5 亿元新建永安基地，上海血制在云南投资 16.55 亿元新建云南基地，两大生产基地设计产能均为 1 200 吨，天坛生物的产能也将实现翻倍增长。

同时，行业并购也将集中研发力量，在新品种开发形成有效投入，提升国内血制品企业的生产效率。我们坚信，随着行业龙头的并购整合逐步深入，我国必会培养出属于中国的全球领导者。

漫谈从"拨改贷"到"债转股"

陈国立[*]

改革开放以来，中国经济和社会发展取得的成就举世瞩目。归结起来原因很多，其中政策创新是不可或缺的重要因素。但不管怎样，重要的政策创新都有一个共同点，即因其恰逢其时触及了矛盾的焦点、痛点，顺应了社会发展的规律，如星星之火，迅疾呈现燎原之势，引发超出人们想象的效果。

一、"拨改贷"开启了我国专业银行向商业银行转型的历史大幕

（一）始于 1979 年的"拨改贷"政策

计划经济时期，在高度统一集中管理的经济体制、统收统支的财政体制、一切信用集中于国家银行的金融体制下，投资体制的特征体现为国家充当投资主体，直接由国家筹措资金和分配资金。当时国营企业的融资需求主要分两种：一是固定资产投资，主要由财政部全额拨款；二是日常营运资金需求，每个企业均有一个限额，额度内的仍然由财政部拨款，额度外的才会向银行申请贷款。财政拨款模式下的企业可以说是基本没有融资问题，但也带来了另外一个严重的问题，即财政资金的使用效率严重低下。

1978 年，党的十一届三中全会明确将工作中心转移到经济建设上来。如何搞活国营企业成为中央决策层重点考虑的问题。在此情况下，中央从提高资金效率，强化预算约束，进而提高经济效率和效益出发，"拨改贷"政策应运而生。"拨改贷"是指将国家预算内基本建设投资由拨款改为贷款。1979 年"拨

---

* 陈国立，工银金融资产投资有限公司一部总经理。

改贷"率先在北京、上海、广东三个省、直辖市及纺织、轻工、旅游等行业开展试点，取得较好的效果。随着几轮改革的不断深入，逐步将国企的基本建设贷款、技术改造贷款以及日常营运资金全部由财政拨款改成银行贷款。这项政策一直持续到 1989 年，前后整整十年，打破了新中国成立以来"既无外债，又无内债"的计划经济时代的资金供给方式，迈入银行主导的金融格局时代，专业银行一跃成为全社会资金资源的主要供给方。

（二）我国信贷市场结构变迁与企业改革

1. 信贷供给与国企改革。"拨改贷"出台也是国企业改革的起步，我国银行的信贷市场 SCP 与国企改革高度正相关。国有企业改革是整个经济体制改革的核心内容，我国信贷市场的改革和发展伴随国企改革不断深入。

新中国成立之初，我国以苏联模式为蓝本，初步建立起了高度集中的计划经济体制，国有企业在恢复生产、振兴经济的过程中发挥了难以替代的作用。这一时期财政是资金的筹措和分配方，基本没有信贷的概念。改革开放后，党的十一届三中全会提出要把全党工作重心转移到经济建设上来，国企改革进入全新时代。国企改革 40 余年，也是我国银行业信贷市场结构、行为、绩效发生巨大变化的 40 年，两者高度相关，互为因果。大致可分为 4 个历史时期：

第一个时期是从 1978 年到 1988 年，是国家对国有企业经营管理方式进行改革的时期，国企改革主要包括放权让利和两权分离等内容。这个时期，"拨改贷"和定额贷款是银行信贷工作的主题。相应地，五大专业银行成立，为国企发展提供了大量资金。第二个时期是从 1988 年到 1998 年，是国有企业的制度改革时期，国企改革主要包括转换企业经营机制、建立现代企业制度与国有企业重组等内容。这一阶段，我国四大专业银行形成各自明确的专业分工。即中国工商银行负责城市工商业资金供给，中国农业银行负责涉农产品收购和生资供销供给，中国银行偏重外贸进出口和结售汇，中国建设银行负责基建固定资产贷款供给，交通银行专注大城市，起到拾遗补阙的作用。这一时期是专业银行向商业银行过渡阶段，并初步形成了我国商业银行信贷市场竞争格局，银行在支持国企改革的同时也承担了其改制转型的成本，形成了大量不良资产。第三个时期是从 1998 年到 2012 年，是国有资产监督管理体制改革时期，国企改革主要包括国家经济战略性调整、设立国资委、完善国有企业法人治理结构、垄断行业改革等内容。这一时期各家银行进入混合竞争，工行下乡、农行进城、建行入厂、中行"上岸"成为主要标志。商业银行先是剥离不良资产，然后逐一股改上市，进入量质齐飞的发展阶段。在这几个时期，现代商业银行体系逐步建立和完善，形成了以间接融资为主的信贷市场结构。第四个时期是2012年党的十八大召开至今，是深化国企改革时期，国企改革主要以分类改革为前提，以发展混合所有制经济为突破口，相关各项改革继续推进。混改成为当下和今后一段时期国企改革的主题。为满足国企混改需求，商业银行将顺势而为，从传统以债权融资为主的商业银行逐步转型为"股+债"综合金融服务银行，另外，以间接融资为主导的信贷市场或将以此为契机发生转变，直接融资的比重和作用将大幅提高。以"债转股"起步，以提供股权融资为主的各类AIC机构，将迎来快速成长的春天。

2. 信贷供给与民企的兴起和发展。回顾历史，我国民营经济从无到有、从小到大、从弱到强，期间商业银行承担了助推民企兴起和发展的资本的力量，大致经历了四个发展阶段：期间国有企业与民营企业互为补充、相互竞争，生成了我国改革开放以来经济增长的巨大活力，铸就了我国后续经济发展的坚实基础。

第一个时期是改革开放前十年。改革开放初期虽然出现了民营经济，但政策上对民营经济的限制仍然很多，民营经济在信贷、市场准入等方面困难很大。1988年，全国人大通过宪法修正案，"私营经济"的提法第一次出现，随后国务院颁布了私营企业暂行条例，自此民营企业名正言顺地进入国家的政治和经济。第二个时期是1992年到世纪之交。1992年邓小平南方谈话和党的十四大召开，中国进一步加大了改革开放的力度，民营经济才真正迎来春天，进入高速发展时期。一批民营企业巨人就在此时诞生，并在日后抢得很多行业的霸权。第三个时期是2002~2012年。随着民营经济法律和政策体系的完善，以及我国进一步对外开放，民营企业地位作用显著提升，转型升级初见成效，并走出国门、进一步融入全球化进程，大量高学历人才和海归引领了新一次创业潮，很多互联网行业的领军者在此时奠定了发展的基础。第四个时期是2012年至今，中国经济进入新常态，民营企业也由大到强迈向新阶段，涌现出一大批实力雄厚的大型和超大型公司，创新能力更加突出，在发展新经济方面走在了前列。

纵览民营企业的兴起和发展历程，银行作为我国金融体系的主体，在支持民营企业发展方面起到了主力军的作用。但相比国企，银行对民营企业的信贷支持与民营企业在国民经济中的地位和作用并不匹配，民营企业对非标融资和非银融资的依赖性更强，这不仅与民营企业的特征相关，还与我国商业银行诞生的政策背景和长期以来形成的风险偏好有关。目前中小企业融资难仍然是阻碍其发展的重要因素，如何拓宽民营企业融资渠道，充分调动直接融资和间接融资各类金融资源，也成为金融体系改革的重中之重。

3. 我国信贷市场与宏观经济之间的相互作用。改革开放以来，我国形成了以银行为主导的信贷市场结构，银行作为政府宏观经济政策的执行者，自觉和不自觉地支持了中国经济市场化改革的进程。一是几十年来银行从国家意志的执行者逐步转变为信贷市场的竞争者，议价谈判能力提高、产品创新速度加快、服务意识增强，因此经营绩效不断改进。二是我国银行作为特定历史条件下形成的信贷体制的主要供应方，对中国金融发展和经济增长起到了极其重要的作用。银行供给了国内企业的大部分流动资金和固定资金，但也承担了其大量改制转型的成本，同时，作为经济关系的协调者，信贷资金投向对调控产业结构、促进产业升级发挥了积极作用。可以说，国有银行的改革促进了我国金融发展，金融发展支持了中国经济增长。三是银行的特定发展历程和对经济社会的重要作用，强化了银行对于我国信贷市场结构的主导作用。中长期来看，在国家大力推进直接融资和发展资本市场的背景下，商业银行的地位和作用并不会明显减弱，而是通过自身转型发展，逐步由传统商业银行向混业经营迈进，提高股权投资能力，满足国家信贷体制转型的需求。

二、本轮市场化"债转股"的前世今生

（一）20 世纪 90 年代至今的债转股

1. 1995 年"贷改投"。实行"拨改贷"后，一些国有企业资本金不足、难以还款付息，特别是 1984 年后新成立的国企，只有借款、没有资本，企业负债成为普遍问题；随着时间推移，盈利困难的企业无法还本付息，甚至资不抵债。面对新出现的问题，1995 年国务院批准国家计划委员会、财政部、国家经济贸易委员会《关于将部分企业"拨改贷"资金本息余额转为国家资本金意见的通知》，将一些未还的贷款作为国家投入企业的资本金，即"贷改投"，这成为"拨改贷"改革调整与深化的重要路径。

2. 1999 年首轮债转股。20 世纪 90 年代末，为实现国有企业三年脱困目标，解决银行业巨额不良资产问题，我国在 1999 年开始实施首轮不良贷款债转股，属于典型的政府主导的政策性债转股。1999 年，财政部注资 400 亿元成立华融、信达、东方、长城四家资产管理公司（以下简称四大 AMC），通过向央行再贷款、发行金融债等手段筹措资金，按账面价值分别剥离四大国有银行的不良资产，成为不良债权的实际持有人。按照原国家经贸委提供的债转股企业名单，经中国人民银行、财政部确认并将债转股方案报国务院批准后，四大 AMC 对名单内企业集中开展债转股。最终累计为 580 户企业实施了债转股，总金额达到 4 050 亿元，占剥离的不良资产总额的 30%。

从实施效果看，首轮债转股取得了积极效果。一是银行不良贷款率显著下降。随着包括债转股在内的对银行的 1.4 万亿元的不良资产处置工作的开展，不良贷款率从 1999 年末的 39% 快速下降至 2004 年末的 16%。同时，通过剥离坏账、降低不良贷款率，四大国有银行轻装上阵，进而走上市场化运营轨道，为后续股改上市奠定了基础。二是企业债务负担短期内快速下降，避免了因债务过高而倒闭破产，为国企改革打下坚实基础。根据原国家经贸委匡算，债转股实施一年后，名单内企业总体资产负债率由 73% 降至 50% 以下，企业利息支出减少 195 亿元，80% 以上的债转股企业实现扭亏为盈。

从有关经验教训看，本轮政策性债转股存在以下问题：一是这类债转股不是市场化运作，主要由国家行政力量推动，银行按照账面价值将债权转让给四大 AMC，相关风险从四大行完全转移至四大 AMC，最终损失实际由政府买单。二是四大 AMC 实施债转股过程中，在转股对象、转股价格和转股条件的确定上没有遵循市场化原则，造成了资金资源配置的扭曲。三是由于四大 AMC 缺乏产业运作经验，加上彼时我国资本市场发展尚不完善，四大 AMC 后续股权退出中面临缺乏流动性和合理定价能力等问题，导致股权增值变现困难，部分存在较大损失。四是企业道德风险频发。很多企业认为债转股是"免费午餐"，部分企业通过债转股拖延时间再破产，给国家财产造成损失，造成资源严重错配，还有企业恶意拖欠债务，在全社会形成"赖账文化"。五是企业盈利未能得到持续改善。虽然在债转股实施后，企业盈利状况有所好转，但由于企业治理结构和经营绩效未见根本扭转，企业持续盈利很难实现。截至 2004 年末，接近 1/3 的债转股企业又出现亏损。六是在推动国有企业公司治理结构改革方面效果有限。首轮债转股从本质上看是将银行对企业的债权转换成资产管理公司对企业的股权，由于银行与资产管理公司都是国家财政出资设立，国有产权虚置和主体缺位的问题并未能解决，实行债转股的企业，多数并未走上改善公司治理结构的轨道。

（二）市场化债转股的政策背景

实施本轮市场化债转股的直接原因是中国企业尤其是国有企业杠杆率已触及国家宏观系统性金融风险的"红线"。企业杠杆率过高，尤其是国有企业杠杆率过高且增速过快，高于世界主要市场经济国家 70 个百分点。杠杆率过高易引发系统性金融风险已为历史证明，防范系统性金融风险当务之急是降杠杆，而降低国有企业杠杆率是去杠杆的重中之重，市场化债转股作为降杠杆的"利器"应运而生。

而深层动因则是以间接融资为主的信贷市场结构不足以支撑"大众创业，万众创新"的新型社会。经济转型升级亟须改变当下中国金融市场结构。企业兼并重组、业态整合、各类创新等需求催生银行信贷、保险信托、股权融资等多种资金供给方式脱颖而出，金融市场结构将加快向直接融资与间接融资并行发展阶段过渡。债转股符合实质推动金融供给侧改革的应有之意。

三、"债转股"的作用和趋势展望

（一）作用（契合政府、企业、银行金融资产投资公司三方诉求）

政府、企业、银行三方诉求"交集"是促成债转股的关键。从以往落地项目看，每单业务的背后均体现了各方不同的诉求。

1. 政府的诉求：降杠杆到稳杠杆，进而在"六稳、六保"工作中发挥作用。本轮债转股是落实国家"三去一降一补"供给侧结构性改革的重要手段，"讲政治"是各级政府最基本的诉求，但考虑到我国目前的经济现状，防范化解金融系统性风险才是政府最根本的"底线"。

2. 企业的诉求，除了"降和稳"之外，还有引战、引资、并购、重组、混改等需求。对于央企而言，国资委对资产负债率有明确的刚性考核要求，并针对不同行业、不同类型的企业分别设置了 2020 年的考核指标，预警线和警戒线；对于地方国企而言，由于承担了相当一批政府隐性债务，来自政府或自身降杠杆压力都很大，因未来新建项目和扩大投资需求较多，对资本的消耗速度快，资本需求缺口尤大；对于民营企业而言，产能过剩、上下游整合、多元化经营耗用了大量资本，造成杠杆率过高。

债转股对于企业来讲，并不是单纯的资金融资需求，更多是为企业提供了一种外源性补充资本的渠道，能够满足企业引战、并购、重组、混改等多种需求，是企业增强资本实力，优化资产负债结构和改善提升长期可持续发展能力的现实诉求。

3. 银行的诉求（集团层面、分行层面、金融资产投资公司自身）。依托行司联动，发挥母行客户资源、风控体系、人员机构的各类优势拓展业务是各家银行通过控股子公司实现经营多元化的共同方式。除了作为银行一般要求的流动、安全和效益"三性"要求之外，对于本轮债转股还有"讲政治、强信用、求效益"。作为全资国有银行，债转股政策作为国家金融供给侧改革和降杠杆的利器，在推进这项政策落地过程中理应发挥大行带头作用。与其他银行产品不同，债转股之后，按照目前操作的常规做法，由客户所在分支机构派驻董事或监事，直接参与企业治理和管理，表决重大管理事项（对企业信息的掌握大大增强），分支机构可以利用这一手段，进一步提升我行对标的企业和其母公司（上级主管部门）的影响力。

实施机构侧重增效益。降杠杆是一个阶段性的任务，在经历过"去火降温"之后，稳杠杆和补充资本金将是企业的主要需求。尤其当新旧动能转换、产业升级成为未来经济增长的主要旋律，同时"大众创业、万众创新"需要新的投融资方式成为支持创新项目的动力源和对冲由此带来的风险。

（二）趋势展望

大胆预测，债转股在未来大体经过三个阶段，分别是"降温去火、稳状态、调结构"。

1. 完成降杠杆任务既定目标。过去几年开展了大规模的降杠杆，未来一段时间内，一些高负债行业国企客户仍然存在降低资产负债率的需求，以五大AIC为主的国有金融机构将继续肩负服务国家实体经济、服务大局的任务，完成降杠杆既定目标。

2. 当下疫情形势，稳杠杆更具重要现实意义。在疫情防控、中美贸易摩擦和经济急速下行的压力下，国家宏观调控由"六稳"到"六保"，在此形势下，稳杠杆更具重要现实意义。

3. 市场化"债转股"将真正开启中国信贷市场直接金融与间接金融并行发展的新时代。仔细研读国家出台的关于市场化债转股业务的相关政策，不难看出，国家对于信贷市场结构转型的迫切愿望。联想到 20 世纪七八十年代国家力推的"拨改贷"等金融改革政策，前后持续近十年时间，直接改变了过去新中国"既无外债、又无内债"的格局，也诞生了新中国第一批商业银行。可以说，本轮市场化债转股是改变当前国家金融体系格局的"点睛之笔"。本轮市场化债转股不会是短期内的一项临时措施，而是一段时期由中央政府持续推动，各专业机构创新落实的重要制度安排。

有别于上一轮以政府主导的债转股和以企业主导的"被动"债转股，本轮市场化债转股是以银行等金融机构为主开展的"主动"债转股。这其中既有服务国家实体经济、服务大局的目的，又有改善企业持续健康发展能力以及银行等金融机构资产质量的意图，更有提高全社会风险偏好，将银行"存款"逐步转变为"投资"进而彻底改变中国以间接融资为主的金融结构体系的重要战略意义。

以此为起点，未来 5～10 年，以股权投资为主的金融机构将如雨后春笋般涌现出来，国内金融市场结构将由现在以商业银行主导的信贷市场，向直接融资与间接融资并重，传统商业银行与新兴投资银行并进的新时代转型。新冠肺炎疫情的发生会在一定程度上迟滞这一进程，但是，国家加快多层次资本市场建设，加大直接融资比重，优化融资结构的总体战略安排不会改变。

勘察设计企业海外并购风险的思考

——以收购新加坡 CPG 集团为例

李舒亮[*]

随着中国改革开放事业的不断深化发展，中国企业的综合实力日益增强，"走出去"的步伐不断加快。近年来，国家固定资产投资规模逐步加大，工程勘察设计行业得益于基础设施建设和城镇化建设，取得了较大发展，同时中国勘察设计企业海外投资和并购也日渐增多。然而，并购中的各种风险是中国勘察设计企业海外并购必然要面对的挑战，同时并购完成后的整合风险也是中国勘察设计企业海外并购的关键因素。

中国勘察设计市场已经饱和，市场竞争愈发激烈，勘察设计企业呈现出规模化发展趋势，企业必然有进行国内并购或者海外并购的驱动力。同时，部分勘察设计企业走出国门，充分利用国外市场，积极进行海外战略布局。此外，中国工程勘察设计企业也在积极探索业务发展模式，其中海外并购成为了重要的转型手段。

但从大量的数据和案例可以看出，海外并购蕴含诸多风险，因此有必要对中国勘察设计企业的并购整合，尤其是对国外勘察设计企业进行海外并购与整合进行分析与思考，为国内勘察设计企业的并购风险防范提供经验借鉴。

一、并购案例

中国建设科技集团股份有限公司（以下简称中国建设科技集团）于 2012年 4 月收购新加坡建筑设计企业 CPG 集团（CPG Corporation Pte Ltd.），是中国

---

* 李舒亮，中国建设科技集团股份有限公司投资部主任。

高端服务业"走出去"的重要尝试,作为中国勘察设计行业领军企业自此获得了国际化的操作平台。

(一) 并购双方基本情况

1. 中国建设科技集团股份有限公司。中国建设科技集团隶属于国务院国有资产监督管理委员会,是国内城乡建设领域唯一能够提供全专业、全过程综合技术服务的科技型中央企业。作为建设科技领域的"国家队",中国建设科技集团是行业内规模最大、国际化程度最高、技术能力和创新能力最强的领军企业,为国家战略实施、各级地方政府规划建设做出积极贡献。近几年参与"一带一路"、京津冀协同发展、长江经济带、粤港澳大湾区、雄安新区等国家重大战略,以及北京城市副中心、夏奥会、冬奥会、上海临港自贸区等重点项目的投融资、策划咨询、规划设计和建设管理等工作,承担项目多次受到党和国家领导人的参观与指导。

2. 新加坡 CPG 集团。新加坡 CPG 集团(以下简称 CPG 集团)是在亚太地区具有较强竞争力的建筑设计与咨询企业。CPG 集团前身为新加坡的公共工程与囚犯监管局,成立于 1833 年。1946 年变更为新加坡公共工程部。1999 年,公司从政府机构中独立出来,新加坡公共事务局集团(PWD Corporation)正式成立(为淡马锡控股的子公司),并于 2000 年收购了 Indeco 咨询公司。2002年,公司正式更名为 CPG 集团。2003 年,CPG 集团被澳大利亚 Downer 公司收购,正式成为 Downer 公司旗下成员。

(二) 并购对于双方的意义

1. 并购对于中国建设科技集团来说可在以下几个方面带来提升:提供拓展海外国际市场经验;加强新的设计领域,如机场和医院等;提升前端规划的能力,赢得政府信任,把握项目初始的机会,系统经营市场;CPG 集团的经验与业绩会有利于提升国际竞争力;收购带来品牌效应,强化了企业品牌,提升了企业行业影响力;企业规模与实力增强,业务结构更加均衡。

2. 并购对于 CPG 集团自身而言,有以下契合点:CPG 集团在机场、医院、学校等公共工程领域已达到亚洲一流水平,但新加坡本土的建筑设计业务已无更多拓展空间,未来中国市场是全球的热点,借助于中国建设科技集团,CPG

集团可以开拓更广泛的市场；新加坡政府希望通过企业化运作使已经积累的专业人才不至于荒废流失，通过来自中国建设科技集团的投资可以解决此顾虑；中国建设科技集团愿意保持 CPG 集团的相对独立和完整性，保持品牌和商誉，稳定管理层并对员工开展进一步的激励等。

（三）并购过程简要回购

1. 应邀参加海外竞购。2011 年 8 月中国建设科技集团收到交易卖方澳大利亚 Downer 公司的财务顾问瑞银集团（UBS）的邀请信，邀请中国建设科技集团参与 Downer 下属的三个子公司 CPG 亚洲、CPG 澳大利亚和 CPG 新西兰以及中新集团少数股权的公开出售。中国建设科技集团于 2011 年 9 月 20 日，向卖方提交了非约束性报价函，整体报价为 1.42 亿美元。

9 月 26 日，UBS 发函确认中国建设科技集团通过了第一轮竞标，并邀请其参与第二轮约束性竞标。在进行了详细的尽职调查，并获得国家发改委收购项目信息报告确认函后，中国建设科技集团于 2011 年 11 月 11 日决定将此次收购标的最终确定为包括 CPG 亚洲和苏州工业园中新集团（CSSD）5% 股权两部分资产的 CPG 集团 100% 股权，收购价格为 1.47 亿澳元。

2. CPG 集团估值及定价。为了降低估值风险，本次收购采用了绝对估值和相对估值相结合的方法，对 CPG 亚洲进行了估值分析。在绝对估值法中，利用了公司自由现金流模型，同时考虑资产负债表相关调整项的影响，得到 CPG 亚洲的企业价值；在相对估值法中，选取了息税前利润倍数和收入倍数两种计算方法，同时考虑资产负债表相关调整项的影响，得到 CPG 亚洲的企业价值。根据估值分析，CPG 亚洲的股权价值区间为 7.1 亿~7.7 亿元，5% CSSD 的股权价值区间为 1.7 亿~2.3 亿元，因此 CPG 集团的股权价值区间为 8.8 亿~10.0 亿元。

3. 开展多轮商务谈判。在众多实力强劲的竞争对手之间，中国建设科技集团作为第二顺位买家进入商务谈判阶段，协商中标协议有关条款。在综合评估风险可控并通过协议条款对相关风险进行了约束和限定的情况下，2011 年 12 月 13 日，中国建设科技集团与澳大利亚道纳公司就收购其旗下 CPG 集团相关资产范围、报价及相关约束条件等事项达成一致意见，双方签署了中标协议。

4. 后续相关工作。中国建设科技集团积极向国家相关部委上报了此次企业海外收购情况，得到了国家机关对这次收购事宜的认可支持和正式批准。在收购资金筹措方面，中国建设科技集团与中国进出口银行达成贷款协议，通过自有资金和银行贷款相结合的形式完成了股权交易过程。4月27日，中国建设科技集团与卖方签订了交割协议，以全资方式成功收购CPG集团，顺利完成了全部收购工作。

至此，中国建设科技集团第一次走向海外的企业收购工作取得阶段性圆满成功。

（四）并购过程关键问题与处置

1. 新增业务的可能性。CPG集团每年营业收入的一部分来自新签合同。在收入预算制定过程中，CPG集团管理层把新增业务大致分成两大类：存量合同的延伸和新签合同。其中第一类业务有较大可预见性，管理层也保持相当的信心。第二类业务需要CPG集团投入人力和物力进行开发，相对第一类业务存在一定的不确定性。中国建设科技集团通过设立CPG集团员工长期激励机制以及加强双方的业务合作，努力降低该项风险。

2. 业务多样化问题。由于CPG集团前身为新加坡政府的公共事业部，企业化完成后的大部分业务仍是服务于新加坡政府的各类业务，来自政府的业务占营业收入的67%左右。未来可能的政府财政削减对CPG集团整体营业收入将会带来一定的负面影响。CPG集团管理层正在加大开展非政府业务的力度，使营业收入多样化，减少对政府业务的依赖。交易完成之后，中国建设科技集团将提升客户种类多样化，降低因政府削减开支所带来的风险。

3. 存量合同执行问题。CPG集团营业收入部分来自存量合同，存量合同的正常执行对收入的稳定性有一定影响。中国建设科技集团将高度关注维护CPG集团与其主要客户的良好合作关系，并且保证高质量的产品与服务。

4. 跨境担保问题。尽职调查显示，CPG集团与其原母公司Downer公司及Downer公司下属其他企业之间存在内部贷款及内部交叉担保的情况。有关内部贷款及这些交叉担保的处理方式，中国建设科技集团与Downer公司谈判的初步结论是卖方将在交割之前，将以往的内部贷款及交叉担保解除Downer公司与CPG集团之间的相互担保关系。随之产生的担保义务，由双方各自承担。

5. 相关诉讼问题。尽调材料显示存在10万新币以上20万新币以下的诉讼，鉴于诉讼结果尚未形成定论，未来可能产生或有负债。因此，在股份购买协议中约定，中国建设科技集团可以向Downer公司追偿损失的单笔起赔额及累计总额起赔额，以帮助中国建设科技集团将风险降至可控范围之内。

6. 有限尽职调查风险问题。中国建设科技集团在开展此次 CPG 集团的收购过程中，所依据的尽职调查报告资料均由卖方提供，由于对方提供的信息的完整性存在一定限制，使得财务顾问很难对 CPG 集团的运营、财务及法律状况做出全面的评估。为了规避风险，在股份购买协议中明确上述事项的担保和相应的赔偿条款，并提出交割审计的要求，最大限度地维护中国建设科技集团的利益。

7. 股权转让协议中的问题。卖方提供的第一版股权转让协议中存在一些对卖方有利，对买方不利的条款。中国建设科技集团提出如下关注重点，希望卖方能够在进一步报价完成前澄清或更改，确保中国建设科技集团利益得到维护：

（1）卖方在协议中提出了锁定日期式的交易方式。在这种方式下，卖方对出售实体经营、财务及其他方面上的承诺锁定在一个基准日期，而在基准日到交割日之间出售实体运营和财务状况会如果发生变化，买方将承担相关的风险。因此中国建设科技集团要求在协议中约定如发生重大变化，需对方承担相应的责任。

（2）协议允许卖方通过若干个被允许的资金抽离项从标的公司抽离现金，然后以股东贷款的方式借贷给标的公司补充其运营资金，获得利息，使买方的收购成本增高。就此中国建设科技集团要求减少允许抽离项数量，缩小范围，并要求对方在有任何价值和资金外流时提出正式通知，并在一定情况下需要获得中国建设科技集团同意方可进行。

（3）协议在正式交割先决条件方面描述的相对简单，并且没有考虑到买方作为中方收购主体所需的国内外审批流程。对此向对方提出适当的先决条件，其中包括中国建设科技集团获得所有必需的监管审核。

（4）由于出售前卖方向出售实体提供若干项企业性质的服务，协议中约定卖方在正式交割后是否或在什么样的条件下继续向标的公司提供此类服务，确保业务的正常运行建设科技集团可在交割后逐渐替代卖方提供这些服务，但在前期卖方必须对此类服务提供保障。

（5）卖方对买方的追索权在对应的可追索出售主体和相应的可追索金额有严苛的限制，中国建设科技集团要求卖方母公司应当作为索赔的最终追索目标，以确保买方可以获得适当的补偿；协议中卖方出售主体提供的承诺和保证相对简单，不足以保护买方权益，中国建设科技集团提出卖方需要对标的公司运营提供一定的承诺和担保，确保交割后标的公司能够继续正常运行；协议中的纠纷调解法律更改成新加坡或香港法律。

二、勘察设计企业海外并购风险分析

（一）并购筹备阶段风险分析

1. 市场环境风险。

（1）经济风险。企业进行海外并购时，所用的资金一般都是存放在国际金融市场之中，相对稳定的国际金融市场就为企业的海外并购活动提供了一个可靠的外部环境。其次，应该选择发达国家的企业进行并购，国家经济发展较好，经济环境稳定，出现巨大波动的概率很低。同时发达国家的企业一般来说成长比较好，管理、运营模式成熟，收购这样的企业更容易为并购方企业带来经济利益的增长。

（2）行业风险。由于勘察设计行业发展速度呈现加速的趋势，产业的升级需求越来越强烈，因为很多设计产品具有很强的可替代性，勘察设计企业的产品自身的特色不明显，很容易被其他企业的同类型设计产品替代。同时，社会需求具有多样性，也给并购企业对行业的未来发展趋势产生误判，被收购企业差异性如果不明显，容易导致收购过剩和落后产能，规模虽然扩大了，但是并没有增强企业自身的竞争力和品牌价值。

（3）产权风险。在我国，产权市场发展还不成熟，市场不规范，企业对产权的认识不足，产权意识淡薄，产权管理经验匮乏。勘察设计企业更是如此，大部分都是从科研院所改制而成，由于体制遗留问题，导致产权归属混乱。我国从事相关评估工作的咨询机构虽然有很多，但是水平良莠不齐，这就容易导致评估价值和目标企业的真实价值出现严重偏差。

2. 政治风险。政治风险在海外并购中比较常见，一种是一个国家的政府发生政变、政治动乱，有时候甚至是政府正常的换届，都有可能导致国家经济活动受到影响，并购活动自然不可能例外，轻则并购受到政治因素阻碍，重则导致并购活动终止，前期的并购成本将付诸东流；另一种是本国政府或者目标企业政府并购行为采用严格的政策、行政命令的等强制措施进行干预。

3. 前期战略决策风险。目标企业的选择是海外并购行为的开端，它直接关系到海外并购行为的成败。企业在对目标企业进行筛选时，一定要明晰企业自身战略，在选择并购行业时，目标行业最好是与自身企业在业务上有契合性。

（二）并购实施阶段风险

1. 财务风险。实施阶段的财务风险主要包括估值风险和融资风险。

（1）估值风险。企业选定目标企业后，首先要对目标企业进行估值，估值结果决定了企业并购的成本，评估结果要能真实反映企业的价值。近年来，我国企业在海外并购的时候，对目标企业估值过高的例子比比皆是，造成了严重的资产流失。第一，虽然在并购前会做充分的尽职调查和前期调研，但是想要全面了解企业情况却非常困难，无效或者虚假信息过多，而真实反映企业实际情况的信息不足。第二，企业通常会聘请中介机构对目标企业的价值进行评估，因此还需要考虑聘请的中介机构专业性与经验不足带来的风险。

（2）融资风险。企业海外并购需要大量的资金，对融资规模、融资时间、融资结构等要做好详细周密的安排。勘察设计企业作为轻资产企业，融资规模相对于其他资源类、工业类企业并购来说较小，但是对其自身来说，数额仍是非常巨大的。融资如果不能及时完成，或者融资规模不能满足并购需求，则会导致并购延期，更严重的会导致并购失败。国内的国有勘察设计企业有国家信用作为保障，有政策和资金支持，融资比较容易；而多数民营设计企业融资成本相对较高，难度比较大。

2. 法律风险。每个国家的法律法规千差万别，针对公司并购的审查流程也各不相同，国内企业进行海外并购时面临并购行为不符合目标企业所在国的法律法规，并购行为受到该国法律限制的风险。

（三）并购后期整合阶段风险

法律意义上资产的交割、转移或者股权的转让，仅仅是并购的开始，后期的并购整合工作尤为关键，将被并购企业由保存价值转变为创造价值，才是真正发挥并购价值的时刻。就战略性并购而言，并购手续的完成仅仅是并购工作当中的一瞬间，后期的设计与整合才是并购真正成功的关键，通过整合，推动企业总体战略前进，进而创造新的价值。

并购后期的整合风险主要包括战略与市场整合风险以及文化与人力整合风

险。并购后的整合比并购交易更为重要，它是整个并购过程中最重要的一个环节。

1. 战略与市场整合风险。企业在并购完成之后，应该从市场定位、经营模式、管理模式等入手，对企业战略和市场进行整合。勘察设计企业并购整合过程中可能会面临多重风险：目标企业的发展战略可能会与并购企业出现较大的差异；双方专注的市场领域和市场定位可能存在差异；并购后对目标企业经营模式的改变有可能会丢失客户，存量合同有可能不能很好的执行；目标企业的管理制度如果与并购企业差异较大，且整合不力，可能会导致对目标企业指挥不灵，效率低下，从而影响经营业绩。

2. 文化与人力资源整合风险。跨国企业的文化差异，既包括不同国家文化的差异，也包括双方企业之间的差异。企业的难题是如何建立一个有效的跨文化交流机制，避免文化差异产生的矛盾和冲突。中国企业因跨国经营历史较短、经验不足，对于全球整合、国际游戏规则、相关惯例和规范不够熟悉。有的企业以固有思维管理整合工作，不能够很好地理解被收购公司的经营理念、治理结构、运作方式，很容易在整合中遇到困难。勘察设计企业作为智力密集型企业，人员是决定性的因素。因此，人力资源整合如果出现严重问题，将会对勘察设计企业造成致命打击。

三、勘察设计企业海外并购风险控制建议

（一）筹备阶段风险控制

1. 市场风险控制。

（1）经济风险控制。中国勘察设计企业在进行海外并购前，要对两国的汇率风险做评估，对汇率的变化要进行预测。如果选择以第三方货币进行融资或者交易，则尽量选择国际货币，因为这种货币币值相对稳定，汇率相对稳定，兑换风险小，是海外市场交易的最好的选择。

（2）行业风险控制。建立行业跟踪与信息搜集平台企业内部负责战略投资的部门应充分搜集、了解并购相关信息，跟踪行业与目标公司的重大发展变化，做好日常监察工作，及时捕捉有利信息，提报企业战略委员会进行研讨决策。

2. 政治风险控制。为了解决好政治风险问题，勘察设计企业在进行海外并

购前，要选择政治环境稳定的国家。我们企业可以选择与中国有着良好外交关系和贸易往来的国家，并且可以通过当地的大使馆与目标所在国取得联系，就并购事项进行充分的沟通，取得对方的充分信任和认可。

3. 战略决策风险控制。企业应在总体战略要求之下，对当前的业务组合与发展规模进行理性判断，找出产业的战略空白、规模空白与市场空白，明确未来并购方向，并形成若干拟并购目标企业进行长期跟踪与接洽。

（二）并购实施阶段的风险控制

1. 财务风险控制。

（1）估值风险控制。做好估值风险控制的基础是做好尽职调查。企业在并购过程当中应充分重视尽职调查工作，充分掌握目标公司信息，以对谈判与估值策略形成有效支撑，获取并购的主动权，有效控制并购风险。

（2）融资风险控制。为了有效避免融资风险，企业要制定完整的并购全过程的时间表，每个时间点要对应明确的业务，通过合理计算和预测各个阶段和环节所需要的资金来确定整个并购和并购后整合所需要的资金规模，再根据并购时间表来选择具体融资的时间点与融资方式。

2. 法律风险控制。企业并购的活动必然受到国家、地方相关法律法规或政策的限制，因此并购时应充分研究国家及当地的相关政策。对目标企业的并购方案可能涉及相关国家、地区及行业管理的法律规定，并购方律师参与并购的主要目标就是为并购计划制定切实可行的专业法律意见，扫平法律障碍，保护企业利益。

（三）并购后期整合阶段风险防范

1. 战略与市场整合风险防范。并购重组从长远发展的角度应紧密围绕并购企业总体发展战略制定、实施并购重组战略规划。中国勘察设计企业与被并购企业涵盖的业务板块既有相同又有差别，在市场不同区域的业务拓展范围也存在较多的重复交叉。因此，考虑强化各业务板块的机制联动，逐步建立内部协作机制，促进业务协同发展，实现业务资源的最优配置，是战略与整合管理的重要目标。市场整合方面，要在主营业务发展前景分析的基础上，结合宏观经济发展趋势及市场区域发展规划，研究确定区域市场策略。

2. 文化与人力整合风险防范。在进行文化整合的时候，要把握"求同存异"这一核心原则不放松，允许不同的文化并存。并购后，两种文化结合在一起，各取精华，对企业的发展大有帮助。对于人力整合，应该保留其优秀的管理和设计团队。勘察设计企业要在并购交易交割前与被收购企业的重要员工进行沟通，努力稳定现有工作团队。在收购完成后，要尽快制定较为全面且可行的员工长期激励机制。

浅议工程设计企业资本运营

杨鸿江 *

资本运营是市场经济的范畴，是企业经营管理的一种方式。国内工程设计企业大多数都脱胎于事业单位，是计划经济的产物，所拥有的主要或核心资产是工程设计人员，其资本运营案例较少。随着改革的推进，目前该行业也出现股权、市场、业务多元化的特征。从资本运营的实质来说，任何市场经济中的主体都可以通过资本运营实现发展壮大和基业长青。

一、资本运营的内涵及方式

马克思的《资本论》和萨缪尔森的《经济学》都提出，资本具有增值性，具有逐利性。资本是基于企业设立时股东投入的资金，通过经营者购置资产、组织生产的结果，是企业经营发展过程形成的价值。由于存在经营管理的不同，对于同样的资产，除掉折旧的因素，在不同企业和不同时期，其价值不同，作为资本的价格也就不同。所以，企业的资产在财务报表里有一个价格，叠加了经营管理能力以后作为资本就具有了超额价值。基于这个观点，我们就可以把企业生产经营的各个要素资本化。

关于企业价值的判断和创造，采用证券市场上市公司的相关案例，凡是市值（我们可以把其视为企业的公允价值）高的企业，都具有技术先进、管理优秀、市场多元等比较优势特征，它们无论从股票价格还是提供的产品服务的价格，都能取得超额收益，其实这都是资本运营与生产经营良性互动的结果。所以，我们在探讨工程设计企业资本运营之道时可以充分借鉴此类成熟企业的经验，结合工程设计企业自身的特点进行研究。

---

* 杨鸿江，中国航空规划设计研究总院有限公司投资总监。

二、工程设计企业的特点

（一）工程设计企业优势

从世界范围来看，随着投资对各国经济发展的拉动作用越来越明显，工程设计相关咨询业成为现代服务业的重要组成部分，对提高投资决策的科学性、保障工程建设的质量、安全和效益，促进经济社会可持续发展方面具有重要意义。随着我国工业化、信息化、城镇化、市场化、国际化发展的加快，工程设计企业也随之出现收入规模、从业人员、企业数量、利润总额的大幅增加。从资本运营的角度来说，工程设计企业具有以下优势：

1. 轻资产。工程设计企业生产流程简单，生产条件需求不高，主要依靠设计者和设计工具（电脑和软件），特别是数字化交付图纸以后，其所用的生产设备越来越少，因此，投资者不用花费过多的资金用于资产的投入，可以将资金集中到提高企业价值的环节中去，比如人才引进、市场拓展、技术研究等。

2. 大市场。理论上来说，工程设计企业面向的市场是全行业、全周期、全球化的，可以面向企业、政府，也可以面向个人，市场空间的想象为资本运营提供了强大的基础。另外，由于可以服务不同地区和产业，工程设计企业对经济态势的感知也要超前于其他行业，因此，其资本运营的时机研判和选择也是较其他行业有优势的。

3. 强管制。目前为止，我国工程设计企业从业还是实施的行政许可下的企业资质准入制度，该制度管理融合了企业的资历、信誉、技术条件、技术装备及管理水平等内容，随着管理部门相关监管的完善，资质与企业价值正相关的程度越来越高，在此基础上，资质成了某些企业承揽重大项目的"护城河"。

（二）工程设计企业面临资本运营的问题

虽然具有上述"先天"优势，但是我国的工程设计企业由于历史原因和自身特点也具有以下不利于资本运营的问题：

1. 现有业务单一，发展想象空间小。对于特定工程设计企业而言，其业务模式比较简洁，主要是根据业主需要、按照现行规范进行图纸设计，收费标准也很公开，其生产能力主要依靠设计师的熟练程度和数量，因此，其同质化严重、发展规模和利润空间明晰，资本溢价空间有限。另外，由于工程设计方案主要依靠核心设计人员，每个项目均是定制化，很难实现业务标准化，其业绩也存在不稳定的情况。但是，从实质来讲，业务对于工程设计最终的要求是建设一个实实在在的产品——建筑物，而工程设计是整个工程建设的灵魂，是其实施过程中的重要一环。因此，从价值链和供应链来说，工程设计对于处于下游的、属于第二产业的施工企业和各个构件、建材供应商具有一定的主导作用。如果能利用其特殊的行业地位，在业务模式方面进行创新和发展还是有很大想象空间的，如积极开展国家倡导的全过程咨询服务、工程总承包业务和PPP项目，对于实现工程设计企业服务的保值、增值是有益处的。

2. 地方保护严重，市场拓展压力大。一直以来，不论是从行业监管角度出发，还是从保护本地企业不受冲击，抑或实现税收落地等原因，我国各地对工程设计企业开展业务都有很多限制条件，虽然现在大多改为备案制，但也为工程设计企业的市场拓展带来困难和成本，这样的市场是竞争不充分的行政化市场，工程设计企业要想做大做强，必须借助资本运营在区域布局方面要有所突破。

3. 研发需求不高，创新驱动弱。工程设计业务涉及专业面广、可靠性要求高、规范性强，很多技术条件一经确立，就会作为行业设计标准明确下来，短期之内很难大幅度改动，设计师们只需应用相关要求，结合自身经验做出合理、美观设计，因此，其价值创造应属于技术应用型偏多，作为创新型的活动相对较少。另外，对于一个企业来说，研发除了为客户创造更好的服务和产品以外，对于自身工作的改进也是必要的。实际上，作为设计手段的提升，工程设计企业是信息化最早应用的行业，但是，受制于下游建筑施工条件的限制，工程建设行业整体的信息化、数字化并未得到较好的应用。如果工程设计企业能将当下的智能化和"互联网＋"技术等与传统设计方式相结合，进而带动施工企业以及后续的建筑设施运营相结合，也必将对行业产生深远影响，进而提升企业价值。

三、工程设计企业资本运营的建议

我国工程设计企业走过了60多年的发展历程，早在1979年，就启动了以事业体制向企业体制转型为目标的改革，成为我国事业单位改革起步最早的行业。在40多年的改革中，已经采用了一些资本运营的手段，通过改制重组、业务调整、资质改革、市场开放，生产力不断获得解放，竞争力不断增强，技术进步不断提高，取得了一定的成功，为企业开展更高层次的资本运营奠定了较好的基础。结合当前业务转型要求和资本市场的发展，借鉴其他行业资本运营的经验，工程设计企业可以通过以下途径开展资本运营工作：

（一）做好顶层策划、服务整体战略

发展战略是企业资本运营的指挥棒，企业首先要根据自身发展和市场竞争的情况制定好顶层规划，战略层面比较适用的资本运营方式为股权层级，如果实施扩张型战略，无论是地域扩张型还是业务拓展型，均可采用并购、整合、设立分/子公司等方式实现；如果实施收缩型战略，则需采用股权转让、减资退出等方式。股权级资本运营大多属于外延式发展，可以尽快建立相应的能力，当然需要付出一定的成本，其回报则更加依托于业务层的发展。

（二）依托核心业务、创新商业模式

对于工程设计企业来说，主营业务是资本运营的基础和核心，围绕主营业务开展商业模式创新也可以通过资本运营中的项目投资与金融工具相结合来实现。比如，当前国家大力推动公共服务和基础设施领域工程建设，在该类项目投资依靠社会资本的影响下，以往那种直接向政府方（或政府投资平台）投标取得项目的方式已经无法实施，大大掣肘了工程设计企业的发展。以此导致了工程设计企业项目承揽受制于人，设计费水平和谈判地位等均受到较大影响，难以体现工程设计企业的真正价值。在此条件下，工程设计企业如果转型为投资＋服务，从自身角度来说，对于保障工程设计利润水平具有重要意义；从整个项目运作来说，工程设计企业成为投资人以后，必将对于优化设计、节省投资更加重视，可以充分实现国家改革的目的。当然，工程设计企业不是项目投资的主体，可以采用联合体的形式，通过小额参股投资实现拉动主业发展。在此类项目运作过程中，由于投资不是主业，工程设计企业在商业模式设计时还要考虑到退出，所以形成投资—建设—退出一体化的模式，项目运作过程中引入供应链金融、资产证券化等均可以实现工程设计企业的业务价值落地。

（三）打造核心技术、提升增值潜力

技术创新是资本运营高度关注的内容，凡是有较强技术研发能力的企业无不具有较强的话语权，没有技术引领的资本运营是无源之水、无本之木。工程设计企业大多属于高新企业，其智力密集的特点不容置疑。但是，在企业管理过程中，由于对于设计者经验的依附程度过大，导致企业市场竞争力也变得脆弱。因此，工程设计企业要从长远考虑，对于打造知识系统、采用智能设计、推广设计建造一体化等方面及早布局，形成核心技术比较优势，在股权级上市发展和业务层承揽项目当中均会获得超额价值，实现资本运营的目标。

（四）关注全面风险、完善应对机制

无论何种资本运营方式，都是企业经营管理中的重大事项，要么涉及大额资金，要么涉及员工安置，要么涉及企业长远发展，实施过程的风险控制显得尤为重要。建立资本运营全面风险管理体系对于强化风险管理意识、加强风险因素识别、建立风险管理管理标准、实现风险控制目标具有重要的意义，我们在决策过程中首先要采用科学的计算方法和参数进行论证，在风险管控过程中要紧密围绕资本运营流程为基础制定风险分类，并对各风险常见表现进行描述，明确主要工作、工作目标和评价标准，提出可行的应对机制和方案。客观地说，全面风险管理体系是逐步完善的过程，通过风险管理的机制有效运行，可以充分规避、控制、降低资本运营中的风险，避免出现重大的决策失误，实现工程设计企业资本运营的目的。

四、总　　结

工程设计是工程建设的重要环节，事关国家经济发展、民生改善、企业生产，是我国现代服务业的重要组成之一，改革与发展的过程也有资本运作的影子。尤其是近些年，随着业务多元化的加快和民营工程设计企业的发展，出现了多家上市公司并受到资本的青睐。但是，与其他行业相比，工程设计企业的资本运营步子还是较慢，手段较少，急需通过资本的力量加速行业的资源优化配置、促进企业的快速发展，进而实现技术水平和服务能力的提高。

金融科技篇

小微金融生态体系建设中的科技赋能

王德伟[*]

伴随着金融供给侧结构性改革的不断深化，缓解小微企业融资难、融资贵已成为顶层设计的共识。在金融服务供给与小微企业融资需求不匹配的情况下，各市场主体都在努力为小微企业发展创造便利条件。以政府为主导、主流金融机构为核心、科技公司为突破的小微金融生态体系已初具规模。

一、政府政策体系持续完善

助力小微企业发展相关政策涵盖了差异化监管、加大信贷投放、完善贷款风险分类制度等多个方面。《关于2020年推动小微企业金融服务"增量扩面、提质降本"有关工作的通知》《关于进一步对中小微企业贷款实施阶段性延期还本付息的通知》《关于进一步强化中小微企业金融服务的指导意见》《关于加大小微企业信用贷款支持力度的通知》的接连发布，"两增两控"扩展为"增量、扩面、提质、降本"，借助货币政策工具、普惠小微企业延期支持工具和信用贷款支持计划，进一步推动金融支持政策更好适应市场主体的需要，强化对小微企业金融支持。

2020年4月21日，国务院常务会议决定提高普惠金融考核权重和降低中小银行拨备覆盖率，通过监管政策和内部考核的办法来引导对小微金融支持，货币与监管政策协同加强了对小微企业的金融服务。根据2020年4月22日国务院联防联控机制新闻发布会披露，国家税务总局联合银保监部门面向守信小微企业创新开展的"银税互动"，截至4月22日的贷款余额5 732亿元，贷款

---

* 王德伟，东方微银科技（北京）有限公司首席运营官。

户数 75 万户，发挥了纳税信用增值效应，有效为小微企业发展添力赋能。国家发改委、财政部、央行、银保监会、证监会、外汇局等金融委成员单位正陆续推出 11 条金融改革措施，首条即为《商业银行小微企业金融服务监管评价办法》，完善对小微企业金融服务的激励约束机制。多部门政策组合拳加码，全速推进小微金融政策体系完善，支撑小微企业发展。

同时，各省区市政府及城农商行纷纷出台支持小微企业发展的具体措施，持续推动政策落实落细。北京、重庆、甘肃多地创设了企业首贷服务中心，重点攻克"零信贷"小微企业首贷难题。例如，浙江将减免小规模纳税人增值税，对小微企业自用的房产、土地免征房产税、城镇土地使用税，对中小微企业免征养老、失业、工伤保险单位缴费等优惠政策，一并延长到 2020 年底。长沙银行疫情发生后第一时间推出"暖心助企"九条举措，通过增信贷、降成本、优服务，帮助企业复工复产，支持实体经济发展。

小微企业融资问题的解决需要综合施策、坚持不懈、久久为功。预计未来在小微金融相关政策方面会继续侧重切实的资金供给、提高信用贷款占比、下调小微企业贷款利率及采取更多降低贷款成本等措施。

二、金融机构持续加大对小微企业的支持力度

银行是我国金融体系的支柱，银行等传统金融机构当前仍是我国小微企业外源融资的主要渠道。根据央行发布的《2019 年金融机构贷款投向统计报告》统计，2019 年普惠小微贷款全年增加 2.09 万亿元，同比多增 8 525 亿元，金融机构普惠金融主力军作用继续凸显，小微金融的持续发展升级离不开主流金融机构的凝聚合力。

国有大行充分发挥普惠金融"领头雁"作用，不断深化普惠金融服务，依托金融科技，发力小微企业贷款，如中国建设银行"小微快贷"、中国工商银行"经营快贷"等产品，实质性降低小微企业综合融资成本。商业银行不断加大对中小微企业的信贷投放力度。根据 2020 年 4 月 3 日国务院联防联控机制新闻发布会消息披露，2020 年 2 月末，18 家大中型商业银行的普惠型小微企业贷款余额 5.55 万亿元，同比增长 31.8%；贷款的平均利率是 5.22%，较上年下降 0.22 个百分点。城农商行深耕本地优势，推进小微金融业务，积极构建线上化、智能化、精细化和生态化的小微金融服务体系，如张家港农商银行持

续开发优企贷、优抵贷、优农贷等小微企业贷款产品，战略高度聚焦小微金融。

2020 年受疫情影响，小微企业成为实体经济的薄弱环节和金融支持的重点领域。在监管层持续的政策引导下，金融机构不仅要不断加大对中小微企业的信贷投放力度，还要注重小微企业金融服务能力的提升。

三、金融科技服务商技术加持，提升金融服务效能

当前，金融科技以科技为核心驱动力，创新小微金融行业提供的产品与服务，从而提升效能、降低成本。小微金融目前尚处于行业教育阶段，小微金融中科技服务商主导的情况比较常见，尤其是中小银行客群。科技服务商掌握更为先进的客户信息画像、客户信用状态、经营状态、资产状态等金融化应用能力，银行可以通过与金融科技服务商合作，运用互联网大数据有效降低交易成本，缓解信息不对称，有效控制风险，提升小微企业信贷的触达率。

金融科技日新月异的发展对整个金融业态的改变起到了巨大的助推作用，未来金融科技对小微金融的影响将从政策层的传导助力、供给层的智能基础设施共建、发展层的场景化生态融合等几个维度得以持续，从而进一步推动小微金融的更普惠、更高效。

金融科技是金融政策传导下沉、高效落实的关键助推力。主流金融机构借助金融科技的力量可以有效提升线上金融服务效率，助力多项小微金融相关政策的传导下沉。例如提升商业银行首贷户数、信用贷款占比、丰富产品体系等政策指引，都需要借助互联网大数据有效缓解信息不对称，使那些缺乏征信记录、被排除在正规金融体系外的小微企业有机会获得资金支持。

5G、物联网、云计算、人工智能和工业互联网等融合构成的新一代信息基础设施，是新基建的支柱。而"数字基建"是新基建时代具有高科技含量、高附加值特征的产业新生态。银行的小微金融业务作为一个业务垂直细分领域，正在新兴技术的推动下进入到从传统金融向数据金融，从融资服务向综合服务，从线下操作为主向线上与线下结合的快速发展阶段。小微金融的服务广度和深度的不断拓展，催生数字金融的新业态，这也是"数字基建"的价值所在。

现如今，小微金融基础架构的底层物质正在悄然发生变化，新基建数据智

能提速落地，银行数字化转型加速推进，小微企业与银行金融服务之间聚合升级。东方微银"微生素"小微金融生命体系 V－T（数字化小微智能创新体系），V－P（多元产品体系），V－R（数据信贷的风险识别与量化风控体系），V－D（标准高效的交付新体系），V－O（以客户为中心的运营体系），全方位贯穿于小微金融生态全流程，通过一键式触发产品、风控、技术、交付、运营五大模块，重塑基于智慧型客户服务、一体化营销管理、全流程集约协同三大核心需求，夯筑小微金融数字转型、融合创新等服务的基础设施创新体系，实现银行小微金融数字化转型的公共基础设施打造升级，激发小微金融的内在动能，拓展金融服务边界，科技驱动小微企业全生命周期的持续发展。

随着企业融资服务逐渐垂直化，小微金融也将依托行业、产业、区域等具体场景持续向线上化、数字化发展。东方微银智联金融服务平台围绕核心企业产业链上的大量小微企业，基于核心企业良好的信用价值及与其上下游小微企业之间真实的贸易背景，凭借强大的科技实力，优化供应链上各个节点之间的物流、信息流的信息共享和协调，围绕资金流速度与融资成本等核心维度，帮助小微企业更及时获得高效的金融产品和服务。

随着社会经济形态和生活场景不断变化，企业需要融入更庞大的生态系统中，才能创造更多共同价值。在由政府部门、主流金融机构、金融科技企业、小微企业等构成的小微金融生态体系中，布局核心需要以金融科技应用为抓手，加强金融科技与业务场景的融合。东方微银将继续通过数据化、智能化的数字化转型思路，助力小微金融生态体系的建设，推动小微金融服务创新升级，实现各参与主体之间行之有效的良性互动，真正建立稳定的小微金融共生关系，为实体经济发展增添动能。

金融科技在未上市股权估值系统的应用展望

成　蕾[*]

一、背景介绍

（一）股权估值的定义

股权估值就是根据各种内外部信息，对企业持续经营的价值进行判断和量化估计，最终得到企业的整体价值或者投资企业部分股权合理价值的过程。因此广义地讲，股权估值就是企业估值。

上市企业的股权估值相对规范，这是由于：（1）上市企业在股东、持续经营时间、经营业绩等方面都有严格的要求，大都属于具有明确经营模式，形成成熟产品体系的企业；（2）上市企业的股权是以股票的形式在规范的交易场所公开发行，并且有活跃交易，其价值可以表现为股票价格；（3）上市企业各项财务经营信息必须按监管要求定期进行公开披露，比较规范，便于进行各种估值研究分析。

未上市企业的股权估值与上市股权有较大的不同，主要是由于：（1）未上市企业没有公开发行的股票，没有活跃的交易市场，难以获得公允价值；（2）未上市企业的发展阶段差异较大，有初创期、成长期、成熟期的划分，不同发展阶段具有不同的估值特点；（3）未上市企业的经营财务数据不公开披露，难以获得。所以其估值具有一套自身的理论体系。通常我们所说的股权投资，指的是

---

* 成蕾，北京营安金融信息服务有限公司总经理。

未上市股权的投资。

（二）股权估值的作用和意义

随着国内资本市场的不断发展完善，股权投资也逐渐受到投资者的重视，尤其是近年来"大众创业、万众创新"的发展和供给侧结构性改革的推进，市场涌现大量优质股权资产。传统金融机构纷纷将目光从标准化资产投向股权投资市场，原保监会 2014 年、2015 年陆续发布《关于保险资金投资创业投资基金有关事项的通知》《关于设立保险私募基金有关事项的通知》，打通保险资金股权投资的通道；2016 年 4 月，原银监会、科技部、人民银行联合印发了《关于支持银行业金融机构加大创新力度开展科创企业投贷联动试点的指导意见》，银行资金股权投资试点正式落地。根据中国证券投资基金业协会统计数据，截至 2020 年 5 月底，在基金业协会登记的私募股权和创业投资基金管理人接近15 000 家，备案私募股权投资基金和创业投资基金资产规模超过 10 万亿元。股权投资活跃度日益增强，对作为投资标的的未上市股权的价值评估，就成了股权投资的投前研究、投中决策和投后管理的重要依据。

二、未上市股权估值的理论

国际市场的未上市股权投资行业是从 20 世纪七八十年代的美国华尔街开始出现的，历经 40 年的发展和积累，已经形成了较为成熟的理论和实践体系，目前最主流的研究成果主要是《国际私募股权和创业投资估值指引》，国内的未上市股权估值从 21 世纪初才开始起步，在理论上完全借鉴了国外理论体系，即统一采用公允价值估值作为估值原则，对于不同发展阶段、不同情况的股权投资，采用若干种估值模型进行估值。未上市股权的估值方法分为最近融资价格法、市场乘数法、行业指标法、收益法和成本法。

（一）最近融资价格法

最近融资价格法指将被投企业最近一次融资的价格作为重要参考指标进行估值，需要注意以下几点：

（1）最近融资价格法适用于初创期，尚未产生稳定收入和利润，但融资较为频繁的企业；

（2）需要对最近融资价格的公允性进行判断；

（3）需要对新进入股东融资价格和老股东出售价格进行区分；

（4）需要判断最近融资发生后被投企业情况和市场情况是否发生重大变化；

（5）如判断最近融资价格法不具备公允性，同时也不适用其他估值模型，可以使用被投企业主要财务指标的变化对最近融资价格进行调整来进行估值。

（二）市场乘数法

市场乘数法指根据被投企业的所处行业和发展阶段，选取各种市场乘数对未上市股权进行估值，需要注意以下几点：

（1）通常用在处于成熟阶段，有稳定的收入和利润的被投企业；

（2）需保证被投企业用于估值的指标与市场乘数分母指标具有相同时间或期限，市场乘数分子分母具有相同的统计口径；

（3）市场乘数种类较多，需要根据实际情况选择使用，但推荐优先使用EV/EDBITA、市盈率和EV/Sales进行估值；

（4）从可比上市公司和相似交易案例得到的市场乘数在必要时都需要进行调整，如上市公司股票价格要扣除流动性折扣，类似交易案例要考虑交易发生时的市场情况。

（三）行业指标法

行业指标法指存在某些与企业价值相关的特定指标，可以作为未上市股权估值的依据。这种指标通常只在某些行业发展比较成熟，且业内企业之间差异很小的情况下才适用，因此通常不单独使用，而是作为其他估值方法的校验。

（四）收益法

收益法即现金流折现法，合理预测被投资企业未来现金流和预测期后的现金流终值，采用合理折现率将其折线到当前时点即是目前企业的价值。收益法具有以下特点：

（1）适用范围广，其他估值方法受限时仍可使用；

（2）主观因素太多，财务预测、折现率等的判断对企业价值评估结果影响较大；

（3）企业现金流易受各种因素干扰。

（五）成本法

成本法即净资产法，采用适当的方法分别计算被投企业的资产和负债的公允价值，即可得到企业的净资产公允价值。适用于重资产型的企业或投资控股企业。

三、未上市股权估值系统设计

未上市股权估值系统是以国际和国内通行的未上市股权估值指引为基础，结合大数据技术、区块链技术、人工智能技术，为估值主体进行估值数据管理和过程管理的工具。具体逻辑关系详见图1。

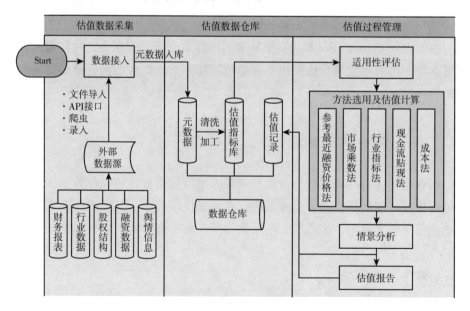

图1　未上市股权估值系统逻辑结构

股权估值系统以建设估值数据库作为估值基础，结合估值方法需要的原始数据，广泛获取、对接外部数据源，提供高可用性、可视化数据清洗、加工功能，协助用户建立被投资股权项目的估值指标库，助其对被投企业进行持续性价值评估。

在估值过程的管理上，首先基于被投企业数据库，从企业发展阶段、数据完备度和数据质量三个维度，采用 TOPSIS（优劣距离法）对各类估值方法进行适用性评估。用户可参考适用性评估过程和结果进行估值方法的选择，建立符合国际、国内协会估值标准的股权估值流程，并依托估值指标库计算估值结果。对适用多种估值方法的，可进行情景分析得出最终的估值结果。

系统对估值数据、估值过程和估值结果提供基础数据治理、估值建模、可视化展示、统计分析、自定义报告报表编辑等功能，满足用户估值数据自动化、估值指标标准化、估值过程可追溯、估值结果有依据的工具性产品需求。

四、系统应用技术

（一）大数据技术在数据仓库的应用

未上市股权估值模型中所需要采集的信息种类繁多、各种数据的获取途径不一、数据格式各异、数据频率和统计口径也天差地别，传统的系统缺乏对数据资源的整体管理与关联，难以挖掘数据价值。通过搭建大数据平台，就可以将被投企业自身的信息、所有采集搜索到的上市公司数据、未上市股权成交案例、各类资本市场信息、舆情信息等入库，实现所有内外部数据信息的统一保存、规范管理、即时查询。同时依托大数据技术，可迅速在数以万计的信息中根据行业特点、发展阶段、收入利润情况等信息进行可比公司选择、资产相似度匹配。

（二）人工智能技术在估值信息分析和预测中的运用

在对企业未来现金流进行预测的过程中，除了企业财务数据之外，企业舆情是重要的信息来源，基于互联网的海量舆情信息具有随时发生、来源广泛、重复度高的特点。利用人工智能技术的分支——机器学习，可以在舆情标签、舆情主题、舆情情感分析、舆情事件归集等方面发挥重要作用。

在收益法中，需要对未来现金流进行预测，机器学习也可以根据既往案例建立模型，对未来现金流和终值进行预测，并通过不断丰富信息来实现模型的改进，获得较为理想的预测结果。

（三）区块链技术在信息交互中的应用

在未上市股权估值系统中，各个相关方存在很多信息交互的环节，包括企业财务信息在被投企业和投资管理人之间交互，估值信息在投资管理人和托管人之间交互，TA 信息在销售机构、管理人和托管人之间交互等环节。传统的信息交互是单线的，在多方共同参与的业务流程中，控制信息发送和接收的权限非常麻烦，并且由于所有数据都保存在中心化的服务器上，所有信息都只有中心服务器拥有方能掌握，其他参与方只能依赖中心机构的反馈才能掌握信息交互的进展情况。

采用区块链密钥技术的通信方式彻底改变了系统信息交互的模式，以公钥和私钥结合的密码学原理确定信息发送方和接收方权限，信息交互动作可对链上进行广播，所有信息均可在多个节点的服务器保存副本，一旦一个节点上的信息被篡改，链上所有参与方都能看到，真正实现信息的防篡改、防抵赖、可追溯，大大提高信息交互和多方协作业务流程的效率。

（四）智能合约技术在系统功能逻辑模块中的应用

采用传统架构的系统的扩展性几乎很难满足日益增长的业务需求，一旦系统功能开始受到原始框架限制，那么从最底层更换框架重新开发将是不可避免的事。

智能合约是一种根据预设规则自动执行的协议，在区块链中，主要用于用户间的交易和协议。在未来的系统设计中，所有业务逻辑单元都将以一个智能合约的形式来定义，它具有体积小、可以独立运行、可通过消息通道与外界通信等特点，许许多多个智能合约共同构成一个软件系统。由于智能合约具有去中心化、支持多种语言、技术和框架的特点，理论上这种系统具备非常高的可用性和无限的可扩展性，只需不断提高硬件处理能力，就可以不断新增也无逻辑单元，组合成更复杂的功能模块。智能合约将是一种极为理想的系统底层架构基础。

（五）自然语言编程技术在构建业务逻辑中的应用

一个理想的业务系统，应该遵循"业务系统无关"的原则，所有业务逻辑应该由业务人员而非开发人员进行搭建。目前几乎没有系统能够达到这种要求，主要是因为目前的编程语言还没有达到或接近自然语言的水平，业务人员使用起来难度很大，而全可视化的业务界面对传统架构和语言来说都将是天文数字般的代码量。

基于智能合约的股权估值系统中将采用自然语言编程技术，支持中文的自然语言编程，业务人员无须掌握晦涩的编程语言，根据中文自然语义进行业务逻辑和业务单元的构建，根据业务需求的发展不断扩展系统，彻底和无止境的系统补丁告别，真正地实现业务系统无关。

未来的未上市股权估值系统，建立在传统股权估值理论的基础之上，利用先进的计算机管理系统和大数据、区块链、人工智能等最新技术，将大大提高了股权估值的效率。与此同时，借助系统内置股权估值模型，把原本掌握在资产评估机构、会计师事务所等少数机构的估值技术向社会用户进行普及，降低了业务门槛，将为股权投资决策和投后管理带来重大变革。

打造互联网金融新纪元

王志刚*

在科技迅猛发展的当下，银行物理网点在与客户面对面服务过程中，线上线下一体化协同的新发展趋势已显露无遗。大数据、人工智能、5G 通信、区块链等新兴技术手段已应用于大量交易场景，实现金融机构内部服务平台和各类合作伙伴之间的客户、数据、产品、能力等各类资源的开放、共享、互联互通，形成"金融＋IT＋场景＋云平台"的多层级服务体系。同时结合新兴技术优势，对物理网点进行数字赋能，业务减负，实现渠道间优势互补，已成为金融机构数字化、集约化经营的新导向。但对于金融银行业多元的客群特点以及繁杂的交易场景，线上线下渠道仍尚未实现充分协同的现象，本文从功能交互、场景交互和数据交互三方面谈一些观察和思考。

一、功能交互不足造成协同引流断点

（一）满足客户选择权

业务全流程仍需加强全面实现端到端无缝协同，有些业务必须要到网点办理，如客户信息维护类业务、开立证明类业务，以及常见的个人同名境内跨行外汇转账、账户激活、挂失补卡，重置修改密码等业务目前仍只能到网点柜面办理，造成客户等待时间长，网点工作负担较重。对于除监管合规、风险控制特殊要求之外的业务，仍继续加大业务迁移力度，让客户享受全渠道的全流程的综合服务给客户选择权，将极大影响客户体验，以及客群忠诚度。

---

* 王志刚，中信银行北京分行副行长。

（二） 优化客户流程

物理网点也受制于传统证件化以及证件化的业务流程，来网点办业务必须携带卡和身份证，笔者认为如果客户仅携带手机即可进行身份识别以及业务办理，将大幅提升客户体验。

（三） 优化人机交互

对于人机交互功能实用性和开放性需加强，以语音识别为例，目前由于网点客户存在找不到、用不好的问题。如今，智能语音已成为重要的流量入口，可以更好地进行服务场景导航，以及对客户行为数据收集有极大优势。如语音识别（如百度）、deepspeech、自动唤醒，目前检索精度以及使用方式仍需提高。要做到人无我有，人有我优。

（四） 拓展用户方式

对于服务端开放化，实现拓展用户、开立账户到发展成银行客户的一个良性获客流程。对于手机登录注册（一网通），笔者认为与三大运营商合作，通过 SDK 认证实现秒级一键注册登录，将极大程度提升用户第一使用体验，有助于向场景服务平台转型。大堂激活变为场景激活、活动激活模式将成为新的获客模式。

二、场景交互引流方面的思考

（一） 拓展移动支付范围

交易场景是建立客户高频交互、连接获客引流以及积累丰富数据资产的重要途径，移动支付领域的缺失，是目前传统金融机构的一大痛点，传统银行与客户之间互动仍停留在大额低频的特点之中，传统的"存""贷""汇"已经不能满足客户日常生活的实际需求，丧失了与客户小额高频的交互机会，极大程度损失与客户互动、数据采集以及产生客户黏性的有力渠道。

从网点观察客户具有强烈的电子渠道缴费需求，如留学汇、签证缴费、医保电子凭证等，但在线上服务频道尚未开通，导致客户必须在线下或他行办理。可丰富电子银行服务区功能，可结合智慧交通、智慧医疗、智慧教育、智慧城市等线上线下场景，加强生态场景特色化、差异化、智能城市建设，增强客户黏性。

（二）打通协同营销

协同营销中，渠道间交叉引流和商机数据共享不足，线上线下存在信息不对称，应加强客户在线下办业务将相关适合线上引流交易实时推荐客户，培养用户习惯。同时对线上多次浏览的理财、基金、保险等商机信息归集，客群标签管理，传递给线下理财经理，进行智能化精准营销个性化精细服务。

三、数据交互协同赋能

（一）客户信息复制管理

渠道间信息共享不够全面及时，仍存在客户重复填单的现象，尚未实现客户基本信息、客户资产、负债、信誉等信息的统一管理。对公，线下服务线上协同，对公开户，建立客户信息统一视图和共享机制是非常必要的，从而实现客户信息一次提交，重复调用。

（二）打造渠道生态圈

网点自助设备，线下展示商品与线上渠道交互不足，缺少线上实时反馈客户平台或奖励体系，线上线下存在割裂的现象，这里的渠道指营销的执行端，也即是银行与客户间的触点。包括电子渠道、物理渠道、第三方渠道三部分组成。而工作一部分重点将围绕如何将银行提供的"金融＋非金融"综合服务切实融入企业活动的生态圈、公众的生活圈以及社交圈中，以提升全渠道获客能力、客户活跃度、留存率以及产品转化为重点。工作内容涉及渠道内容管理；

并结合各渠道一体化协同，打造线上线下生态场景，通过营销活动，培养用户习惯，进而提升高频交互客户黏性。最终实现全渠道服务高融入度以及卓越的客户体验。

四、全渠道一体化协同

而对于物理网点何去何从，如何更好地发挥物理网点特点，结合线上渠道优势发挥全渠道一体化协同将是今后研究的工作重点，也是"互联网＋金融"新融合的增长发力点。

（一）网点不会消失，但需要转型

物理网点相对互联网公司具有独特优势，作为天然建立客户关系的首要触点，凸显咨询功能、社交功能、服务功能，在展示销售产品、专业化处理复杂业务、个性化定制方面具有一定优势，是提供高附加值产品销售的有力支点。同时网下也是客户数据采集重地，线上只有结果的数据，线下采集过程数据，微表情识别。线上线下融合将产生360度画像，采集行为信息，有助于客户画像支持更精准，因此网点获客以及服务客户的，十分重要和珍贵，要继续挖掘发展。

（二）在发展趋势方面，向"轻型化"转型

减少网点冗务物理面积，高效利用空间，仍然保留基本的技术配备和人工服务，能够较好地满足客户的一般性、临时性金融需求。对于网点布局更加广泛化。零售网点或自助网点分布更加普及，但店面将相应简约高效，实现城市及网络布设结构，将服务辐射范围高密度辐射，更加商店化。在网点选址和店面设计上引入盒马鲜生的全新经营概念，电商和门店相互导流，实现全渠道资源共享获客模式。服务布局更加社区化。融入社区生活，坚定地推行社区化的发展战略，不仅将网点开进社区，而且要求更直接地参与社区的经营与生活，成为社区居民生活的一部分，不限于传统金融服务。智能化与线上线下一体化。实现了全流程电子化、数据化，满足客户随时随地随需的服务需求，以及

服务效率。

科技驱动带来了人的行为与选择习惯的变化，传统银行网点重要性被削弱，银行渠道的变革势在必行。网点未来的变化会随着信息科技的进步，在服务模式、服务方式甚至在产品的交付方式上发生改变，但是线下渠道并不会消亡。生物识别技术、人工智能以及其他相关辅助技术的实现，会使线上化的服务进一步加强。

总之，未来互联网金融与非金融服务的融合度会越来越高。搭平台、建生态是目标。在互联网金融服务同质化竞争越来越严重的情况下，多渠道发展，以非金融服务来带动金融服务，这将是一个非常大的变化。对于银行而言，线上线下相结合，实体体系与虚拟体系相结合可创造出更大价值，助推银行实现新金融转型。

基于区块链技术的供应链金融
系统建设实践

曾　超[*]

近年来，我国对区块链的重视程度在不断提高，区块链技术应用已经延伸到数字金融、物联网、智能制造、供应链管理和数字资产交易等多个领域。2019 年 10 月，习近平总书记在中央政治局集体学习时强调，区块链技术的集成应用在新的技术革新和产业变革中起着重要作用。要把区块链作为核心技术自主创新的重要突破口，明确主攻方向，加大投入力度，着力攻克一批关键核心技术，加快推动区块链技术和产业创新发展。

一、供应链金融与区块链

（一）供应链金融

供应链金融是指将供应链上的核心企业以及与其相关的上下游企业看作一个整体，以核心企业为依托，以真实贸易为前提，运用自偿性贸易融资的方式，通过应收账款转让、货权质押等手段封闭资金流或者控制物权，对供应链上下游企业提供综合性金融产品和服务。

传统的供应链金融业务中，由于供应链上下游企业对外的低透明度，交易信息存在不对称、易篡改的风险，导致了交易本身的低信任度。资金方在提供资金之前，为了核实核心企业和供应商交易信息本身的真实性，需要通过大量的调研去校验真伪，并以此为基础进行风险管控，必然需要付出很高的成本，

---

* 曾超，北京久其软件股份有限公司副总裁。

— 257 —

进而导致融资企业需要付出较为高昂的融资成本，这也正是供应链金融资金方的痛点所在。

（二）区块链技术

区块链通过点对点的分布式记账方式、多节点共识机制、非对称加密和智能合约等多种技术手段建立强大的信任关系和价值传输网络，使其具备分布式、不可篡改、价值可传递和可编程等特性。在应用方面，区块链一方面助力实体产业，另一方面融合传统金融。在实体产业方面，区块链解决传统产业升级过程中遇到的信任和自动化等问题，很大程度推进了共享和重构等方式助力传统产业升级，重塑信任关系，提高产业效率。在金融产业方面，区块链有助于弥补金融和实体产业间的信息不对称，建立高效价值传递机制，实现传统产业价值在数字世界的流转，在帮助商流、信息流、资金流达到"三流合一"等方面具有重要作用。

二、区块链赋能供应链金融

（一）中小企业融资困惑

从中小企业目前实际存在的融资难、融资贵的问题来看，究其原因，主要存在以下几个方面的问题：（1）中小企业的资信不足；（2）中小企业的抵质押物不够；（3）中小企业的经营情况不透明，无法准确评估；（4）中小企业的经营风险大，企业发展情况无法得到准确的判断；（5）传统金融机构的信审体系因循守旧，不能为新时期的中小企业提供更多更好的融资模式。

由此，导致解决了大部分就业问题的中小企业，在经营过程中很难得到资金的支持，特别是目前新冠肺炎疫情暴发，大部分行业受到重创，而中小企业更是首当其冲，关闭歇业、业务停滞的情况比比皆是。为中小企业创造更多的融资渠道是当务之急，也是响应党中央、国务院提倡的普惠金融、扶持实体经济的重要举措。

（二） 区块链赋能中小企业融资

中小企业的融资难、融资贵的问题，也不能单单归咎到金融机构，中小企业很难"自证""他证"清白，是中小企业自身的重要问题。在经营过程中，中小企业自身的内部管理和财务管理往往是不规范、不严谨的，同时也不可避免地存在主观意识上的寻找政策漏洞、造假的情况，由此导致了外界对中小企业提供的报表、数据存在着天然的不信任。

如果将区块链落地于中小企业融资场景之中。那么，笔者认为：在融资业务中，信息"可信、不被篡改"是非常重要的。区块链提供的"防篡改"机制，恰好可以为"不被篡改"提供条件。

1. 自证清白。融资方提供"企业数据"，上链后，因区块链"防篡改"机制，从而保证了在后续流转过程中一直保持"原始状态"，实现为企业"自证清白"的目的。

2. 他证增信。融资方提供的各项数据，经由第三方验证后，比如，企业的工商信息（包括成立时间、注册资本金、法人等）经由对接工商数据进行验证真伪后，上链存储，在后续流转过程中，不仅实现"防篡改"。同时，也实现"可信""他证增信"的目的。

3. 他证可信。融资方提供的贸易业务数据，经由核心企业确认后，不仅是"防篡改""可信"，也实现了"他证"，在一定程度上可成为"数字资产"。

4. 信息溯源。融资方在各个环节提供的各项信息，经过可信的各个环节流转后，可以很容易实现"信息溯源"。

综上所述，区块链技术在解决中小企业融资难的最核心应用是：多方参与、多方证实，支持企业实现"自证清白""可信""他证增信""溯源"的目标，为供应链金融业务提供最基本条件。

三、基于区块链的供应链金融系统建设的实践

久其软件基于以上对区块链和供应链金融本质的深刻认识，提出建设"基于区块链的供应链金融系统"的设想，并将之实际落地于具体项目之中，取得了良好的应用效果和社会效益。经由久其软件公司授权，在此将我们一些浅薄

的经验进行分享。

（一）要解决"哪些信息要上链""怎么上链"的问题

经过长期探索和论证，笔者认为，在具体开发时，业务系统和区块链系统应是独立两条线。把业务系统的业务数据上传到区块链节点服务器的过程，一般统称为"上链"。在具体应用过程中，不是所有业务数据都需要上链，因为区块链服务器不能存储图片，不能上传传统数据库常见的各类结构化数据，区块链存储的数据是对数据块、各类电子文档进行哈希运算后的哈希值。

以企业上传"发票"为例说明区块链上链的基本过程与实现机制。企业上传发票照片，系统通过 OCR 识别，自动读取发票的开票时间、金额、单位名称等信息，这些信息作为结构化的数据填写到系统表单的各个字段之中。同时，平台自动对接第三方发票核验平台，对该发票进行验真。如验真通过，系统将"开票时间、金额、单位名称"等结构化数据、发票照片的电子文件的哈希值与验证结果"真"，一起打包计算为某一个哈希值，假设为 A，自动上传到区块链之中。

资方查看发票信息时，系统从数据服务器读取出"开票时间、金额、单位名称"等结构化数据、发票照片的电子文件的哈希值与验证结果"真"后，再次将此次读取出的这些数据打包计算出另外一个哈希值，假设为 B，再从区块链服务器取得哈希值 A，与刚才计算的哈希值 B 进行比对，如果 B = A，说明该发票信息在读取的这个时刻包括之前，未被任何人于任何环节篡改过，是原始状态。

（二）要解决如何利用"供应链贸易自校验"的特性形成贸易真实性线上证据链

开展供应链金融业务，不仅仅是进行常规的企业经营情况、财务情况、信用情况等调查分析，更重要的是要进行"贸易真实性"的验证。

简单以融资方的一个环节信息，绝对做不到对贸易真实性的完整、可确信的验证。值得庆幸的是，既然是贸易，那么无论任何一个行业，必然有"供应—生产—销售"等供应链各个环节，否则就称不上"贸易"。加之，在一个环节做假容易，多个环节串联做假难度就相对较大。所以，以供应链上下游各环节的交互信息进行相互校验，形成贸易是否真实存在的证据链，是行之有效的一种办法。为此，基于区块链的供应链金融系统，不仅要对接第三方数据源对企业的工商、税务、司法等数据进行核验，更要衔接到卖方的供应商、卖方的买方、物流等供应链参与方，进行各项信息的相互验证、核实。

以"施工/生产制造"为例，简单说明证据链构成的原理：（1）系统对接招标机构，取得招标、中标信息；（2）系统对接核心企业，取得贸易合同的验真结果；（3）系统对接供应商（融资方）系统取得其上游的采购订单、生产(生产单据)、仓储（出库单/入库单）、运输（物流单据/货运单）、交付（交付单/送货单）；（4）系统对接物流企业，取得交付物流信息和结算信息；（5）系统对接发票核验系统，进行发票验真；（6）取得验收、运营维护数据。由此，形成了一个严密的、闭环的证据链，足以对贸易真实性进行线上核验。

久其软件"基于区块链的供应链金融系统"利用区块链技术创新解决了传统供应链金融模式下的现有痛点问题，可以快速满足多级供应商资金需求，解决供应链中小企业融资难题。同时，基于供应链金融业务关系，可进一步掌握全链条关联性业务信息，有效实现供应链经营风险的有效把控，也为供应链金融平台运营企业提供了良好的经济效益。

中企云链金融科技 打造数字
时代产融新基建

姜 勇[*]

2020 年，新冠肺炎疫情冲击全球金融市场，全球供应链重构，面对当前经济形势，央行、部委到各级政府快速出台相关普惠政策，定向扶持当前生存状况最为严峻的中小微企业。由于外部环境的不确定性增强，中小企业经营愈发艰难，借贷违约概率增大，许多金融机构不约而同地缩紧了对中小企业的借贷，有些机构甚至完全中断了供应链金融业务。

危局之下，必有转机。作为金融科技领域的头部企业，中企云链承担起引领行业发展的重任，以互联网思维，借助金融科技手段，为实体经济提供金融活水，打造产融互联网平台。中企云链自成立之初，就一直致力于通过科技手段为银行、核心企业、供应商提供全线上、跨地域的金融信息服务。

在近期工信部举行的应收账款融资视频座谈会上，中企云链解决中小微企业融资难题的成绩被充分认可。中小微企业是市场经济中最活跃的"细胞"，稳住了中小企业，就稳住了中国经济的基本盘。此次疫情，让原本就融资难的中小微企业现金流压力愈发增大，但为了稳住这个基本盘，金融机构必然会加速转变供应链金融业务服务的方式，让金融科技创新能够更加有效开展。

一、三权分立 链接信任

2019 年国家把区块链技术的应用和创新提升到战略高度，尤其是该项技术在供应链金融领域的应用，被学界和市场普遍看好。IT 技术的深入发展，让企

---

* 姜勇，中企云链高级副总裁/首席技术官。

业在 21 世纪前 20 年快速完成了数字化过程，但是互联网技术在 C 端市场发展风生水起的同时，在 B 端市场却并没有掀起大的浪花，没有令企业用户享受到数字经济的红利。究其原因在于企业出于自身数据安全考虑，在进行跨组织、跨平台的数据交互时存在顾虑。

区块链技术成为承载信用的最佳工具。这是因为区块链技术具有天然的多中心、分布式存储、不可篡改的技术特性，能够在跨组织之间建立起基于信任的链接。区块链技术在信任的薄弱区，通过多方共识、防篡改、数据加密的技术特性，形成可信任的纽带，节约跨组织信任形成所需要的时间和成本，在虚拟网络世界打造起真实商业场景的镜像环境。

结合区块链技术特性以及供应链金融业务多方参与的业务特性，中企云链创新性地提出基于区块联盟链的"三权分立"主张，即在多中心的区块联盟机制下，从业务相关方出发，将用户分成三类——数据产生方（即所有权）、数据使用方（即使用权）、数据产生和存储的服务提供方（即存储权），三方涵盖供应链金融业务全流程，且相互独立。将此主张应用于供应链金融领域，通过区块链组建的联盟链，可联通核心企业、多级供应商、保理公司、银行、ABS 等相关机构，通过链上记录和同步资产的发行、流通、拆分、兑付等操作，实现端到端信息的对称、透明。

二、以场景为抓手　打造区块链应用矩阵

基于三权分立的技术主张，中企云链在近期陆续发布了两款基于区块链的供应链金融应用产品——"云存证"和"云签"。"云存证"以打造产融互联网"新基建"为目标，聚焦产业数字化过程中的关键环节——数据存储，实现企业存证数据的多中心、分布式、加密存储，彻底解决企业数据资产存储风险问题，为后续深度盘活企业数据资产，驱动业务创新提供数据保障，支撑未来更丰富、灵活的数据应用。"云签"业务由区块链技术加持，实现数据加密多方存储防篡改、防抵赖。"云签"通过国家等保三级认证，达到金融级安全标准；采用权威电子身份认证机构 CFCA 签发的数字证书，符合中国电子签名法要求，确保在线协议签署、存证合法有效。在疫情期间，中企云链推出免费"云签"平台，为广大企业客户提供免费的线上电子签约服务，帮助客户实现远程在线签约。

截至目前，作为中企云链公有云平台"云信"业务在线确权、流转和融资的重要底层技术支撑，"云签"已完成线上签约和存证金融服务电子合同91万份。合同法律效力得到了包括工行、农行、邮储银行等近百家银行认可。

在不断丰富产品矩阵的同时，战略上中企云链亦在下一盘大棋。2019年底，中企云链联手杭州趣链科技有限公司，成立杭州云链趣链数字科技有限公司，共同拓展"区块链＋供应链金融"应用，为企业提供安全、可信的基于国有自主知识产权的区块链供应链金融解决方案。2020年是国家"新基建"战略元年，随着我国数字化经济转型步伐的加快，ToB的互联网服务平台将面临更多的机遇和更大的挑战。

三、技术创新　金融科技能力持续输出

金融科技的持续输出，离不开强大的科技研发能力支撑。2019年3月，中企云链在深入运营公有云平台的同时，推出金融科技服务平台——中企云链供应链金融应用中间件（以下简称云链中间件），对外输出、共享公司在产融互联网领域的商业逻辑创新及实践成果，为客户提供多元化的金融科技服务。

云链中间件凭借物联网、AI、区块链、云计算、大数据（iABCD）等技术能力，深度围绕供应链众多参与者的需求，以场景金融为切入点，为核心企业、中小微企业和生态伙伴打造多样化的产品矩阵，实现产业融通发展。云链中间件通过公有云、SaaS云部署、私有云部署三种输出模式，与核心企业、行业龙头企业、商业银行开展多元化的深入合作，满足客户不同的应用需求。

云链中间件SaaS云服务，通过强大的业务中台，为客户提供从产品方案规划咨询、到技术方案落地实施以及业务落地运营一站式服务。客户可根据自身需求灵活选择服务，满足用户在入口、应用个性化配置以及数据独立云存储等需求，同时借助区块链技术穿透底层数据，用户在入口、应用、数据各自隔离的前提下，仍能借助区块链技术的隐私保护实现有限、安全共享。云链SaaS云通过对区块链技术的共识机制、密码学算法、跨链技术、隐私保护等核心技术特性的充分利用，不仅可以实现供应链金融平台内基于隐私保护的数据共享，甚至可以通过跨组织、跨生态的数据共享，深度激活数据资产活力。

在应用场景上，中企云链在2019年推出首款基于场景金融的供应链金融服务，工程机械设备租赁行业的"滴滴打车"——中企云租服务平台（以下简称云租）。云租是中企云链自主研发的互联网＋工程机械设备租赁服务平台。云租以满足大型建筑施工企业机械设备租赁公开采购、线上交易、在线工作量核算、融资服务等业务为核心，提供工程机械设备租赁的在线寻源、采购，现场作业数据在线采集、确认，自动输出台账、报表等服务，并为设备租赁供应商提供融资服务。

四、产业裂变　打造产融新基建

在当前形势下，国家提出的数字经济战略，标志着我们正在加快消费互联网向产业互联网转型的节奏。供应链金融平台作为连接资金、资产两端，实现产业融通发展的重要手段，在这轮产业革命的浪潮中，中企云链一直把握供应链金融行业的脉搏，引领金融科技业务发展趋势，正在由单一的供应链金融平台生态迈向联盟生态，即从 N＋N＋N 模式走向 LinkN 模式，最终实现跨平台的数据共享及协作，打造产融新基建。

随着供应链金融平台的深入发展，中小微企业的数据资产被进一步碎片化和拆分产生"信用孤岛"，无法形成合力。数字经济时代，供应链金融的价值在于，以技术手段，实现核心企业、中小微企业、资金方等供应链参与方在线互联互通，打破传统模式下的"信息孤岛"和"信用孤岛"现象，实现中小微企业高效融资。而区块链技术的出现和应用，将能够快速推进这一演化过程，引领我们迈入产业融通发展的金融科技 4.0 时代。

2020 年注定充斥着机遇和挑战。一方面，新冠肺炎疫情冲击全球产业链，国内的实体经济也面临着严峻转型升级考验，安全、透明、高效的供应链管理将成为核心企业决胜市场的关键要素之一。另一方面，"新基建"战略将带领企业快速完成数字化转型，助推全社会向数字经济时代迈进，在新一轮产业周期到来之前，只有那些能够抓住市场脉搏的人，才能占领产业互联网的下半场。

面对当前机遇和挑战，中企云链将以自身在金融科技领域多年的积累，为产业链伙伴打造起产业融通发展的全新生态。作为一家金融科技公司，中企云链以连接、计算和场景为抓手，为产业链两端构建起高效的、互信的连接，实现金融科技的产业协同融合。

参 考 文 献

[1] 北京资产评估协会. 风险管理委员会风险研究报告 2019 年第二期——商誉减值测试评估 [EB/OL]. 2019 – 12, http：//www. bicpa. org. cn/dtzj/zxgg/B15771541065422. html.

[2] 陈君. 施工单位业财一体化建设的探讨 [J]. 中国市场, 2019 (36).

[3] 陈新民. 德国公法学基础理论 [M]. 济南：山东人民出版社, 2001.

[4] 崔文亮, 徐嘉辰. 管理改善、吨浆利润提升和采浆量增长多重因素驱动公司未来几年业绩快速成长 [R]. 北京：安信证券, 2017.

[5] 丁伯康. 新型城镇化政府投融资平台的发展转型 [M]. 北京：中国商务出版社, 2014：11 – 16

[6] 杜亚丽, 袁正伦, 李大光, 等. 建筑类央企参与 PPP 项目可融资性影响因素研究 [J/OL]. 工程管理学报：1 – 6 [2020 – 08 – 11]. https：//doi. org/10. 13991/j. cnki. jem. 2020. 03. 013.

[7] 范若滢. LPR 改革助力畅通货币政策传导机制 [N]. 中国经济时报, 2019 – 09 – 04 (005).

[8] 封丽. 我国商业银行供应链金融发展的思考 [J]. 市场周刊, 2015 (2).

[9] 复旦平安宏观经济研究中心. 中小企业融资报告 [EB/OL]. 2020.

[10] 国家统计局. 2014 – 2018 年《中国统计年鉴》[M]. 北京：中国统计出版社, 2014 – 2018.

[11] 韩丽霞. 对建筑业业财一体化的思考 [J]. 现代经济信息, 2018 (19).

[12] 韩丽霞. 建筑业业财融合探究 [J]. 财务与会计, 2018 (6)：19 – 22.

[13] 胡一芃. 商业银行参与 PPP 项目贷款的风险研究 [D]. 对外经济贸易大学, 2019.

[14] 姜超峰. 供应链金融服务创新 [J]. 中国流通经济, 2015 (1).

[15] 姜明. 物流行业深度分析：物流地产价值透视, 内外资玩家竞逐跑

道［R］. 安信证券股份有限公司，2016 - 08 - 26.

［16］蒋冠宏，蒋殿春. 中国工业企业对外直接投资与企业生产率进步［J］. 世界经济，2014（9）：53 - 76.

［17］交通大数据. 中国高速公路、铁路里程均居世界首位［EB/OL］. 人民日报，https：//tech. huanqiu. com/article/9CaKrnKhzaX.

［18］康乐乐. 基于财务角度的业财融合［J］. 中国农业会计，2019（10）.

［19］兰明庚. 新形势下房地产企业多元化融资渠道探析［J］. 知识经济，2020（12）：43 - 44.

［20］李建军，朱烨辰. 基于 ERP 的供应链金融操作模式分析［J］. 经济问题，2015（3）.

［21］李克强. 用市场化债转股等方式逐步降低企业杠杆率［EB/OL］. 中国财经网，http：//finance. china. com. cn/news/gnjj/20160412/3671700. shtml.

［22］李太生，曹玮，翁利，等. 北京协和医院关于"新型冠状病毒感染的肺炎"诊疗建议方案（V2.0）［J］. 中华内科杂志，2020，59（3）：186 - 188.

［23］李婷婷. 我国房地产融资结构现状研究及发展趋势展望［J］. 财会学习，2020（17）：248 - 249.

［24］李秀辉，张世英. PPP 与城市公共基础设施建设［J］. 城市规划，2002（7）：74 - 76.

［25］李占雷，李梦. 商业信用融资与供应链营运资本协同管理［J］. 财会月刊，2015（3）.

［26］李振军. "一带一路"沿线国家基础设施领域中日竞合研究［J］. 理论探讨，2020（2）：103 - 108.

［27］刘佳. 对融资租赁法规中不动产租赁物范围的理解［J］. 中国房地产，2016（21）：43 - 50.

［28］刘琦. "一带一路"倡议与企业绩效：关系与机制研究［J］. 区域金融研究，2018（9）：23 - 29.

［29］刘晔，张训常，等. 国有企业混合所有制改革对全要素生产率的影响——基于 PSM-DID 方法的实证研究［J］. 财政研究，2016（10）：63 - 75.

［30］龙楠. 探究新时期建筑企业内部控制体系的建设［J］. 商讯，2019（12）.

［31］卢煜，曲晓辉. 商誉减值与高管薪酬——来自中国 A 股市场的经验证据［J］. 当代会计评论，2017（1）：70 - 88.

［32］逯宇铎，戴美虹，等．"双向国际化"是企业对外贸易的更优选择吗？——来自中国制造业企业的经验分析［J］．世界经济研究，2014（8）：35 - 41，88.

［33］栾静．供应链金融对企业绩效影响的研究［J］．化工管理，2015（2）.

［34］罗敏荆．企业业财融合体系构建及应用［J］．财会学习，2019（2）：44.

［35］马广奇，王瑾．中国企业对"一带一路"沿线国家直接投资的绩效研究［J］．财会通讯，2019（3）：3 - 7.

［36］孟泽宇．勘察设计企业资本运营的着眼点和途径［J］．建筑设计管理，2011，11（28）：20 - 22.

［37］庞晓萍，陈传明，等，国际化是机会还是挑战？——基于国际社会网络调节作用的实证研究［J］．华东经济管理，2017（8）：124 - 130.

［38］普洛斯中国控股有限公司及其发行的公司债券跟踪评级报告［EB/OL］．上海新世纪资信评估投资服务有限公司，http：//static. cninfo. com. cn/finalpage/2018 - 02 - 02/1204386991. PDF.

［39］前瞻产业研究院．供应链金融市场前瞻与投资战略规划分析报告［EB/OL］．2020.

［40］邱创，蔡剑．资本运营和战略财务决策［M］．北京：中国人民大学出版社，2011.

［41］曲晓辉，等．股权投资管理研究［M］．北京：中国财政经济出版社，2003：2 - 3.

［42］全国特大及以上城市供电可靠性指标报告［EB/OL］．国家能源局，http：//www. nea. gov. cn/2019 - 03/29/c_137934012. htm.

［43］万联网，中国人民大学．中国供应链金融创新实践白皮书（2019）［EB/OL］．https：//kbase. 10000link. com/onlinereadnews. aspx？id = 202019.

［44］王刚．"一带一路"背景下国际化程度对企业绩效的影响——多元化与特定优势的调节效应检验［J］．新疆农垦经济，2018（8）：50 - 59.

［45］王茜．分析地产私募股权基金结构化设计方法［J］．财经界，2020（3）：58 - 59.

［46］王茜．浅析房地产企业私募股权基金融资模式［J］．商情，2018（11）：30，37.

［47］王守清．为何国际上PPP多是项目融资［N］．中国财经报，2016 - 03 - 17（005）.

［48］王文燕. 新型城镇化背景下特色小镇产业选择及其经济效应探讨［J］. 商业经济研究, 2020（12）: 182 - 184.

［49］王永军, 张东辉. 城乡统筹发展视角的新型城镇化对经济增长的影响［J］. 甘肃社会科学, 2020（3）: 177 - 184.

［50］污水处理费征收使用管理办法［J］. 城镇供水, 2015（3）: 7 - 9.

［51］吴贵森. 刑法上"公共"概念之辨析［J］. 法学评论, 2013, 31（1）: 113 - 118.

［52］吴宏丹. 流通效率视角下的新型城镇化质量评价［J］. 商业经济研究, 2020（10）: 45 - 48.

［53］吴善东. 商业银行推进基础设施项目PPP融资模式的路径探析［J］. 现代管理科学, 2019（1）: 78 - 80.

［54］吴奕良, 等. 纵论中国工程勘察设计咨询业的发展道路［M］. 北京: 中国轻工业出版社, 2014.

［55］夏亦丰. 房地产行业深度报告: 公募REITs终破冰, 产业园与物流地产先行试点, 在制度完善后商业地产落地可期［R］. 方正证券股份有限公司, 2020 - 05 - 06.

［56］相婷婷. 商业银行供应链金融项目战略发展分析［J］. 项目管理技术, 2015（1）.

［57］谢佳佳. 浅析新形势下我国国际贸易融资及风险防范［J］. 经营管理者, 2015（1）.

［58］辛勤. 业财融合问题在企业财务管理中的分析［J］. 经管空间, 2017（2）.

［59］新华社. 实招频出, 力保中小企业资金链"生命线"［EB/OL］. 新华网, http: //www. xinhuanet. com/money/2020 - 07/22/c_1126268823. htm. 2020.

［60］徐天辰. 房地产企业融资策略分析［J］. 企业改革与管理, 2020（9）: 120 - 121.

［61］央企压减工作提前超额完成三年法人户数减少26.9%［EB/OL］. 搜狐网, https: //www. sohu. com/a/324926941_115124? scm = 1002. 46005d. 16b016c016f. PC_ARTICLE_REC_OPT.

［62］袁正刚. 建筑企业的数字化转型之路［J］. 施工企业管理, 2019（2）: 38 - 40.

［63］张留稳. 我国房地产私募股权基金问题研究［J］. 中国乡镇企业会

计，2019（12）：14-15.

[64] 张天顶，张晓欢，等. 企业国际化、绩效与规模门限效应的实证检验 [J]. 统计与决策，2019（1）：178-181.

[65] 赵聪莉. 商业银行PPP项目贷款风险测度及防范措施研究 [D]. 呼和浩特：内蒙古农业大学，2019.

[66] 赵盈. 论中国企业贸易融资风险管理 [J]. 时代金融，2015（2）.

[67] 中电联发布《中国电力行业年度发展报告2020》[EB/OL]. 中国电力企业联合会，https：//cec. org. cn/detail/index. html？3-284175.

[68] 中共中央、国务院关于深化国有企业改革的指导意见 [EB/OL]. 中国政府网，http：//www. gov. cn/zhengce/2015-09/13/content_2930440. htm.

[69] 中国开发区审核公告目录（2018年版）[EB/OL]. 广东省商务厅，http：//com. gd. gov. cn/zwgk/zcwj/content/post_2646559. html.

[70] 中国人民银行有关负责人就完善贷款市场报价利率形成机制答记者问 [EB/OL]. 中国人民银行货币政策司，http：//www. pbc. gov. cn/zhengcehuobisi/125207/125213/125440/3876551/3876493/index. html.

[71] 私募投资基金非上市股权投资估值指引（试行）[EB/OL]. 中国证券投资基金业协会，https：//www. amac. org. cn.

[72] 中华人民共和国交通部. 公路工程技术标准 [M]. 北京：人民交通出版社，2014.

[73] 专家：《国企改革三年行动方案（2020-2022年）》具有政策连贯性 [EB/OL]. 新华社，https：//baijiahao. baidu. com/s？id=1673984594287489044&wfr=spider&for=pc.

[74] 2006年物流地产业发展回顾与2007年展望 [EB/OL]. 中国物流学会，http：//csl. chinawuliu. com. cn/html/19887003. html.

[75] 2017年我国城市燃气行业竞争格局和市场化程度分析及相关企业介绍 [EB/OL]. 中国报告网，http：//jingzheng. chinabaogao. com/fangzhi/092329645H017. html.

[76] 2018年上市公司商誉审计分析. 北京兴华会计师事务所 [EB/OL]. 2019. http：//www. xhcpas. com/xwdt/xyxw/20190716/310. html.

[77] 2019年8月20日全国银行间同业拆借中心受权公布贷款市场报价利率（LPR）公告 [EB/OL]. 中国人民银行货币政策司，http：//www. pbc. gov. cn/zhengcehuobisi/125207/125213/125440/3876551/3877436/index. html.

[78] Abadie, A., D. Drukker, J. L. Herr, and G. W. Imbens. Implementing Matching Estimators for Average Treatment effects in Stata [J]. Stata Journal, 2004 (3): 290 – 311.

[79] Bliss C. J. The gift relationship: From human blood to social policy: R. M. Titmuss (London, George Allen and Unwin, 1970) [J]. Journal of Public Economics, 1972, 1 (1): 162 – 165.

[80] Bureau van Dijk, a Moody's Analytics Company. Global M&A Review H1 2020 [EB/OL]. https: //www. bvdinfo. com/en-gb/.

[81] Cochrane Injuries Group Albumin Reviewers. Human Albumin Administration in Critically Ill Patients: Systematic Review of Randomised Controlled Trials [J]. BMJ, 1998, 317 (7153): 235 – 240.

[82] D. R. Burnham. Spin contamination in PPP unrestricted Hartree-Fock wave functions [J]. Theoretica Chimica Acta, 1969, 13 (5).

[83] Edamura, Sho Haneda. Impact of Chinese cross-border outbound M&As on firm perfo-rmance: Econometric analysis using firm-leveldata [J]. China Economic Review, 2014 (6): 169 – 179.

[84] Financial Accounting Standards Board (FASB). Statement of Financial Accounting Standards No. 141. Business Combinations [EB/OL]. June 2001.

[85] Financial Accounting Standards Board (FASB). Statement of Financial Accounting Standards No. 142. Goodwill and other intangible Assets [EB/OL]. June 2001.

[86] International Accounting Standards Board (IASB) . Business Combinations [EB/OL]. April 2004.

[87] Nanshan Chen, Min Zhou, Xuan Dong, Jieming Qu, Fengyun Gong, Yang Han, Yang Qiu, Jingli Wang, Ying Liu, Yuan Wei, Jia'an Xia, Ting Yu, Xinxin Zhang, Li Zhang. Epidemiological and clinical characteristics of 99 cases of 2019 novel coronavirus pneumonia in Wuhan, China: a descriptive study [J]. The Lancet, 2020, 395 (10223).

[88] Nicholasp Lovrich. Policy Partnering between the Public and the Not-for-Profit Private Sectors [J]. American Behavioral Scientist, 1999, 43 (1).

图书在版编目（CIP）数据

价值重塑：工程建设行业投融资文集/中国建设会
计学会投融资专业委员会编著．—北京：经济科学
出版社，2020. 12
　（中国建设会计学会系列丛书）
　ISBN 978 - 7 - 5218 - 2191 - 8

Ⅰ. ①价…　Ⅱ. ①中…　Ⅲ. ①建筑业 - 投资 - 中国 -
文集②建筑业 - 融资 - 中国 - 文集　Ⅳ. ①F426. 9 - 53

中国版本图书馆 CIP 数据核字（2020）第 257537 号

责任编辑：凌　敏
责任校对：靳玉环
责任印制：范　艳

价值重塑
——工程建设行业投融资文集

中国建设会计学会投融资专业委员会　编著

经济科学出版社出版、发行　新华书店经销
社址：北京市海淀区阜成路甲 28 号　邮编：100142
教材分社电话：010 - 88191343　发行部电话：010 - 88191522
网址：www. esp. com. cn
电子邮箱：lingmin@ esp. com. cn
天猫网店：经济科学出版社旗舰店
网址：http://jjkxcbs. tmall. com
北京季蜂印刷有限公司印装
710×1000　16 开　18 印张　320000 字
2020 年 12 月第 1 版　2020 年 12 月第 1 次印刷
ISBN 978 - 7 - 5218 - 2191 - 8　定价：66. 00 元
（图书出现印装问题，本社负责调换。电话：010 - 88191510）
（版权所有　侵权必究　打击盗版　举报热线：010 - 88191661
QQ：2242791300　营销中心电话：010 - 88191537
电子邮箱：dbts@ esp. com. cn）